新时代淮安经济

高质量发展论稿

周 平 / 著

東南大學出版社
SOUTHEAST UNIVERSITY PRESS
· 南京 ·

图书在版编目(CIP)数据

新时代淮安经济高质量发展论稿 / 周平著. -- 南京 : 东南大学出版社, 2025. 8. --ISBN 978-7-5766-1919-5

Ⅰ. F127.533

中国国家版本馆 CIP 数据核字第 2024CN2060 号

策划编辑:唐　允　　**责任编辑**:顾　娟　　**责任校对**:子雪莲

封面设计:王　玥　　**责任印制**:周荣虎

新时代淮安经济高质量发展论稿

Xinshidai Huai'an Jingji Gaozhiliang Fazhan Lungao

著　　者	周　平
出版发行	东南大学出版社
出 版 人	白云飞
社　　址	南京市四牌楼 2 号　邮编:210096
经　　销	全国各地新华书店
印　　刷	广东虎彩云印刷有限公司
开　　本	700 mm×1000 mm　1/16
印　　张	13.75
字　　数	269 千字
版　　次	2025 年 8 月第 1 版
印　　次	2025 年 8 月第 1 次印刷
书　　号	ISBN　978-7-5766-1919-5
定　　价	68.00 元

本社图书若有印装质量问题,请直接与营销部联系,电话:025－83791830。

PREFACE 序言

淮安市坐落于江苏省北部，北与连云港市、宿迁市相连，东南毗邻盐城市，正南与扬州市接壤，在江苏省内具有得天独厚的区位优势。淮安历史悠久、资源丰富、交通便利、人才荟萃，2011 年 8 月被江苏省委、省政府战略定位为苏北重要中心城市，成为苏北地区经济高质量发展的领头羊。伴随中国特色社会主义进入新时代，面对世界百年未有之大变局和国内外发展环境深刻复杂的变化，淮安的经济结构欠佳，开放度不足，创新协调发展还存在短板，自身优势无法更好地凸显与利用，经济高质量发展受限。因此，针对淮安市的经济发展开展战略性调整研究，既可以为苏北地区提供发展样板，更是对全省经济转型升级研究的一次思考与实践，必将为更好实现“强富美高”新江苏现代化建设汇聚能量。

本书主要围绕新时代淮安经济高质量发展这一中心，从创新、协调、绿色、开放、共享五个维度深入科学剖析，指出淮安经济高质量发展过程中所面临的突出问题和挑战，并提出全面深化改革的策略与路径。本书基于文献阅读、数据推演，在对作者 2012 年以来发表的相关学术论文、决策参阅及重点课题成果进一步研究归纳总结基础上撰写而成，其中包括江苏省委党校重点课题、一般课题及南京市社科联课题。

CONTENTS 目录

第一章 总论 …… 001

淮安经济结构现状与存在问题分析 …… 002

艰难复苏的世界经济与中国动力 …… 021

第二章 创新篇 …… 027

淮安装备制造业产业创新升级路径研究 …… 028

基于城乡要素双向流动机制创新下的县域乡村振兴路径研究

——以淮安市涟水县为例 …… 040

淮安推进以企业为主导的产业创新需破解四个难题 …… 045

关于推动淮安市营商环境评价与世界银行评估体系无缝衔接的思考与建议 …… 050

因地制宜发展淮安“新三样”中蕴含的新质生产力 …… 058

第三章 协调篇 …… 065

淮安市工业强市实现路径的观察与思考 …… 066

加强淮安市水利项目实施单位绩效管理的思考 …… 076

政府招商引资策略研究——以淮安市为例 …… 080

淮安市做强“333”主导产业、增强产业体系整体竞争力研究 …… 095

淮安培育先进制造业集群的产业链招商体系优化与对策研究 …… 102

第四章 绿色篇 …… 113
淮安市现代农业产业体系建设的对策建议 …… 114
盱眙县“美丽乡村”建设研究——基于生态文明视角 …… 125
做优做强淮安休闲农业 …… 150
淮安市绿色食品产业集群发展对策 …… 155
新时代淮安农村人居环境整治现状及对策——基于乡村生态振兴视角 …… 159
淮安生态产品价值实现机制探究 …… 164
第五章 开放篇 …… 171
淮安市农产品出口调查研究 …… 172
促进淮安中小微企业发展研究 …… 176
落实支持民营企业发展“新 28 条”研究——基于优化公平竞争市场环境视角 …… 181
淮安保护和激发市场主体活力的关键举措研究 …… 184
第六章 共享篇 …… 195
经济欠发达地区失地农民再就业问题的现状及对策——以淮安为例 …… 196
十八大以来淮安市新型城镇化建设回顾与思考 …… 199
淮安市现代服务业发展研究 …… 204
新内生式发展理论下农村集体产权制度改革的困境及破解 …… 208

第一章　总论

淮安经济结构现状与存在问题分析

（本文撰写于 2016 年）

21 世纪以来，淮安市的经济发展总体上呈现出较高的增长态势，工业化、城市化快速发展。2015 年淮安人均 GDP 突破 9 000 美元大关、工业化率达到 42.9%、城市化率达到 58.2%，经济结构进一步优化，实现产业结构“二三一”到“三二一”的历史性转变。与此同时，淮安市面对的困难与挑战依然繁多，例如经济下行压力持续加大、新兴产业竞争力不强、城乡居民增收难度加大、城乡区域发展不平衡等。因此，有效调整经济结构，使淮安市的经济发展能够继续保持快速增长是当务之急。通过深入分析淮安市的产业结构、消费结构、收入结构和就业结构现状，总结存在的主要问题并探究引发这些问题的根本原因，对淮安市经济结构的调整具有重要意义。

一、产业结构分析

近年来，淮安市积极响应国家和江苏省关于产业结构调整的文件精神，坚持把产业转型升级作为促进经济转型升级、加快经济社会发展的重要手段。以主导产业高端突破、新兴产业规模倍增、特色产业集聚集群为导向，先后出台了《关于加快发展战略性新兴产业的实施意见》《关于进一步加快发展现代服务业的若干政策》《关于淮安“4＋2”优势特色产业做大做强的实施方案》等产业转型升级的政策文件，全力推动产业提升、项目提质和企业提效，产业结构逐步优化升级，产业集中度明显提高，为全市经济社会发展提供了强劲动力。

1999 年，第二产业比重首次超过第一产业，工业经济主导地位基本确立。2001 年第三产业比重首次超过第一产业，产业结构正式进入“二三一”的历史新阶段。如表 1－1，三次产业占 GDP 的比重由 2000 年的 30.3∶40.0∶29.7 调整为 2013 年的 12.6∶45.6∶41.8，第一产业比重下降 17.7 个百分点，第二、三产业比重分别上升 5.6、12.1 个百分点，服务业增加值占 GDP 比重从 29.7%上升到 41.8%，同时第二产业增加值/第一产业增加值的幅度持续增加，达到 2013 年的 3.62。

不过，尽管淮安市“二三一”经济结构在进入21世纪以来，一直稳定而有序维持，但根据“克拉克定律”，这种却并非经济发展到最佳状态时的经济结构模式。并且在2008年后，这种“二三一”结构逐渐开始出现定型趋势，转型速度逐渐放缓，第三产业占比依然未能超过第二产业（见表1－1）。我们分别对2001年、2008年和2013年淮安市的三次产业经济结构数据进行相关性检验，也可以得到类似的结论。

经计算结果表明，2001年和另外两年的相关系数分别仅为0.668和0.835，属于中低强度范畴，但2008年和2013年的相关系数高达0.967，属于高度相似范畴。直到2015年三次产业结构比例才由2014年的11.9∶44.8∶44.3调整到11.2∶42.9∶45.9，实现产业结构“二三一”到“三二一”的历史性转变。究其原因，在于淮安市的第三产业整体水平发展还明显滞后，特别是以生产性服务业为代表的现代服务业发展速度并不快。

表1－1　2000—2015年淮安市三次产业结构演变状况

年份	GDP/亿元	第一产业/%	第二产业/%	第三产业/%	第二产业增加值/第一产业增加值
2000	291	30.3	40.0	29.7	0.75
2001	329	28.7	41.2	30.1	1.44
2002	375.02	26.8	43.0	30.2	1.6
2003	420.64	23.1	46.5	30.4	2.02
2004	500.97	22.3	47.1	30.6	2.11
2005	561.81	21.0	45.5	33.5	2.17
2006	651.06	19.0	46.9	34.1	2.47
2007	765.23	17.1	48.1	34.8	2.82
2008	915.83	16.1	47.6	36.3	3.19
2009	1 211.75	15.2	48.3	36.5	3.17
2010	1 345.07	14.1	48.1	37.8	3.41
2011	1 690	13.2	46.9	39.9	3.55
2012	1 920.91	12.9	46.3	40.8	3.59
2013	2 155.86	12.6	45.6	41.8	3.62

续表

年份	GDP/亿元	第一产业/%	第二产业/%	第三产业/%	第二产业增加值/第一产业增加值
2014	2 478.43	11.9	44.8	43.3	3.76
2015	2 755.58	11.2	42.9	45.9	3.83

资料来源：2000—2015 年《淮安市统计年鉴》

我们还对近六年淮安市固定资产投资额增长率与地区生产总值增长率的数据(见表 1－2)进行了一元线性回归分析。2010—2015 年的五年全社会固定资产投资年均额增长率与这五年 GDP 增长率之间的一元线性回归情况如下：$y=0.074x+11.649$，其中，y 为 GDP 增长率(%)，x 为三年移动平均后的全社会固定资产投资额增长率(%)。根据分析结果，目前，投资要素对淮安市的经济增长作用已经趋弱，接近为 0。因此，如果不能很好地调整经济结构，则传统的投资要素对淮安市的经济增长作用将会进一步弱化。

表 1－2　2010—2015 年淮安市固定资产投资额与 GDP 增长率情况一览表

年份	2010	2011	2012	2013	2014	2015
GDP 增长率/%	13.8	13.2	13.1	12	10.9	10.3
固定资产投资额/亿元	921	1 020.6	1 247.99	1 453.05	1 450	2 230

资料来源：2010—2015 年《淮安市统计年鉴》

(一) 淮安市第一产业的发展现状

农业是我国国民经济第一产业的绝对支柱，包括种植农业、林业、畜牧业以及渔业，带动了国民经济的发展和国民生活保障水平的提升。淮安自古就是鱼米之乡，拥有较为广阔的耕地面积和养殖水域，农产品资源极为丰富，是长三角地区重要的农产品基地之一。

近五年来，淮安市的第一产业一直都能保持 4%左右的增长速度，占地区国民生产总值 12%左右(见表 1－1)。2015 年实施了 58 个投资额超过 3 000 万元的农业项目，新增 14 户销售额超亿元的龙头企业，组建 404 个市级以上农民专业合作社示范社；新建 34 万亩高标准农田、新增 10.5 万亩高效设施农业、新增 4.15 万亩设施渔业，发展 331 个家庭农场；新创淮阴黑猪、淮安茶馓等极具地方特色的商标 33 件。实现粮食总产 467.22 万吨，较 2014 年再增产 1.3%，实现自 2005 年以来的十连增。同时，油料、蔬菜、禽肉、猪牛羊肉等主要农产品产量有增有减，总体稳步增长(见表 1－3、表 1－4)；并在苏北地区率先成为省级“水稻生产机械化示范市”，获批江苏淮安国家农业科技园区，启动了金湖县、洪泽县国家现代农业示范区创建。

表 1－3　淮安市 2005—2015 年第一产业产值情况表

年份	农林牧渔产值/亿元	比上年增长/%
2015	307.44	3.6
2014	292.14	3.6
2013	272.58	3.3
2012	247.98	4.3
2011	223.46	4.1
2010	195.97	4.6
2009	170.97	4.3
2008	159.50	5.0
2007	142.50	5.0
2006	131.17	5.0
2005	123.42	4.2

资料来源：2005—2015 年《淮安市统计年鉴》

表 1－4　淮安市 2015 年主要农产品生产情况表

产品名称	产量	比上年增加/%
粮食/万吨	467.22	1.3
油料/万亩	44.70	−5.7
蔬菜/万亩	144.74	2.0
肉类/万吨	30.48	−2.6
猪牛羊肉/万吨	19.42	−4.5
禽肉/万吨	1 100	1.0
禽蛋/万吨	13.27	2.0
牛奶/万吨	3.76	4.5
水产品/万吨	26.35	1.0

资料来源：2015 年《淮安市统计年鉴》

（二）淮安市第二产业的发展现状

在第二产业方面，淮安市也基本确立了优势特色鲜明的产业体系。仅 2014 年，全市就实现规模以上工业增加值 1 266.41 亿元，增长 12.9%（见表 1－5），是 2000 年的 21.86 倍。实现主营业务收入 6 608 亿元、利税 653 亿元、利润 384 亿元，分别较上年增长 16.6%、21.2%和 27%。

表 1－5　淮安市 2005—2015 年第二产业规模以上工业增加值情况表

年份	规模以上工业增加值/亿元	累计比上年增长/%
2015	1 483.25	11.5
2014	1 266.41	12.9
2013	1 133.89	13.5
2012	958.88	17.2
2011	661.15	16.8
2010	541.45	17.4
2009	392.27	21.0
2008	324.21	18.3
2007	283.23	18.6
2006	217.08	19.3
2005	160.22	28.5

资料来源：2005—2015 年《淮安市统计年鉴》

同时，在推动新型工业化的进程中，市委、市政府高度重视优势特色产业打造，综合考虑最新产业动态、现有产业基础和本地资源优势，适时调整优化产业发展方向，加快推动产业转型升级。

2008 年，全市提出建成苏北新兴先进制造业基地的目标。因此，加快了特钢、电子信息、盐化工新材料等三大千亿元主导产业的发展，对机械、纺织、烟草食品、建材等四个传统支柱产业进行了升级改造，努力培育新能源、新医药两个新兴高新技术产业。

2011 年，在制定“十二五”规划中，进一步确立并形成了以特钢、盐化工、电子信息、食品和节能环保等五大产业为主导的发展模式。2012 年，将发展新材料、新能源和环保、生物技术和新医药、新软件和新一代信息技术、高端装备制造、新能源汽车、智能电网等七大战略性新兴产业纳入工业升级计划书。2013

年，市委、市政府在深入调研基础上，作出“强力推进优势特色产业做大做强”的战略部署，全力构建盐化工、特钢、电子信息、食品四大主导产业和高端装备制造、新能源汽车及零部件两大战略性新兴产业的“4+2”特色优势产业。具体实施工作中，按照“制定一项规划、落实一套政策、组建一套班子、出台一个招商指导意见、主攻一批重大项目”的“五个一”思路，推动产业实现规模、产业链和高端化“三个突破”，争取四大主导产业用3～5年时间实现产值全部过千亿元，两大战略性新兴产业实现销售收入超500亿元。

2013年，全市“4+2”特色优势产业实现产值2 334.56亿元，比上年增长16.5%。其中，四大主导产业实现产值2 164.26亿元，增长15.5%，占规模以上工业比重达45.1%；两大战略性新兴产业实现产值170.31亿元，比上年增长30.7%。高新技术产业实现产值1 130亿元，占规模以上工业产值比重24%。

2015年，工业经济稳健增长，“4+2”优势特色产业加速发展。实现规模以上工业产值6 723亿元，同比增长16.8%；增加值增幅全省第二。“4+2”优势特色产业产值占全市工业总产值比重达58%。其中，电子信息产业预计实现产值1 100亿元，率先超千亿元。

（三）淮安市第三产业的发展现状

进入21世纪以来，淮安市的第三产业得到了快速发展，发展重心逐步向第三产业转移。在零售业、餐饮业等传统服务业得到稳健发展的同时，借助淮扬菜等美食效应及较为优质的旅游资源，大力发展旅游业。第三产业内部结构得到进一步优化，新兴领域得到不断拓展。“九五”末到“十二五”末，交通运输业和仓储业在第三产业中所占比重由16.53%增长到24.8%，批发和零售贸易业比重由19.5%下降到11.3%，房地产业比重由14%上升到14.6%，社会服务业、卫生体育、教育文艺等其他服务业比重则有不同程度上升。如表1-6，2015年，全市实现服务业增加值1 263.6亿元，是2005年的6.6倍，服务业增加值占地区生产总值比重达45.9%，比“九五”末提高16.2个百分点。

表1-6　淮安市2005—2015年第三产业增加值

年份	第三产业增加值/亿元	比上年增长/%
2015	1 263.6	11.3
2014	1 086.6	12.5
2013	900.13	13.3
2012	783.73	13.2

续表

年份	第三产业增加值/亿元	比上年增长/%
2011	672.36	14.3
2010	545.00	14.1
2009	409.30	15.8
2008	360.35	15.5
2007	289.95	16.1
2006	233.92	15.6
2005	190.61	14.4

资料来源：2005—2015 年《淮安市统计年鉴》

二、淮安市产业结构存在的主要问题

（一）第一产业结构较为单一，部分农产品年产差异较大

图 1－1 是 2015 年淮安市第一产业的内部结构比重分布图，不难看出传统的农业种植业仍然是第一产业的主力，而林业和农林牧渔服务业的比重仅各占 2%，第一产业结构十分单一。同时，谷物等农作物又占传统农业种植业产值的 57.02%，种植面积也是各种粮食作物中最大的，可见，淮安市的粮食作物品种极为单一。棉花、油料等农作物受市场需求、种植习惯和自然环境的影响较大。

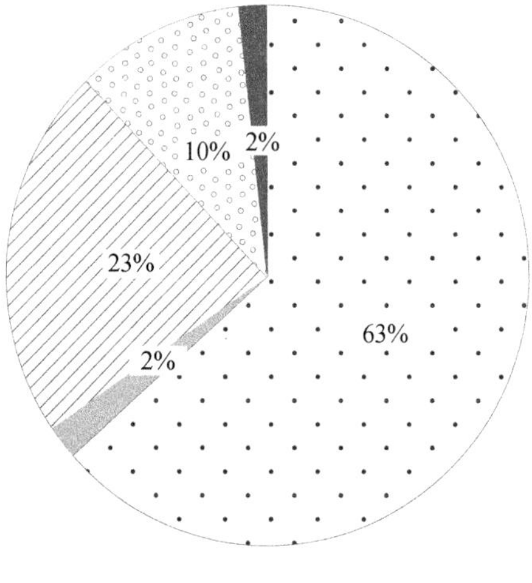

图 1－1 2015 年淮安市第一产业具体行业比重情况图

资料来源：2015 年《淮安市统计年鉴》

（二）新型工业化推进力度有待加强，新兴高新技术产业需进一步发展

尽管目前淮安市对第二产业进行不断的技术更新与产业升级，但传统工业仍然是淮安市第二产业的支柱。淮安的特钢、盐化工等主导产业均是高能耗、易污染的重工业，尤其盐化工产业还处于产业链的底端，技术含量不高，高科技、高附加值产品少。如果不能很好地对这些较为粗放的传统工业进行产业调整，不仅容易造成生态环境效益恶化，更会阻碍淮安市经济可持续发展。根据固定资产投资额水平与GDP增长率之间的一元线性回归结果，目前淮安市依靠加大投资促进经济快速发展的效果正在不断削弱，如果第二产业得不到很好的技术升级和转型，就极易陷入资本密集投入的发展陷阱，最终导致资源浪费、效率缺失。

同时，现有的四大主导新兴产业整体规模相对偏小。目前，淮安市的四大主导产业盐化新材料、特钢、电子信息、食品产业总产值3 452亿元，但各自规模基本处在500亿～900亿元之间。而徐州的装备制造、煤盐化工和食品，盐城的纺织、机械装备、化工，连云港的装备制造产值都突破千亿，淮安市与这些城市的差距还比较大。并且，宿迁的酿酒食品产业在今年来也保持较猛的发展势头，2015年规模已达到690亿元。

综上，淮安市应进一步加大新型工业化的推进力度，加快传统产业的改造升级，提高产品的科技水平和附加值。同时，要加快发展高新技术产业，抢占新科技、新技术高地，培育高端产业集群，使其成为支撑经济发展的新增长点。

（三）服务业整体层次较低，旅游业缺乏持续吸引力

2015年，淮安市第三产业结构中依旧以层次相对较低的传统零售业和餐饮业为主，尽管金融服务、信息服务等现代服务领域也得到较大发展，但发展速度远远落后于省内苏南发达地区，第三产业整体规模偏小。并且，淮安市的现代服务业领域中缺乏省内苏州、无锡、常州、南通等城市拥有的主导型、领军型服务业项目，易与其他城市形成同质化竞争。同时，前几年重点发展的旅游业到了2015年在热度上有了一定降温，特别是接待海外旅游人数及国际旅游外汇收入等指标出现严重下降(见表1-7)，需要对如何增强持续吸引力进行有效思考与探讨。还有，县区服务业发展水平仍不平衡，处于市中心的清河区和清浦区人均服务业增加值远高于全市平均水平，而淮阴区、楚州区、盱眙县、涟水县则严重低于全市平均水平。

表 1－7 淮安市 2015 年旅游业发展情况表

旅游业发展指标	产量	比上年增加/%
接待国内旅游人数/万人次	1 833	13.8
国内旅游收入/亿元	200.12	15.9
接待海外旅游人数/人次	5 833	－69.6
国际旅游外汇收入/万美元	888	－71.4

资料来源：2015 年《淮安市统计年鉴》

（四）政府在产业结构调整过程中，自身职责未有效发挥

政府在推进产业结构转型过程中，要不缺位、不越位、不错位，既要让市场处于主导地位，也要以适当的方式进行引导，营造出良好的创新环境，从而较好地鼓励和支持创新创业活动。但淮安市在经济结构调整中，却并未很好地发挥自身的这一职责。一方面，在部分新兴产业发展过程中，往往出现过度扶持和干预企业的行为，不仅没有发挥市场的调节作用，还带来了极大的经济效益风险。另一方面，政府也没能以适当方式对小微型新型企业进行有效引导，对于中小企业在融资、技术创新等方面的支持力度不够。在重点服务业项目规划上缺少全市统筹规划，各种服务业城市综合体、商贸城、物流城遍地开花，各自为战，没有形成综合集聚效应。

（五）从全省发展现状来看，与较发达城市还存在较大差距

表 1－8 是全省 13 个地级市 2015 年三次产业产值比重情况表。从表上我们可以清楚地看到，目前，淮安市三次产业结构无论是产值绝对值还是所占比重，都处于较后位置，并且与苏南发达城市相比存在较大差距。因此，如何在保证现有产值情况下，对二、三产业提档升级将是淮安市一项长期性的研究课题。

表 1－8 2015 年江苏省 13 个地级市三次产业结构情况表

城市	一产产值/亿元	一产产值比重/%	二产产值/亿元	二产产值比重/%	三产产值/亿元	三产产值比重/%
南京	204.64	2.6	3 450.58	43.1	4 356.56	54.4
无锡	148.54	1.8	4 207.42	52.1	3 714.22	46.0
徐州	432.38	9.7	2 118.32	47.8	1 885.12	42.5
常州	138.12	3.2	2 250.80	51.6	1 972.01	45.2

续表

城市	一产产值/亿元	一产产值比重/%	二产产值/亿元	二产产值比重/%	三产产值/亿元	三产产值比重/%
苏州	214.49	1.6	6 849.59	52.6	5 951.62	45.7
南通	345.41	6.9	2 623.50	52.1	2 069.98	41.1
连云港	259.17	14.5	807.42	45.2	642.67	40.3
淮安	272.58	12.6	983.15	45.6	900.13	41.8
盐城	489.18	14.1	1 635.98	47.1	1 350.34	38.9
扬州	224.45	6.9	1 693.70	52.1	1 333.86	41.0
镇江	129.00	4.4	1 549.40	52.9	1 248.88	42.7
泰州	205.90	6.8	1 574.06	52.3	1 226.95	40.8
宿迁	235.00	13.8	815.61	47.8	655.67	38.4

资料来源：2015 年《江苏省统计年鉴》

三、消费结构分析

随着经济发展水平不断提升，淮安市人民的收入水平与消费能力也得到很好的增强，居民消费结构升级明显。尤其在近几年，城乡居民在追求消费数量增加的同时，进一步加强对消费品质的提升，开始由原先的生存型消费转向享受型消费。但在具体分析过程中，也依然可以发现淮安市城乡居民消费水平仍然存在较大差距、消费结构中的城镇二元效应日渐明显等不足，需要进一步克服与完善。

（一）淮安市城乡居民消费水平分析

近年来，淮安市的城乡居民消费水平一直处于不断提升的状态。2015 年，全市累计实现社会消费品零售总额 970.7 亿元，是 2008 年的 9.4 倍；城镇居民和农村居民人均消费支出分别达 15 869 元和 8 615 元，均是 2008 年的近一倍(见表 1－9)。由此可见，淮安市的消费需求在近年来一直处于持续扩大状态，消费市场较为火爆旺盛。换言之，淮安市的经济发展与消费市场已经形成了双轮驱动效应，互相助推深入发展。

表 1-9 2008—2015 年淮安市居民人均消费支出情况表

年份	农村居民人均消费支出/元	城镇居民人均消费支出/元
2008	3 787.32	9 058.12
2009	4 291.70	10 593.37
2010	5 216.00	11 637.80
2011	5 903.00	13 315.20
2012	6 494.00	15 133.10
2013	7 373.00	16 919.50
2014	7 836.00	14 703.00
2015	8 615.00	15 869.00

资料来源：2008—2015 年《淮安市统计年鉴》

（二）淮安市城乡居民消费结构分析

淮安市居民消费水平在不断提升的同时，消费结构也在逐渐完善与升级，消费观念不断由生存型消费向享受型消费转变。以 2013 年为例(见表 1-10)，城镇居民人均消费支出达 16 919.50 元，较 2012 年增长 12%，其中食品消费 6 108.10 元、衣着消费 1 855.80 元、居住消费 1 159.30 元、家庭设备用品消费 1 134.40 元、医疗保健消费 968.9 元、交通及通信消费 1 801.60 元、教育文化娱乐消费 3 251.90 元、其他消费 639.50 元，均较往年有了较大提升，特别是家庭设备用品消费及教育文化娱乐消费等享受发展型消费，实际消费额分别是 2008 年的 2.49 倍和 2.27 倍。与城镇居民消费水平不断提升一致，农村居民的消费支出与消费结构也有了很好的提高与升级。在 2013 年，农村居民人均消费支出 7 373.00 元，其中，食品消费 2 670 元、衣着消费 406 元、居住消费 1 086 元、家庭设备用品消费 395 元、医疗保健消费 573 元、交通及通信消费 693 元、教育文化娱乐消费 1 380 元、其他消费 170 元，并且教育文化娱乐消费支出增长较为迅猛，是 2008 年的 3.27 倍。此外，城镇居民及农村居民的恩格尔系数分别为 36.10%和 36.21%。根据恩格尔系数理论，目前，淮安市居民已达到较为富裕的生活阶段，居民已经不需要再为解决温饱问题而犯愁。

不过，根据城镇居民与农村居民各类型消费结构情况表(见表 1-10)，仍然可以看到城镇居民和农村居民在具体类型消费产品选择上有所不同和侧重。例如，城镇居民的服装消费较多，而农村居民的居住消费是仅次于食品和教育文化娱乐消费的主要支出类型。

表 1－10　淮安市 2013 年居民消费结构情况表

项　目	农村居民消费支出/元	城镇居民消费支出/元
食品	2670	6 108.10
衣着	406	1 855.80
居住	1 086	1 159.30
家庭设备用品	395	1 134.40
医疗保健	573	968.90
交通及通信	693	1 801.60
教育文化娱乐	1 380	3 251.90
其他	170	639.50

资料来源：2013 年《淮安市统计年鉴》

（三）淮安市居民消费结构存在的主要问题

根据近年来淮安市居民消费结构所表现出来的特征看，当前全市的消费水平都有显著提升。同时，消费结构不断优化，不再为解决温饱犯难，基本达到了较为富裕的水平，对全市的经济发展提供了强大的推动力，带动了区域经济联动。不过，当前淮安市的居民消费结构仍然存在一些深层次问题，具体表现为以下几个方面：

1. 居民消费易受外界环境影响，消费观念需加强引导

据淮安市统计局的统计数据显示(见图 1－2)，淮安市城镇居民消费率在近六年来一直保持在 65％左右，偶有起伏，但在 2010 年出现过较大低谷；与此同时，农村居民消费率却在 2010 年前后出现较大上扬。出现这一现象的主要原因在于自 2009 年起，淮安市的房产价格出现较大幅度增长，从而导致农村居民加大了对房产的消费，而城镇居民则转向对收入的投资。而当房价上升放缓后，这种现象就得到了很好的缓解。由此可见，淮安市的居民消费易出现一定程度的不理性状态，往往因一个外界原因的变化，就导致农村和城镇居民完全相反的消费行为，因此在出现环境波动情况下，需要对居民的消费观念进行较为深刻的引导。

2. 农村居民与城镇居民间消费绝对值仍然存在较大差距

尽管近六年来，淮安市的居民消费水平相对值，无论是城镇居民还是农村居

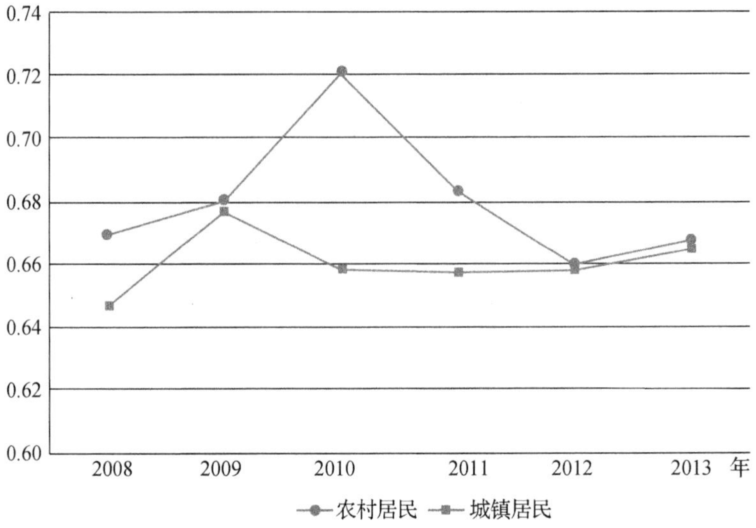

图 1－2　2008—2013 年淮安市居民消费率对比图

资料来源：2008—2013 年《淮安市统计年鉴》

民，都有较大幅度提升，并且差距有所缩小。但对于两者数量的绝对值差距却越来越大。在 2015 年，两者绝对值间的差距已经从 2008 年的 5 270.80 元增长至 7 259 元。显而易见，目前两种群体之间的消费水平仍然不处在同一个水平线，且差距进一步变大，需要深刻研究城镇二元经济结构的发展转型问题。

3. 消费需求不平衡，需进一步加强经济拉动作用

从三大需求对经济增长的拉动作用看，近年来消费需求对经济增长的拉动相对不足，特别是居民消费比重还在不断下降，消费率近十年来下降了 4.79 个百分点。在最终消费中，居民消费比重下降了 17.4 个百分点。从居民消费内部看，城市明显强于农村。2000 年全市农民人均生活消费相当于城镇居民的 48.35%，到 2013 年则下降为 12.59%，农村消费水平长期低于城市。同时，物价上涨一定程度上影响了居民实际购买力，进而影响到消费需求的持续增长。

四、收入结构分析

进入 21 世纪，淮安的城市与农村都发生了翻天覆地的变化。截至 2015 年，淮安城镇化率达到 58.2%，根据城市化发展的一般规律，淮安进入加速发展阶段。城市人口总量快速增加，2005 年淮安市城镇常住人口 198.08 万人，到 2015

年末已达到283.31万人，十年间净增85.23万人；城镇化率由2005年的37.0%提高到2015年的58.2%，年均提高2.1个百分点。当然，伴随城镇化同步发生的，还有城乡居民人均收入的提高和城乡居民收入差距的减小。所以，加快城镇化进程，增加居民实际收入，切实缩小城乡居民收入差距，一直以来都是淮安市在经济发展过程中极为重视的内容。

（一）淮安市城乡居民收入水平分析

近年来，淮安市委、市政府一直坚持将切实提高居民收入水平作为工作的重点之一。在这一工作方针指导下，全市城乡居民收入水平逐年提升，每年都以超过10%的速度增长。2013年，城镇居民人均可支配收入达25 456.00元，较上年增长10.70%，是2009年的1.6倍；农村居民人均可支配收入也达到11 045.00元，较上年增长12.27%，较2009年几乎翻了一番(见表1-11)。同时，在苏北五市中，无论是城镇居民还是农村居民，淮安的实际可支配收入水平均排在前列，并位于全省13个地级市的第二梯度，较之往年，排名有了一定幅度的提升。

表1-11　淮安市2009—2015年居民消费结构情况表

年份	农村居民人均可支配收入水平/元	较上年增长率/%	城镇居民人均可支配收入水平/元	较上年增长率/%
2009	6 308.00	11.51	15 646.00	11.70
2010	7 233.00	14.66	17 680.00	13.00
2011	8 645.00	19.52	20 260.00	14.59
2012	9 838.00	13.80	22 995.00	13.50
2013	11 045.00	12.27	25 456.00	10.70
2014	12 010.00	11.60	25 798.00	9.40
2015	13 128.00	9.30	28 105.00	8.90

资料来源：2009—2015年《淮安市统计年鉴》

（二）淮安市城乡居民收入结构分析

居民人均可支配收入一般在统计过程中，分为工资性收入、转移性收入、经营性收入和财产性收入等四个主要部分。根据2015年淮安市统计资料显示，全市城镇居民人均可支配收入为21 242.00元，其中，工资性收入为12 167.00元，同比增长了8.1%，占城镇居民总收入的六成以上，是城镇居民收入增长的主要来源。这一收入来源涨幅较可支配收入涨幅更大的原因主要得益于两点：一是全市国民经济整体向好，财政收入的增加帮助城镇就业人口享受到更多更稳定的工资收入；二是较为灵活积极的就业政策，特别是对下岗失业人员、农民工群体等实施了多项优惠政策，帮助这类群体获得优质就业信息。2015 年，淮安市城镇居民转移性收入为 6635.00 元，同比增长 9.1%，说明政府转移力度开始逐步发挥较大作用，退休人员养老金标准提高并未出现较为明显的翘尾影响。城镇居民的经营性收入和财产性收入为 4 888.00 元和 1 603.00 元，同比分别增加了 12.6%和 16.08%，占总收入的 23.34%和 7.1%。这一情况进一步表明淮安市的城镇居民收入来源主要还是依赖工资性收入，其他三类非工资性收入所占比重较为有限。

2015 年，淮安市的农村居民人均可支配收入也较 2014 年增长 9.3%，达到 13 128.00 元。其中，家庭经营性收入依然成为收入结构中比重最大的一部分，2015 年全年达 7 025.00 元，占全部收入的 47.85%，但较 2012 年却下降了 1.25%。农村居民人均可支配收入另一主要来源是工资性收入，2013 年为 6 549.00 元，占比为 44.60%，并在逐年不断提升，造成这一现象的原因在于城镇化进程的加快，部分农村居民前往附近城镇地区就业。同城镇居民收入结构类似，农村居民的转移性和财产性收入所占总收入的比例也较小，两者在 2013 年的统计数据中仅为 1 108.00 元，涨幅则达到 49.53%。简而言之，家庭经营性收入在淮安市农村居民人均总收入中仍然占据主要地位，但比重出现平稳、缓慢下降的趋势；工资性收入在人均总收入中所占比例正在逐年上升，有超越家庭经营性收入的可能；转移性收入和财产性收入在人均总收入中所占份额最小，但增长幅度最快。

（三）淮安市城乡居民收入结构存在的主要问题

1. 城乡居民收入差距过大，其中工资性收入差距可能加剧城乡收入不平等

2015 年，淮安市城乡居民人均可支配收入分别达 28 105.00 元和 13 128.00 元，前者是后者的 2.14 倍，两者之间差距较大。同时，作为两类群体收入主要来源的人均工资性收入，两者之间的比值更是达到了 2.49∶1，从绝对数值来看，二者相差近万元。因此，工资性收入差距在未来仍然会成为加剧淮安市城镇居民与农村居民之间收入不平等的主要原因。

2. 城乡居民经营性收入一升一降，对其弱化收入差距产生抑制作用

经营性收入是淮安市农村居民的主要收入来源，比重为 47.85%，但其在淮安市城镇居民各项收入来源中排名仅位列第三，只有 23.34%。所以从某种程度

上看，经营性收入可以在解决城乡居民收入差距较大问题上发挥一定作用。如果经营性收入在人均总收入中仍占有较大比重，则其产生的作用将能更好地抑制收入不平等现象。不过，从这几年经营性收入占比的变化趋势看，农村居民经营性收入比重却呈现逐年下降趋势，而城镇居民则恰好相反，呈现提升状态。所以，一升一降之间极大削弱了经营性收入对收入差距的抑制作用，进而造成城乡居民之间收入差距进一步拉大。

3. 居民人均可支配收入在绝对值上仍较大幅落后于省内经济发达地区

近年来，尽管淮安市的居民人均可支配收入水平不断提升，并持续缩短与省内经济发达地区人均可支配收入的差距。但从两者绝对值来看，依然存在较大差距，并且与全省的平均水平依然有一定距离。这和城市的产业结构与经济基础有着较大关系，所以，需要淮安市切实对全市经济发展方式作出战略性调整，为城市经济增长注入新的力量。

4. 第一产业占比过高成为限制农村居民经营性收入发展的主因

2015 年，淮安市农村居民经营性收入的具体经营方式收入来源，第一产业占比近乎为第二、第三产业的 3 倍(见图 1－3)。但第一产业经营收入低、经营周期长，这种主要以第一产业为主要经营性收入的方式，无疑成为限制农村居民经营性收入发展的主要因素，需要相关部门对农村居民进行积极引导。同时，加大对第二、第三产业的发展支持，以便更好地刺激农村居民经营性收入的提升。

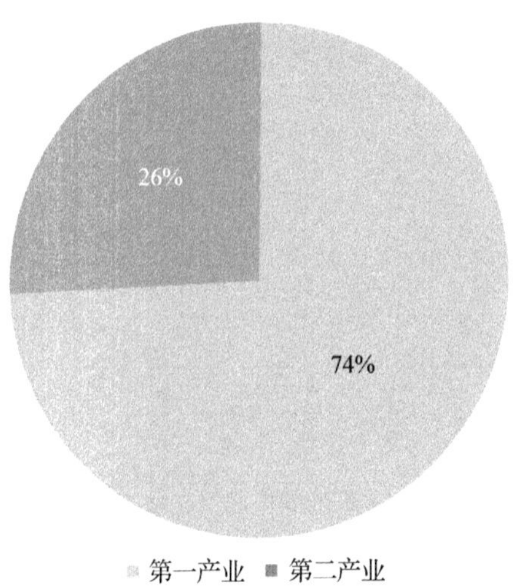

图 1－3　2015 年淮安市农村居民经营性收入依赖产业比重图

资料来源：2015 年《淮安市统计年鉴》

五、就业结构分析

就业结构也是经济社会发展过程中的一项重要指标，向下会带动收入结构变化，向上会影响产业结构调整，所以在分析经济结构战略性调整的过程中，成为一项专门的探讨领域。因此，在此次对淮安市经济结构战略性调整研究中，也需要对全市劳动力在三次产业的具体分布情况进行对比分析。

（一）淮安市就业结构的纵向分析

随着淮安市三次产业结构的不断调整优化，不同产业中具体就业人员比重悄然发生转变。图 1－4 是 2003—2013 年淮安市三次产业就业人口比例分布图。不难看出，淮安市的第一产业所占劳动力比重呈现较为明显的下降趋势；第三产业就业比重一直处于稳中有升态势；而第二产业就业比重在 2011 年出现了一个拐点，在此之前，一直保持较为快速的增长态势，但从 2012 年开始出现回落，目前比重稳定在 30%左右。

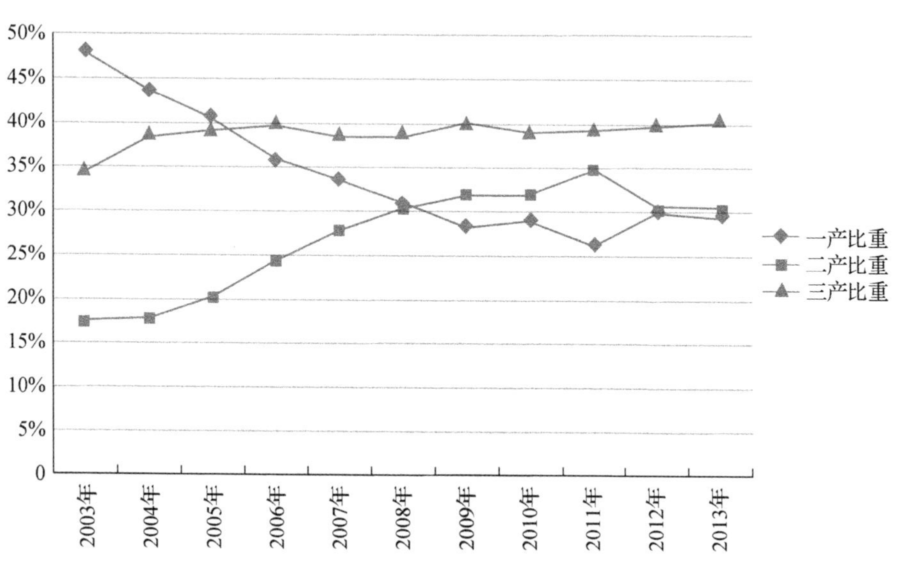

图 1－4　2003—2013 年淮安市居民三次产业就业人口比例图

资料来源：2003—2013 年《淮安市统计年鉴》

表 1－12 则是淮安市三次产业结构的就业人员比重与 GDP 所占比重情况一览表。从表中，我们不难发现淮安市的就业结构发展趋势与库茨涅兹定律一致，

GDP所占比重的大小与三次产业就业人口所占比重的大小有着极为密切的联系。不过，这张表也能反映目前淮安市产业结构的转型变化现状，特别是服务业一直处于较低层次，导致第三产业对于GDP总量的拉动能力极为有限。

表1-12 2003—2015年淮安市三次产业产值比重及年末从业人员情况

年份	第一产业		第二产业		第三产业	
	GDP比重/%	就业劳动力比重/%	GDP比重/%	就业劳动力比重/%	GDP比重/%	就业劳动力比重/%
2003	23.1	48.1	46.5	17.36	30.4	34.53
2004	22.3	43.69	47.1	17.68	30.6	38.62
2005	21	40.78	45.5	20.06	33.5	39.14
2006	19	35.85	46.9	24.25	34.1	39.88
2007	17.1	33.71	48.1	27.71	34.8	38.56
2008	16.1	31.02	47.6	30.19	36.3	38.8
2009	15.2	28.26	48.3	31.81	36.5	39.93
2010	14.1	28.91	48.1	31.9	37.8	39.19
2011	13.2	25.98	46.9	34.78	39.9	39.24
2012	12.9	29.89	46.3	30.28	40.8	39.84
2013	12.6	29.36	45.6	30.29	41.8	40.35
2014	11.9	28.45	44.8	31.07	43.3	40.48
2015	11.2	28.04	42.9	31.36	45.9	40.60

资料来源：2003—2015年《淮安市统计年鉴》

（二）淮安市就业结构的横向分析

研究还选取了2015年江苏省13个地级市的三次产业就业结构数据进行比较与分析。由表1-13不难看出，与其他地级市相比，淮安市三次产业的就业结构呈现出一种特殊的两头翘模式：第一、三产业的就业人数比例都排在全省中前列，但第二产业的就业人数比例却在全省13个市中倒数。由此可见，淮安市目前还面临较大的农村劳动力转移压力，同时，第三产业从业人员的比例基础较高，为未来城市的服务化转型提供了重要保障。

因此，未来淮安市在面对经济结构转型过程中，需要很好利用这一优势，加快发展第二、三产业，加快产业升级的速度，从而提供更多的城市就业岗位，为第一产业劳动力转移提供出口，也为整个城市获得更为持久的经济发展活力积蓄更多力量。

表 1-13　2015 年江苏省 13 个地级市三产就业结构情况表

城市	一产就业人数/万	一产人口比重/%	二产就业人数/万	二产人口比重/%	三产就业人数/万	三产人口比重/%
南京	48.5	10.72	150.2	33.2	253.7	56.08
无锡	18.1	4.65	222.5	57.17	148.6	38.18
徐州	171.5	35.83	145.8	30.46	161.4	33.72
常州	31.5	11.21	147.2	52.4	102.2	36.38
苏州	25.1	3.61	425.9	61.26	244.2	35.13
南通	107.3	22.97	216.6	46.36	143.3	30.67
连云港	81.8	32.69	78.3	31.29	90.1	36.01
淮安	79.20	28.04	88.6	31.36	114.7	40.60
盐城	132.9	29.77	146.9	32.91	166.6	37.32
扬州	51.9	19.53	120.6	45.39	93.2	35.08
镇江	24.2	12.6	91.4	47.58	76.5	39.82
泰州	70.8	24.91	119.4	42.01	94	33.08
宿迁	110.5	39.98	92	33.29	73.9	26.74

资料来源：2015 年《江苏省统计年鉴》

（三）淮安市就业结构存在的主要问题

1. 第一产业产值在各产业中最低，但就业人数依然较多

随着社会经济的快速发展与经济结构的不断转型升级，淮安市第一产业对全市经济增长的边际效率越来越低，2015 年仅为 GDP 总量的 11.2%，但整个产业的就业人口比重却依然高达 28.04%，在某种程度上造成了劳动力资源的大量浪费。如果能有效通过各种途径将这些劳动力转移到第二、三产业中，则淮安市的经济发展能得到又一轮快速的爆发式增长，在提高经济水平的同时，能够提升城市居民的整体生活质量，并有效缩小与苏南经济发达地区的差距。

2. 第二产业发展受到较大限制，同时未充分体现吸纳就业能力

近年来，淮安市委、市政府相当重视城市工业发展，通过不断承接经济发达地区转移过来的劳动密集型产业和资本密集型产业，使大部分教育水平不高且对

劳动报酬要求较低的劳动力汇集起来。但这些教育水平不高的劳动者和技术水平较低的产业，也在当前成为阻碍具有更高附加值的高新技术产业的发展，限制了产业链上下游企业的价值增值。同时，从 2015 年统计数据看，淮安市的第二产业占 GDP 总量的比重接近一半，但就业比重却仅只有 30%左右。一定程度上表明，目前第二产业的就业比重与产值规模出现较为严重的不匹配现象——第二产业原可以为整个社会提供更多且价值更高的就业机会。因此，淮安市需要利用好战略性高新技术产业的发展，依托这些产业，带动整个社会的价值增值。

3. 第三产业层次较低，促进就业与经济发展同步提升能力待加强

淮安市的第三产业一直以来都为整个城市提供了大量的就业机会，且近年来，提供岗位的能力增强。不过，当前整个淮安市第三产业发展层次还较低，大量产业集中在价值创造较低的传统零售业、餐饮业，对经济的快速增长起了一定的限制作用。因此，需要对第三产业尽快实现升级与优化，并同步提升从业人员的素质水平，实现第三产业的快速发展。

艰难复苏的世界经济与中国动力

（本文撰写于 2023 年）

当今世界，百年未有之大变局与新冠感染疫情交织，通胀四起与宏观转轨叠加，给世界经济和全球经济治理格局带来复杂深刻影响。世界各国对促进疫情后经济加快复苏、建设美好世界有着共同期盼，但又面临诸多新的困难和挑战。2024 年 4 月国际货币基金组织（IMF）发布新一期《世界经济展望报告》，预期 2025 年全球 GDP 增长将大幅下调至 3.6%，远低于 2021 年 6.1%的经济增长水平。世界经济总体保持复苏态势，但复苏势头放缓，动能减弱，下行风险和不确定性因素明显上升，世界经济复苏的道路既崎岖又艰难。

一方面世界经济复苏分化失衡，发达经济体和发展中经济体复苏分化。由于率先完成较高比例的疫苗接种以及大规模经济刺激，发达经济体经济恢复较快；而新兴市场和发展中经济体（不包括中国）经济恢复受阻，特别是部分低收入国家大量人口再次陷入极端贫困，加上物资短缺导致人道主义灾难风险。此外，同一经济体内部出现结构性分化失衡，如供给恢复慢于需求恢复、服务业恢复明显滞后于工业、就业恢复慢于产出等。另一方面，自 2021 年以来全球供应链危机愈

演愈烈，企业和消费者遭遇各种冲击。供应链危机若无法通过全球协作得到解决，可能会直接导致国家之间无法正常合作，企业之间无法顺利交易，市场上很多产品价格将迅速攀升，全球化红利很可能大大缩减。再就是通胀加剧贻害全球。"涨价"已经成为全球许多国家经济的关键词，通货膨胀以各种形式、各种途径影响着生活的方方面面。从通胀的领域和范围看，本轮国际物价上行始于能源、金属等大宗商品价格上涨，之后逐步蔓延至其他商品和服务，最终演变成全面的物价上涨。2021 年，全球有 80 多个国家和地区的通胀率创下近 5 年新高，全球整体通胀率达 4.3%，创 9 年来新高。从 2022 年 5 月 CPI 数据看，美国通胀率达 8.6%，创近 41 年新高；欧元区 CPI 同比增长 8.1%，创 25 年来新高。

疫情出现反复仍是影响世界经济复苏最大的不确定因素。从全球来看，各国经济明显表现出随着疫情及防控形势变化而变化的特征。疫情发生伊始，疫情控制好的国家或地区，经济发展就相对较好；一个国家哪个阶段疫情控制得好，哪个阶段经济发展就相对较好。而在抗击新冠感染背后充满了种族之间、价值观之间、地缘政治之间的冲突和对抗，单边主义、保护主义抬头，经济全球化遭遇较大逆流。虽然世界经济正在复苏，但疫情持续反复、高度宽松的货币政策等因素的综合作用，削弱了经济复苏动力，延缓了世界经济的复苏进程。在世纪疫情冲击和全球经济下行压力情况下，中国沉着应对。面对需求收缩、供给冲击、预期转弱的三重压力，2022 年底中央经济工作会议提前布局实施政策，取得了良好的效果。由此，我国也取得了 2023 年 1 至 2 月份经济的回暖。但自 3 月份国内暴发新一轮更大规模的疫情，道路封锁，物流不畅，从而影响了内需和外贸，叠加俄乌冲突下的大宗商品价格飙升这两大冲击，3 月至 5 月份的经济形势急转直下，因此，2023 年上半年总体经济增速会在二季度出现明显回落，但仍有望实现 1.4%以上的正增长。

2022 年一季度，国家发展改革委部署的 102 个"十四五"重大项目进展顺利，各省也在密集举办重大项目开工仪式，依靠投资稳住经济已成为中央和地方的共识。3 月底召开的国务院常务会议明确指出，用好政府债券扩大有效投资，是带动消费、扩大内需、促就业稳增长最直接的有效举措，要让政府投资、社会投资尽快落地，带动实体经济尽快走出困境。2022 年计划新增地方政府专项债券 3.65 万亿元，去年底已依法提前发行 1.46 万亿元，地方债券发行进入加速通道。2022 年 5 月《扎实稳住经济的一揽子政策措施》出台了 33 条稳定经济的增长举措，政策措施迅速落地见效会让中国经济进一步复苏。中国经济韧性强、潜力足、回旋余地广，在6月实现企业稳定后，下半年必将步入快速复苏通道。

2021年，中国经济增长对世界经济增长贡献率预计达到25%左右，连续16年稳居世界首位，中国是名副其实的世界经济稳定器和动力源。国家主席习近平2022年1月17日出席2022年世界经济论坛视频会议并发表演讲，提出要探索常态化疫情防控条件下的经济增长新动能、社会生活新模式、人员往来新路径，推进跨境贸易便利化，保障产业链供应链安全畅通，推动世界经济复苏进程走稳走实。要以公平正义为理念引领全球治理体系改革，维护以世界贸易组织为核心的多边贸易体制，推动经济全球化朝着更加开放、包容、普惠、平衡、共赢的方向发展，让世界经济活力充分迸发出来。

中国是世界经济复苏坚定不移的主导力量。疫情形势依然严峻，早日战胜疫情、恢复经济增长，是世界大多数国家最重要的任务。中国正在推动疫苗公平合理分配，促进疫苗在发展中国家的可及和可负担，为世界经济持续稳定复苏创造条件。当前，“世界开放指数”不断下滑，全球开放共识弱化。中国开放的大门只会越开越大，永远不会关上。中国构建更高水平开放型经济新体制的方向不会变，促进贸易和投资自由化、便利化的决心不会变，将为经济全球化和世界经济发展注入更多动力。中国坚定维护以联合国宪章宗旨和原则为基础的国际关系基本准则。中国将一如既往坚持以人民为中心，与各国一道提升全球发展的公平性、有效性、包容性，努力不让任何一个国家掉队。

党的二十大指出：高质量发展是全面建设社会主义现代化国家的首要任务。发展是党执政兴国的第一要务。没有坚实的物质技术基础，就不可能全面建成社会主义现代化强国。习近平总书记深刻总结并充分运用我国经济发展的成功经验，从新的实际出发，提出了一系列原创性的新理念、新思想、新战略，形成了习近平经济思想，为新时代高质量发展指明了正确方向，提供了根本遵循。2023年两会期间，习总书记在参加江苏代表团审议时强调，要牢牢把握高质量发展这个首要任务。

习近平经济思想对高质量发展实践的科学指引归纳起来可以分为四个方面，即方向指引，贯彻新发展理念是新发展阶段我国发展壮大的必然方向；路径指引，在完善制度基础上构建新发展格局是高质量发展的必由之路；动力指引，部署实施以创新驱动发展战略为核心的重大发展战略是高质量发展的长期动力；方法指引，运用科学的方法论解决问题是高质量发展的实践要求。全体党员干部都是马克思主义的坚定追随者，我们学习习近平经济思想中的世界观和方法论，关键是要自觉坚定地运用它们凝心聚魂，来引领我们高质量发展的实践。

十年前习近平总书记殷切嘱托淮安：“把周总理的家乡建设好，很有象征意义。”十年来，淮安在推进高质量发展上取得了可喜进步，特别是综合实力加速提升。从经济总量看，淮安 GDP 是 10 年前的 2.35 倍，由 2012 年的全国第 80 名上升到 2021 年的第 59 名；2021 年 GDP 增长 10%，位列江苏省第二；2022 年 GDP 增长 3.6%，高于全国、全省平均增速。从对外影响看，淮安被明确为全国性综合交通枢纽，建成国家级综合保税区、国家级高新区，收获“全国文明城市”“世界美食之都”等一批金字招牌。

中共淮安市委八届六次全会提出要以县域经济突破开创高质量发展新局面，指出淮安市 7 个县区贡献了全市近九成的经济总量和规模以上固定资产投资、超七成的工业总产值和一般公共预算收入，充分体现了县域经济对市域发展的关键支撑作用。尽管县域经济发展的重要性不断提升，但县域经济发展仍存在一些关键难题。比如，在发展方向上主攻制造业不坚定，难以形成有竞争力的产业集群；在发展动力上释放宏观战略效能不够，要素支撑不聚焦；在发展方法上统筹发展和安全缺少耐心定力，拼抢精神不足，能力水平不过硬。只有坚持从习近平经济思想的科学引领出发，深入查找在贯彻新发展理念、构建新发展格局、推动高质量发展中存在的问题短板及其根源，才能理清发展思路、抓住关键举措，科学解决县域经济发展所需的问题。

在发展方向上，要把握新发展理念的本质要求，统筹推动经济质的有效提升和量的合理增长。习总书记强调五大新发展理念要一体化贯彻，一体化执行。五大新发展理念是一个整体，不能各唱各的调，创新唱创新的调，环保唱环保的调，大家都应该统一在解放生产力和更高质量发展生产力这一本质要求上，没有发展，单纯讲某一个要求是不科学的。推动经济实现质的有效提升和量的合理增长，不是一时一地之举，而是贯穿高质量发展的整个过程，需要持续激发经济发展内生动力，充分调动一切积极因素，形成全市上下竞相发展的强大合力。

要充分激发县区干事创业的主观能动性，发挥基层首创精神，鼓励地方结合实际探索差异化发展新路子，激励干部敢于担当、积极作为，促进各地攀高比强、跨越赶超，因地制宜推动高质量发展。重点围绕地方主导和重点特色产业，大力加强外引、内培和集群发展。外引，紧盯主导产业招大招强，全力引进龙头企业、上市公司、世界 500 强企业，重点跟踪 50 亿级以上企业。编制招商图谱、招商指南，搞产业链招商、基金招商、驻点招商，聚焦关联项目，加速打通上下游产业链，壮大产业集群。压缩项目审批环节，拿地即开工，为企业提供“一站式”“保姆式”服务。内培，专项培育或者给予扶持政策，全力培育本地龙头企业、骨干企业及“专精特新”“小巨人”企业。最终在每个县区形成一到两个产业集群。

在发展路径上，要夯实新发展格局的产业基础，加快构建现代化产业体系。加快构建新发展格局，是推动高质量发展的战略基点。而现代化经济体系是构建新发展格局的必然路径。县域经济质量高低的衡量，关键要看能否构建起“自主可控、安全可靠、竞争力强”的现代化产业体系，这是县区加快建设的主攻方向。在六大现代化产业体系中，尤其应该重视发展先进制造业。2023 年 5 月中央财经委员会会议强调，必须抓住制造业这个“牛鼻子”，锚定实体经济，促进传统制造业向先进制造业转型升级，并且明确把发展先进制造业集群摆到更加突出位置。因此，淮安应支持各县区在全市“7＋3”先进制造业集群基础上，立足县域发展实际和自身资源禀赋，打造具有竞争力、标识度高的特色优势产业集群。

在发展动力上，要逐步强化企业科技创新主体地位，努力推动供需高水平动态平衡。淮安市企业技术创新取得了一些成绩，但还不能适应高质量发展的要求，存在技术创新能力不足、产学研融合不够、创新要素流动不畅、技术创新供给与产业发展需求难以有效对接等问题。企业是科技和经济紧密结合的重要力量，是创新创造的主力军。激发科技创新能力就是要赋予企业科技创新主体地位，就能够打通从科技强到企业强、产业强、经济强的通道。优化供给结构、改善供给质量也要依靠企业创新，以创新驱动、高质量供给引领和创造新需求。习近平总书记在党的二十大上对“强化企业科技创新主体地位”作出系统部署。2023 年 4 月，中央深改委审议通过《关于强化企业科技创新主体地位的意见》，明确指出“强化企业科技创新主体地位，是深化科技体制改革、推动实现高水平科技自立自强的关键举措”。应该着力发挥企业在创新决策、研发投入、科研组织及成果转化等四个方面的主导作用，推动企业不断实现创新。地方政府投入是必要的引导、企业投入是创新投资主体、金融机构作为支撑、社会资本用来补充，就要构建这样一种多元化科技投入机制，给企业创新加强度。

在发展方法上，要坚持正确的工作策略方法，稳步推进高质量发展。在高质量发展上走在前列，是习总书记着眼现代化建设全局赋予江苏的重大任务，是相当长一个时期江苏发展的总目标。建设“强富美高”新江苏的实践将会在淮安各个县区不断展现出新内涵和新形态。这不仅需要我们坚定不移沿着习总书记指引的方向、路径前进，更需要按照正确的工作策略和方法去贯彻落实。坚持稳中求进工作总基调，落脚在推进先进制造业建设上，需要县区破畏难心态、立争先之志。积极抢抓先进制造业集群建设的机遇，保持高昂的斗志和坚定的信心。坚持系统观念，需要一手抓传统产业转型升级，着力推动传统产业补链强链优链，全面优化传统产业结构，形成更高效率和更高质量的投入产出关系；一手抓战略性新兴产业发展壮大，以重大技术突破和重大发展需求为基础，确保始终在正确的轨道上推动高质量发展，推动经济发展行稳致远。坚持问题导向和目标导向相结合，需要聚焦目标任务和对标赶超对象，细化任务书、时间表、路线图，构建上下贯通、层层负责、高效落实的责任链条。要认真落实中央和省委、市委全会精神，集中精力办好自己的事，把心思和精力聚焦在经济发展上，以钉钉子精神突破重点、解决难点，打好“攻坚战”，当好“急先锋”，推动习近平经济思想落地生根，全力推动淮安县域经济高质量发展。

第二章　创新篇

淮安装备制造业产业创新升级路径研究

（本文撰写于 2016 年）

装备制造业是制造业的核心，装备制造业的发展水平是反映一个国家和地区经济实力的重要标志。近年来，一些地区加快制造业转型升级，纷纷将装备制造业作为产业发展重点，利用装备制造业技术含量高、产业带动力强、附加值高等优势，力图在未来的产业竞争格局中抢占地区发展制高点。当前，淮安工业经济正处于重要的战略机遇期和转型期，“十二五”期间，淮安提出建设“4＋2”工业发展体系，将装备制造业作为“4＋2”工业体系的重要内容，集聚区域内各类高端资源，着力打造淮安未来工业经济发展的重要成长板块。虽然目前淮安装备制造业整体规模较小，但部分装备制造业经过多年来的集聚发展，已经形成一定程度的产业规模，并在相关领域占据了重要地位。淮安装备制造业要在未来成为淮安的支柱产业，必须依托现有优势特色装备业，充分利用淮安资源禀赋，选择适合淮安装备产业发展实际的创新发展路径，通过采取加大招商引资、加快技术创新、培育龙头企业、营造外部环境等措施，进一步做强做优产业链，推动淮安装备产业加快崛起，从而实现淮安工业的跨越式发展。

一、淮安装备制造业总体状况

淮安市大力扶持装备制造业发展，规划建设了一批特色产业集聚载体，发展形成了一批具有特色的装备产业集群，培育壮大了一大批龙头企业，实现淮安传统产业不断向产业链高端升级，企业整体自主创新能力不断提升。截至 2015 年底，全市装备制造业现有规模以上工业企业 767 家，全部企业数占全部规模以上工业企业数的 30.5％。从业人员 18.3 万人，共完成销售 2 556 亿元，占全部规模以上工业销售比重为 38.4％，实现利润 158 亿元，利税 201 亿元，分别占全部规模以上工业的 41.2％、31.3％。

（一）产业优势

1. 装备产业规模不断壮大

经过近年来的迅速发展，淮安装备制造业已经成为引领传统优势制造业转型升级的重要力量和淮安经济新的增长点。2015 年，实现销售收入 2 556 亿元(见表 2-1)，利润 158.3 亿元，同比分别增长 17.3%、43.3%，分别超规模以上工业增幅 0.9 和 16.3 个百分点。计算机、通信及其他电子设备制造业已实现销售收入超千亿元。已具备 6 000 台大中型拖拉机、1 万台电梯、3 000 台工程破碎机、1.2 万台各类数控机床、1 万多台专用汽车的生产能力。

表 2-1 2015 年淮安市装备业实现销售情况一览表

分类	销售收入/千元	同比增长/%
全部装备制造业	255 622 846	17.3
金属制品	18 213 063	15.9
通用设备制造	33 336 535	16.7
专用设备制造	19 690 196	14.3
交通运输设备制造	18 317 103	19.9
电器机械及器材制造	42 629 345	7.9
计算机、通信及其他电子设备制造	117 777 354	22.0
仪器仪表制造	5 659 250	11.4

资料来源:《淮安市 2015 年国民经济和社会发展统计公报》

2. 产业门类不断丰富

淮安装备制造业涵盖电气设备、汽车船舶、仪表线缆、教育装备以及基础件等多个类别，在石油装备、机械装备、教育装备等领域形成特色产业集群，一批具有市场竞争力的龙头企业相继形成(见表 2-2)。其中石油机械、仪表线缆等产业已拥有从零部件到整机相对完整的产业链，涌现了一批国内外知名品牌。此外，作为装备制造业的重要组成部分，淮安市在机械基础件、电线电缆、仪器仪表及教育装备等方面也具备一定基础。随着中欧民用豪华直升机、淮安三一重工产业园、天地龙智能电网、红神矿山机械、中弘高端轴承、富士电梯等大型重点项目的建成，淮安高端装备制造业产业集聚程度得到很大提升。

3. 产业布局更加集聚

近年来，淮安大力推进装备产业基地和特色园区建设，形成了淮安经济技术开发区精密机械科技产业园、淮安区施河教育装备产业园、盱眙钢管轴承产业特色园、金湖县省级石油机械产业园和仪表线缆产业集群基地等一批特色基地，为进一步做大做强装备制造业创造了良好的载体环境。淮安还拥有装备制造业的上游产业——特钢产业，目前淮安正在打造全省最大的特钢产业基地，吸引了大量以特钢为原材料的高端装备制造企业集聚。全市已形成300万吨特钢、300万吨铁、150万吨钢管的生产能力，这些都将为装备制造业的发展提供优质的钢材资源，大大降低装备制造企业的生产成本。

表2-2 2015年淮安市主要装备制造业产业集群情况

分类	细分产业	产业链情况	集聚区域	代表企业
专用设备	石油机械装备	基本形成全产业链	金湖县	金石集团
	煤矿装备、渔业机械、卫生机械、农业装备等	零部件加工	金湖县	蔚百世医疗器械、江苏清拖等
仪器仪表	仪表线缆	零部件加工到整机	金湖县	红光仪表等
通用设备	通用设备、精密机械、钢管轴承	零部件加工；有电梯等成套设备；轴承产业基本有产业链	淮安经济技术开发区、盱眙经开区、清河等	施塔德电梯、金石阀业、神工机械、常鑫数控机床等
交通运输设备、电气设备制造业等	汽车零部件、船用设备、电气设备等	零部件加工	淮安经济技术开发区、清河	清淮船舶等

资料来源：《淮安市2015年国民经济和社会发展统计公报》

4. 特色产业集群已具备一定规模

淮安形成了金湖的石油机械与仪表线缆、盱眙的轴承装备、淮安区的教育装备、经济开发区的精密机械等装备产业集群。其中最为完备的如金湖的石油机械产业集群，拥有从原料钢制造到产成品的全部产业链；形成了油气井口装备及配套自动化仪表、专用线缆从陆地到海洋的系列化产品，其中水下井口、大口径球阀、HH级井口、电缆穿越器等产品达到国际先进水平。全市各类企业100多家，拥有金石集团等行业领先企业，是淮安整体技术最先进、产业链最全的重点装备制造业企业。施河现代教学装备产业集群拥有教学具企业近300家，形成了电教装备、实验室装备、体育装备、教室装备、数字化校园等9大类2 000多个品种的产品体系，成为中国最大的教学具生产、销售基地之一。此外，淮安在金湖、盱眙、经济技术开发区等地还拥有通用装备、电气装备、仪表线缆及基础件等产业群，集聚了众多机械装备及与装备产业配套的齿轮、轴承、电机、液压机、铸锻件与基础件生产企业。

5. 有一定的技术研发基础

在研发平台方面，淮安市拥有4个省中小企业公共技术服务示范及重点平台。在研发产品方面，全市有 8 个通过省首台套装备认定产品。其中，金石集团石油钻采设备等一批产品被评为“国家级新产品”，金石集团已发展成为全国最大的井口采油(气)树研发和生产制造企业。金象减速机公司拥有各项专利 50 项，主持、参与制定多项国家和行业标准，成为江苏省企业技术中心和江苏省减速机蜗杆传动工程技术研究中心。

（二）区位及资源优势

淮安具有优越的交通区位。装备制造业的原材料、产成品具有较大体积和重量，运输便捷、靠近出海口和市场是企业选址的重要考量。淮安处于长江三角洲经济圈与环渤海经济圈交会点，位于长江三角洲“一核九带”空间格局中的“沿运河经济带”，已形成公、铁、水、空立体式网络，为人流、物流运输创造了便利条件。各类交通网络还在加快完善之中，连淮扬镇、徐宿淮盐两条铁路都将从淮安经过，进一步强化了淮安重要的枢纽地位，目前这两条铁路已经进入施工阶段，宁淮铁路、盐蚌铁路等前期研究和规划也在积极推进中。国务院已批准涟水机场作为一类航空口岸正式对外开放。涟水机场先后开通了到韩国、中国香港、中国台湾等国家和地区的航线。淮安港是江苏内河集装箱枢纽港，集装箱年吞吐量突破 10 万标箱，占江苏省内河集装箱运量的 75%以上，被视为全国公路运输枢纽。此外，盐河、大运河等航道通江达海，盐河等级提升工程已完成，两河与连云港港口已“无障碍通关”，是南北一线城市装备制造业转移、中西部内陆地区装备制造企业运输中转等的理想港口。

（三）创新能力优势

淮安市拥有 1 个国家级经济技术开发区，即国家级淮安经济技术开发区；2 个国家火炬计划特色产业基地；1 个省级高新区、8 个经开区和 8 个科技产业园。淮安国家综合保税区成功创建并通过封关预验收，为高科技投资项目的进驻提供了广阔空间。现有留创园、高技术创新中心、软件园等国家级科技创业园 3 个，省级以上科技孵化器 13 个，孵化面积超过 80 万平方米。设立了近亿元的人才创业基金，并将投巨资规划建设淮安智慧谷，建设淮安产业技术研究院、淮安联合研究院和国家人才岛，为国内外高水平研发机构的入驻、高层次人才的创新创业创造良好的条件。淮安还专门设立了产学研合作基金，前瞻性联合研究项目和重大创新载体项目是基金支持的重点，积极与清华大学、南京大学、中国农科院、中国科学院等开展全方位战略合作，鼓励大院名校的科研成果在淮安实现转移和转化。

（四）人力及土地资源优势

装备制造业的发展要求有数量充足、素质良好、成本相对较低的技术人员和产业工人。淮安人力资源充裕，现有 28 所大中专职业学校，在校生近 20 万人，每年培养各类人才 4 万余人，这些优质人才资源主要就业地就在淮安，这将给淮安装备业的发展提供有力的智力支持。相比东部沿海地区，淮安土地资源更为丰富、人力成本相对较低，后续发展空间较大，已成为江苏、上海、杭州等发达地区制造业转移的良好目的地。

二、淮安装备制造业主要的问题与不足

产业整体实力较弱。淮安装备制造业以传统机械、基础件为主，龙头企业较少，在 767 家规上企业中，产值 10 亿元以上的企业仅有 23 家，多数企业为本地或长三角地区转移过来的民营企业，企业主要集中在劳动密集型零部件制造环节，仅石油装备等少数领域的领军企业能够生产整机。淮安市新兴高端、整机、系统装备尚处于导入阶段，整个装备制造业规模较小，亟待向产业链高端升级并做大规模能级的提升。

产业发展能级不高。淮安装备制造业部分产业能级较低，处于粗加工、组装加工阶段；装备制造产业链不完善，特别是一些核心零部件、关键设备制造还有待发展。在装备制造业产业门类上，真正的新兴、高技术性装备领域目前还停留在单体项目培育状态。

总体布局还较分散。目前淮安装备产业具备专业化集聚载体较少，许多载体尚处于规划、整合、起步阶段，导致产业集聚度偏低，难以形成各类企业配套合作的产业生态，公共研发、技术服务、检测、职业技工培训等针对装备制造业的公共平台缺乏。

生态资源的约束。淮安尽管在土地空间、环境容量、资源与能源方面相对沪宁等一线城市尚有富余，但如何防控装备制造不可或缺的电镀工艺环节产生的重金属污染等问题，都将是淮安在产业发展方面必须考量的因素。

三、淮安装备制造业产业创新升级的路径和对策

（一）淮安装备制造业产业创新升级的总体思路和基本原则

1. 总体思路

按照特色装备规模化、传统装备高端化的思路，以做强产业创新和做大产业规模为主要任务，以集群化、成套化、智能化和高附加值的“三化一高”为发展方向，突出“高端、新兴、特种”特色，规划建设一批特色产业载体，引建一批重大引擎项目，发展一批核心战略产品，培育一批领先龙头企业，打造完善的装备产业体系，加快促进装备制造业实现粗加工向精加工转变、普通装备产品向高新技术产品转变、装备零部件向整机集成装备转变，从分散布局向专业载体集聚转变，努力将淮安市建设成为长三角北部极具竞争力的装备制造基地。

2. 基本原则

坚持做强优势产业与培育新兴产业相结合。对具有明显优势的装备制造业企业，要着力提高其自主创新能力、工艺水平和产品质量，提高产业规模和市场竞争力；同时，围绕产业发展潜力热点，积极培育新兴装备制造产业，优化产业结构，形成新的经济增长点，提高淮安装备制造业可持续发展的动力。

坚持集群化发展和特色化建设相结合原则。围绕区域产业基础特色，按照产业集群发展思路，打造针对性的产业发展平台，建设专业化产业集聚载体，推动各种生产要素向优势区域、优势产业、优势企业集聚，形成区域产业布局有重点、产业载体有聚焦、产业发展有特色，大中小型企业紧密结合、功能互补的产业生态新体系。

坚持工业化和信息化两化融合推进原则。以信息化为重点，鼓励运用先进的信息技术装备现有传统企业，推动传统产业生产技术装备升级，提高装备制造技术水平和生产效率；以智能化为方向引导产品创新，培育发展智能装备、自动化装备以及成套装备体系。

坚持自主创新培育与招商引资转化相结合原则。以增强企业核心竞争力和产业整体竞争力为目标，坚持招商引资和自主培育相结合、自主研发与技术引进并重，在推进大企业、大项目招商的同时，突出企业创新的主体地位，促进产学研结合，激励企业推动重大技术创新成果的产业化、商业化并推广应用。

坚持提升成套水平与夯实配套基础相结合。依托骨干企业，通过重大项目的

带动，推动研发整机产品、成套设备，提升装备成套水平和集成服务能力；引导民营中小企业向“专、精、特”装备零部件、材料和基础制造工艺方向发展，实现与整机协同发展，优化淮安装备制造业配套发展的优良环境。

（二）淮安装备制造业产业集群升级的路径

1. 基于规模与成本优势的升级路径

经验曲线理论表明，产品的生产成本与生产规模、生产历史、生产经验成反比，这就是所谓的规模经济和经验经济效应。以施河教学装备业为例，与国内同行相比，施河教学具产业集群在产业成长历史、生产规模上具有比较大的优势。施河教学具产业经过近二十年的不断发展，目前从业人员超万人，仅在外营销员就达 5 000 多人，积累了丰富的生产技术经验和产业链集成能力，建立了广泛的供应商网络和遍布全国的营销网络，拥有庞大的客户群资源，这些都是施河教学具产业集群赖以发展的基础，也是施河教学具产业核心竞争力所在。

此外，与浙江、广东、苏南等地比较，施河在土地使用成本、水电成本及本土劳动力成本等要素成本上，也具有明显的竞争优势。但施河教学装备业也潜伏着危机和隐患：施河教学具产业链的本土配套能力十分薄弱，整个产业缺乏核心技术和产业链配套的支撑，多数集群成员的产品品质和技术层次较低，创新能力弱，设计理念落后，只能靠低价占据低端市场，缺乏持续发展的动能。这种状态无法适应未来教学具市场的个性化、时尚化、高端化需求，以及绿色环保等要求。当资本实力、技术实力强大的潜在竞争对手强势进入教学具市场时，施河的教学具产业就可能面临淘汰出局的命运。施河教学具产业依托规模、经验、成本、供应商网络、营销网络、客户资源上积累的优势，未雨绸缪致力于本土产业链配套能力的打造和产品研发能力、设计创新能力等薄弱环节的培育、强化。只有沿着这样一条切实可行的路径走下去，才能为整个产业集群的发展打下坚实的基础。

2. 基于集群技术创新与扩散的升级路径

企业是技术创新的主体，只有增强企业自主创新能力，才能从根本上实现产业集群的发展目标。应努力促成五大集群创新体系的形成：一是企业技术创新体系，以技术中心为主要形式；二是科技成果转化体系，主要以产学研联合为纽带；三是产业共性技术开发体系，主要以行业技术创新基地为主要载体；四是技术创新中介服务体系；五是政府技术创新调控体系。政府部门尤其要在产业发展中发挥积极作用，支持产业集群的技术创新体系建设，支持建立开放式的技术创新服务平台，包括产品技术研发中心、质量检测中心等。同时要支持发展信息服务机构、融资机构以及企业孵化器等技术创新中介服务机构。淮安多数装备制造企业由于能力和资源的限制，从事技术创新的能力较弱，主要核心企业的技术创新与扩散对提升集群整体技术水平就显得尤为实用和重要。为此，政府应建立和完善技术研究开发与协作网络，搭建技术创新、交流的平台，同时应推行创新扩散的激励补偿政策。

3. 基于完善和强化产业链的升级路径

集群的升级离不开集群内部各种配套能力的完善。只有实现产业链上下游的有机衔接，完成各类资源的合理配置和整合，并将各环节的利益有机结合，才能形成上中下游企业协同发展的多赢局面，使产业链各个环节在产业集群内均衡并进，实现产业集群的充分集聚和整体升级。因此，今后淮安招商引资的重点应放在产业链短缺环节的配套和薄弱环节的强化上，并在如何整合利用外部供应链资源上做文章。

4. 基于培育集群中“核心企业”的发展路径

从淮安装备制造业整体来看，各产业集群成员企业普遍存在规模小、管理水平低的问题，而小企业由于其自身“技术边界”与“能力边界”的不对称以及技术创新外部经济性，创新动力不足，多数小企业倾向于采取模仿跟随战略，或其创新战略只建立在技术风险低、回收周期短的基础上，创新类型主要集中于设计、生产流程和组织等方面。在这样的集群组织结构下，集群整体创新能力和竞争力不可能得到提升。只有当产业集群的大企业能够在该集群中形成绝对优势地位，并且由于这种优势地位给企业带来超额利润时，企业的创新热情才能被激发，企业才能具备更高的技术创新与产业升级能力，从而提升产业集群的集聚力。因此，要实现产业集群的整体升级还有待于集群内“核心”的崛起和带动。为此，应在明确产业定位基础上，积极培育装备业集群中的核心企业，发挥其在研发、设计、营销等方面的带动、辐射、示范作用和创新扩散、信息传递以及品牌营销等方面的产业龙头作用。

5. 基于“引进来”“走出去”战略的升级路径

“引进来”战略主要是依托淮安现有装备产业集群的规模优势、成本优势，通过完善基础设施和优化投资环境、生活环境，吸引国内外知名企业来淮安投资兴业，设立销售中心、研发设计中心、售后服务中心、办事处等分支机构。这样，一方面可以增强和完善淮安装备产业链，提升产业链档次；另一方面，在引进投资和设立分支机构的同时，带来的是人才、信息、技术、管理、服务和品牌的集聚，这些都是促使淮安装备产业集群升级的重要因素。“走出去”战略就是要跳出淮安，在全国乃至全球市场上寻找机会，利用资源，开拓市场。一是通过参加国内外各类博览会、展销会，接触客户，了解同行，搜集信息，观察潮流，推介淮安装备产业和品牌。二是在国内重要中心城市设立研发设计中心、营销中心或与高校科研单位联合设立研发设计机构，直接利用大城市的信息、技术、人才、智力资源，为淮安装备产业集群不断输入现代设计理念、管理理念、营销理念等产业升级要素。三是与国外经销商和用户建立联系，通过接触国际高端市场的优质客户，自身形成压力，使淮安装备产业向“高科技”“绿色”“环保”方面升级，并通过参与国际市场竞争，提升产业集群的整体素质和能力，培育淮安装备产业的国际品牌，提高装备产业的国际竞争力。

四、淮安装备制造业产业集群发展的主要措施

（一）大力推进项目招商行动，进一步做大做强产业链

实施“招大引强”战略，围绕20大产业化引擎项目，引导世界500强、国内行业龙头企业和研发中心等具有强大聚集效应的企业向淮安集聚。重点招引对产业链具有广泛带动作用的重大整机、系统设备和核心部件制造企业。重点引进从事市政专用车辆、市政工程机械、农业机械整机、工业机器人、运动自行车、健康运动器械等六类整机制造企业项目；引进油气开采、矿山机械、盐化工、节能、智能及渔业饲料加工、卫生机械、制药等八大成套装备制造项目，以及轴承、齿轮、电机、减速机、仪表、液气密件、大型铸件和紧固件等七大重要基础零部件制造项目，推动产业由零部件制造向整机、成套装备制造转型。

强化“产业链”招商。按照“大项目带动、配套企业跟进、产业集群发展”思路，强化“产业链”招商。瞄准中央企业进行装备产业化项目、企业装备产业园等重大项目招商；瞄准欧美日韩等发达国家和地区，对智能装备、农业装备、工程机械装备和能源装备项目进行定向招商；瞄准优质民营装备制造领军企业，大力引进投资大、带动性好、关联度强的整机、成套系统和核心部件项目。围绕装备龙头企业和整机厂商，做好上下游的配套跟进，引导配套及零部件生产企业向“专、精、特、新”方向发展，打造分工合理、重点突出的产业链或产品链，形成以龙头项目为依托，以各具特色的中小配套企业为补充的装备产业集群。

（二）加快创新体系建设，进一步提升装备产业核心竞争力

1. 建立“产、学、研”联动的创新体系

以企业为主体，充分发挥淮安高校的人才优势，整合省内外科研院所资源，开展多种形式的“政产学研”创新合作联盟。大力推动企业开展新技术研发和新产品开发，推动企业之间、企业与科研院所之间的联合攻关，通过“三新”（新工艺、新技术、新材料）促进装备产品和服务向“三高”（高端、高效、高附加值）方向发展，增强核心装备技术和产品的创新能力，提升企业的核心竞争力。要充分发挥企业的主观能动性，突出企业在技术创新和产品应用开发中的主体地位。加大对企业各类科研机构的建设，以及装备产学研战略联盟的扶持力度。

2. 建设公共技术平台，强化技术创新支撑

通过对外合作引进和依托领军企业建设一批为装备产业技术创新、产品研发提供技术支撑的公共技术平台；与国内领军研究机构合作共建智能装备开发服务中心、节能环保装备研究中心、轴承开发中心、市政专用车辆及工程机械研究中心等一批特色装备研发平台；同时建立装备数字化设计公共服务平台、油气开采装备检测公共服务平台、金属热处理公共服务平台等装备制造业发展急需的公共技术服务平台。依托淮安经济开发区和工业园区以及高新技术区三大装备制造业集聚载体和特色基地平台，重点集聚提升铸造、锻造、热处理、表面处理四大基础工艺集成加工处理和服务能力，建设专业化生产服务中心。

3. 推进“两化融合”，瞄准智能化方向

以推进淮安装备制造业信息化作为淮安实施两化融合战略的重点和突破口，促使以信息技术为代表的高新技术融入装备制造业，实现装备制造业的高端化。大力鼓励装备制造企业实施生产装备的信息化改造，全面提高装备的数字化、自动化、智能化水平；引导和推广计算机集成制造系统等先进制造模式和先进手段，改造工艺技术和装备，提高装备制造过程的信息化、自动化和智能化水平。重点推进信息技术在淮安高端装备制造产业中的应用，推进电力、物流、食品、盐化、加工成型等智能成套装备在本地试点企业中的运用。促进工业机器人、仪器仪表等智能关键部件在全市重点企业生产设备改造升级中的应用，提高装备制造业的生产效率，增强产业整体竞争力。鼓励淮安整机、成套系统装备制造商在系统成套设备工程中优先采用本地制造企业能满足要求的产品。

4. 强化创新引导，完善创新机制

引导企业加大研发投入，落实好省市支持企业开展自主创新的政策措施，扶

持创业投资和产业投资基金项目，吸引优质创业资本、项目、技术集聚。发挥淮安大学城高校智力优势和科技支撑作用，整合科技资源，开展“产学研”联盟，强化高校与企业的结合，不断增强企业创新能力。依托装备制造业骨干企业，开展联合设计、联合制造，形成装备制造业开放式的技术创新体系。以支持装备制造业创新创业为突破口，争取得到江苏省级的支持，积极对接上海研发公共服务平台，合作开展沪淮跨区域“科技创新券”试点。制定各项配套支持政策措施，支持重点装备产品的市场拓展和重点企业的商业模式创新，积极争取智能仪表产品、农机装备产品、市政工程产品、节能环保产品等的推广应用试点。

（三）大力扶持企业做大做强

着力打造装备制造业细分行业的龙头企业。围绕产业重点，重点筛选并确定金石机械、金诺机械、富盛制罐、昌盛电气、威灵电机、南瑞淮胜电缆、大通机电等一批市场占有率高、具备一定品牌优势、核心竞争力强的优质骨干企业，作为区域性的龙头企业加以重点扶持；筛选认定一批掌握核心技术、专业化水平高、高成长性的“专、精、特、新”中小装备企业作为细分行业的龙头企业加以重点扶持，建立具有核心竞争能力的骨干企业发展梯队。对列为重点发展的企业，要在申报省级企业技术中心及争取省市重大专项、重点计划和专项资金支持等方面给予优先推荐和安排。同时，提高装备企业的技术装备水平。通过实施一批改造项目，加大对装备制造企业技术设备改造力度。鼓励支持现有装备制造企业淘汰落后的工艺和设备，采用高新技术改造加工设备、提升生产工艺，不断提高全市装备制造业的技术装备水平。重点招引采用新技术、新工艺和新装备的装备制造企业项目。

（四）强化各项保障，进一步营造产业集群发展的良好环境

1. 强化机制保障

建立科学的决策机制。在淮安市经信委设立“装备制造业发展推进小组”，具体负责装备制造业规划的落实、政策制定、人才引进和项目建设，以及对装备产业重点项目、优势企业的认定和督查考核。淮安市各区县、主要园区结合当地实际情况，制订与本规划相衔接的实施方案。

建立重大项目推进机制。按照江苏省、淮安市推进重大项目建设的相关办法和实施举措，对具有重大影响和引导作用的装备产业项目实施“一事一议”政策。对明确为国家、省、市三级重点装备的项目，推行联络员制度，指定专人负责并做好跟踪服务。对特殊重大装备产业项目可采取分期缴纳土地出让金和开发

补偿费等形式，及时协调解决项目建设过程中遇到的具体问题，促进重大装备制造项目早开工、早建成、早见效。

完善统计监测与评估机制。落实淮安市“4＋2”优势特色产业转型考核评比，制定一套具有淮安特色的装备制造业发展评估体系，通过年度统计与专题调查相结合的方式，及时监测装备制造业的运行态势；构建装备制造业数据库，跟踪重点项目的开发建设、生产运营情况，建立行业信息定期发布制度和行业预警制度，引导行业健康快速发展。

建立规划衔接落实机制。引导各县区、各重点园区从战略全局上把握装备制造业的发展方向，在全市规划指导下，科学制定各自的装备制造业发展规划、重大项目策划、三年行动方案、招商实施策略等，保障装备制造业健康协调发展。

2. 强化政策保障

对接用好各级扶持政策。对接江苏省扶持高端装备产业发展、支持产品研发创新的相关政策，积极争取江苏省“科技创新券”试点工作的支持。落实好淮安市《“4＋2”优势特色产业做大做强实施方案》中相应的产业发展扶持政策，制定《淮安市高端装备产业导向目录》和《淮安市高端装备产业招商重点目录》。各相关区县、产业园区要研究出台扶持高端装备发展的专项政策。整合建立发展引导基金，重点扶持企业的产品开发和技术改造，并逐年适度增加专项引导基金项目的资金规模。淮安市各相关部门的扶持资金要向装备制造业倾斜。相关区县、产业园区要配套建立扶持发展的专项资金。加大本地采购的扶持力度。对新采购本地制造设备的当地“4＋2”优势特色产业项目，在享受《“4＋2”优势特色产业做大做强实施方案》中新购置设备扶持政策基础上，增加一定幅度的财政补贴。

3. 强化要素保障

人才保障。落实淮安“4＋2”产业人才集聚工程，以专业技术型人才培养为重点，加强装备产业研发创新和技术队伍建设。一是改进人才招引方式，突出人才个体引入与研发团队引入相结合，特别注重对成熟技术团队的引入。“刚性引入”与“柔性引入”相结合。特别要解放思想，建立切实可行的柔性引入机制，与市外、国外的专家和机构建立长期的合作关系，多形式、多渠道引进装备制造业发展的急需人才。二是加强学科带头人的队伍建设，重点引进装备产业两院院士和知名专家到淮安市设立院士专家研究室，落实一批研发和产业化合作项目。三是完善适用型人才培养机制。充分利用淮安大学城，建立企校联合培养人才新机制，有针对性地培养新形势下淮安迫切需要的各类专业技术型人才。充分发挥淮安市人力资源和社会保障局建立的网络招聘系统的作用，完善系统各项功能，促进高级技术工人技能开发和交流。

资金保障。以企业为主体、市场为导向，建立多渠道投融资机制，进一步强化投融资服务体系建设，为装备制造业发展提供保障。一是市政府每年安排一定规模的财政性资金用于装备制造业重大项目、研发机构和人才团队的引进。二是积极推动银企合作，加大金融机构担保公司以及再担保公司等对企业的信贷支持力度。三是鼓励和引导民间资本、外资投向高端装备制造产业研发领域。四是积极落实省市有关首台(套)政策，鼓励淮安当地金融机构开展多种形式的首台(套)保险业务。

土地保障。深化落实《“4+2”优势特色产业做大做强实施方案》中的要素保障措施，积极向省里争取装备制造业重点项目“点供”的土地指标。

基于城乡要素双向流动机制创新下的县域乡村振兴路径研究

——以淮安市涟水县为例

（本文撰写于2022年）

习近平总书记在党的二十大报告中明确指出:“扎实推动乡村产业、人才、文化、生态、组织振兴。全方位夯实粮食安全根基，全面落实粮食安全党政同责，牢牢守住十八亿亩耕地红线……确保中国人的饭碗牢牢端在自己手中。”“全面推进乡村振兴”是实现中华民族伟大复兴的重要战略举措。产业兴旺是乡村产业发展的基础，是乡村振兴的关键，离不开要素的合理配置及机制创新。如何在城乡要素双向流动新格局下发展县域乡村产业，增强乡村振兴的内生动力，是“扎实推动乡村产业”振兴的核心要义。

一、涟水县域城乡要素双向流动机制创新实际举措及成效

涟水县以要素改革为撬板，走出了一条贫困地区脱贫致富、产业振兴的道路，为振兴县域乡村产业提供了一个可以参考和借鉴的路径。具体表现为以完善

产权制度和要素市场化配置为重点，激活主体、激活要素、激活市场，着力增强农村改革的系统性、整体性、协同性。

（一）农村集体产权制度改革全面推开，夯实乡村振兴地权困境

全县361个村(居)确定成员户数21.895 7万户，成员人数97.983 8万人，全县农村集体资产总额为122 858.82万元，其中，折股量化资产40 120.23万元。相继成立了股份经济合作社并挂牌，组织架构设置、农户成员信息等已全部导入省农村集体经济组织管理系统。在全市率先建立了县、镇、村、组“四级”农村土地承包调解仲裁组织体系，建成全市唯一一家“土地仲裁庭”；农村产权交易额跻身全省20强。产权交易平台成立以来，共计完成交易金额24.83亿元，成交标段10 373个。土地确权基本完成。建立农村土地承包经营权登记簿199 783份，颁发承包经营权证199 783本，颁证率达100%。

（二）新型经营主体培育有序推进，摆脱乡村振兴经营困境

突出家庭农场的示范带动作用，强化品牌创建，积极引导家庭农场由数量向质量转变。全县录入农业农村部家庭农场名录平台799个，新型农业经营主体规模经营比重提升5个百分点。重点抓好农民专业合作社的规范化运作、实体化经营，基本实现区域、产业全覆盖，全县培育规范化家庭农场983家，其中省级23家，市级55家；各类专业合作社2 472家，其中国家级7家，省级31家，市级198家。

（三）涉农支农资金整合优化，纾解乡村振兴资金困境

以支农资金打包整合为机遇，加快推进各类支农资金整合，将中央、省、市以及县各级财政安排用于支持农业发展的资金均纳入整合范围。资金由县农业规划委员会和水利规划委员会牵头分配，重点向农业园区、“2+4”“2+10”农业特色产业区、重点中心镇及门户镇、“两个省定扶贫片区”倾斜，力求发挥最大效益。

（四）加强新型职业农民队伍建设，摆脱乡村振兴人才困境

全面建设新型职业农民、专业人才、乡土人才等农村人才队伍，引导各类人才投身乡村振兴。一是提升农技推广队伍的素质。以充实专业技术人员为重点，继续完善“公开公正、竞聘上岗、定期考评、合理流动”的用人机制，加快人员配备步伐。全县农业科技入户遴选900户科技示范户(种植业300户、畜禽300户、园艺300户)，按照和示范户约1∶10的比例，聘请技术指导和项目专家组，

真正做到专家下沉、服务落地、技术到人。充分利用南京农业大学、扬州大学等院校资源，对基层农技人员开展“省、市、县”三级培训，注重在政策、技术、管理等方面的综合培训，提高基层农技推广队伍的整体素质和服务能力，全年完成省、市、县基层农技人员培训 158 人。二是加强新型职业农民队伍建设，坚持政府主导、部门承办、立足产业、多方参与、注重实效原则，以县农广校为主阵地，实行教育、培训“双轮驱动”，融合发展，累计开展各类农民教育培训 20 223 人，年均开展高素质农民培育 40 00 余人，其中累计招生涉农中专生 776 人，年平均招生 150 人左右，已毕业 392 人。开展中高职衔接，招生涉农函授大专 41 人；组织现代青年农场主培训 18 人、新型农业经营主体带头人培训 884 人；开展省级农业职业技能培训 169 期，培训学员 18 504 人。其中 866 人通过农业职业技能鉴定，508 人被认定为新型职业农民。

（五）综合强化要素保障，补齐乡村振兴资源短板

坚持农村优先发展，推动干部配备、要素配置、资金投入、公共服务等四方面优先向乡村倾斜。加大财政对“三农”的投入力度，县财政继续安排专项资金支持低收入村集体经济发展、农民住房条件改善、农村人居环境整治和现代农业建设，为农业农村工作提供强有力支撑，确保财政投入与补上“三农”短板弱项相适应。对农业农村重要事项、重点项目进行全程跟踪督查，实行清单式管理、跟踪式推进，推动“三农”各项工作有力有序有效开展。

二、涟水县域城乡要素流动和城乡融合存在的主要问题

涟水城乡要素流动机制创新为乡村振兴奠定了基础，提供了经验，但与乡村振兴有机衔接还存在诸多难点和薄弱环节。

（一）脱贫基础依然脆弱

当前，在已脱贫 10.9 万建档立卡低收入人口中，人均年收入低于 9 000 元的低保边缘人口占比 14.5%，因病致贫人口占比 50.6%，支出性贫困现象仍未得到彻底解决；建档立卡劳动力就业稳定性需要持续关注；除已脱贫的 53 个省市定经济薄弱村之外，142 个面上低收入村中年收入低于 20 万元的边缘村仍有 39 个，村级收入达标水平整体不高，村级集体经济增收路径不宽、可持续性不强的现象依然存在。

（二）产业发展相对粗放

农业产业结构不优，项目数量不多、体量较小，且特色不明显、同质化现象较为突出，“一镇一园、一镇一业、一村一品”建设成效不明显；食用菌、中药材等农产品价值与市场价格“倒挂”现象依然突出。与乡村振兴中产业兴旺向农产品加工业、农业服务业、休闲观光等新业态拓展延伸，实现三产融合发展内在要求还存在不小差距。

（三）农村人才严重短缺

随着城镇化水平的提高和社会分工的演变，大量青壮年劳动力流向城镇，农村留守人员多为老人、儿童及残疾人，村庄缺人气、缺活力、缺生机，“空心化”“空巢化”“老龄化”问题日益加剧；农村基层党组织发挥领导核心作用存在带富功能虚化、干部队伍弱化、党员队伍老化等“三化倾向”；村民自治实践存在村民自治能力不足、村规民约作用不彰、民间组织培育不够等“三个短板”；大量扶贫项目缺乏管理人才，项目收益难以得到保障。

这些问题并非个别县区现象。当下县域产业融合涉及城市人才入乡、工商资本入乡促进机制、科技成果入乡转化、数据智慧信息、入乡服务等核心要素，当前还有大量的体制机制障碍阻隔了生产要素自由流动，包括县域经济基础薄弱要素集聚力不强、城乡公共资源配置效率不高、土地要素流动城乡有别、劳动力要素双向流动梗阻、资本要素双向流动动力不足以及数据信息要素交换传递不畅等深层次因素。

三、深化城乡要素配置体制机制改革，畅通县域要素流动对策建议

以深化体制机制改革破除城乡二元分割制度障碍，加快推进城乡土地、劳动力、资本、技术和数据等核心要素市场化配置改革，畅通城乡要素流动通道，促进要素平等交换和自由有序流动。畅通城乡要素双向流动通道和整合优化布局产业结构，有效促进县域城乡要素平等交换和自由流动，构建良好的城乡融合产业生态环境。

（一）促进城乡要素流动方式的转变

进一步完善县域内制度衔接机制，以体制机制改革促使创新突破，提高土地要素配置效率，加快城乡户籍制度改革，推进城乡劳动力结构的改变，不断完善县域公共服务供给机制。拓展城乡要素范围，赋能管理、技术和数据等新要素的

黏合力和融通作用，例如重视和发挥数据作为新要素的作用并对其他要素的再配置产生催化作用。出台相关政策支持农村家庭农场等新型主体发育壮大，促进农村土地流转和规模化经营、农村三大产业融合发展，以农村特色产业优势和专项政策支持引导城市要素流向农村，进一步促进城乡要素的双向流动和配置。

（二）创新城乡要素融合发展模式，推动县域产业融合发展

第一，以生产和加工环节的纵向一体化推动产业融合发展。用工业化方式经营现代农业，改变农业的传统面貌，提升农业在产业价值链上的位置，通过规模经济提高资本回报率。第二，积极为产业融合发展提供空间一体化基础。与城市相比，农村具有土地资源丰富、生态环境好的优势。可以根据区位状况选择具有发展前途的优势产业，通过范围经济提高资本回报率。第三，以新型农业经营主体带动产业融合发展。通过提高人力资本回报率，使更多乡村人才有动力留在农村，从事农业及延伸产业，更好地实现乡村人才振兴。第四，以融合发展模式推动产业融合发展。以产业发展模式的创新，增强农业在产业价值分配上的谈判能力。第五，继续出台和完善支持县域特色优势产业建设发展的相关配套政策。

（三）完善城乡要素平等交换制度保障，促进城乡要素对流

弱化城乡要素属性、市场化程度差异，特别是农村土地等要素承载的就业和社会保障功能，建立一体化制度设计标准体系，拓宽城乡要素市场化配置范围，健全要素市场功能。形成健全的要素市场运行机制和收益分配机制，推动城乡要素配置依据市场规则、市场价格、市场竞争实现效益最大化和效率最优化。建立城市人才入乡激励机制。加大财政对人才的支出比例、金融机构对人才创业的放贷力度，做好社会保障工作，为那些热爱农村、愿意建设农村的城市人口提供下乡创业机会；在职称评定、工资待遇等方面对城乡工作者实行不同的考核制度；加强各环节考评监督机制。一方面，加快出台各产业进入农业范畴的门槛标准，统筹安排、规范资金管理方式，明确考核的内容和方式，加强绩效管理，将农村发展作为各县政府工作考核的重要指标；另一方面，坚持政府领导责任、社会参与责任、城乡居民主体责任，明确各自职责，深化居民监督。

（四）整合优化平台载体建设，健全城乡产业协同发展机制

围绕产业链延伸、价值链提升和供应链优化，积极创设有利于城乡产业转移和产业融合发展的良好生态，建立适应城乡产业分布规律、新产业新业态特点的政府引导和管理机制。推进特色小镇、农业园区等规范健康发展，搭建城乡产业

协同发展平台，打造集聚特色产业的创新创业生态圈。健全城乡产业融合公共服务平台，积极培育产业融合社会化服务组织，强化人才培训、投资融资、技术创新、管理咨询、市场开拓等服务功能。强化技术创新对农村一、二、三产业融合的赋能作用，提升融合层次和水平。加强新技术的推广应用，强化产业链内各环节的技术衔接与配套，推动大数据、人工智能、区块链与乡村振兴的深度融合，提高供给体系的质量和效率。面向城乡居民消费，支持企业开发适合于休闲农业的新品种、新技术以及适用于农村电商、餐饮、娱乐等新业态的信息化新技术。

淮安推进以企业为主导的产业创新需破解四个难题

（本文撰写于 2023 年）

习近平总书记在江苏考察时强调，要加强科技创新和产业创新对接，加强以企业为主导的产学研深度融合，提高科技成果转化和产业化水平，不断以新技术培育新产业、引领产业升级。近年来淮安市制造业集聚、集群化发展趋势明显，经济发展已进入创新引领加速、质量全面提升的新阶段。当下，面临新一轮科技革命和产业变革大潮，推动制造业高质量发展亟须提升产业自主创新水平。淮安市城市创新指数位列全国第 75 位，在高水平建设国家创新型城市之路上尚有很多难题亟须破解。长期以来，淮安市产业创新存在企业创新能力不强、“产学研”结合不紧密、科技成果转化不畅、重大创新成果不足、关键技术受制于人的突出问题。为此，淮安市需加快构建以企业为主导、以市场为导向、“政产学研金”高效协同、具有强劲内生驱动力的产业创新体系，才能助推淮安经济高质量发展。

一、淮安产业自主创新存在四大难题

近年来，淮安产业自主创新在诸多方面取得了显著成效，但同时也存在一些不足，具体表现如下。

（一）企业主体较多、创新主体地位凸显，但创新能力还不够强

企业是产业创新的核心主体。淮安作为传统制造业大市，拥有数量庞大的企业群体。全市拥有规上工业企业数量在全国处于第一方阵，但超百亿元企业数量

不多，全市上市公司仅有5家，全省排名靠后；截至2022年底，全市有效期内的高新技术企业数582家，规上高新技术企业中数字经济核心产业相关领域企业数达55家，培育入库科技型中小企业数达2008家，高新技术产业产值占规上工业总产值比重达28.5%。与此同时，淮安市企业创新主体地位日益凸显。截至2020年9月，全市企业专利申请量占总量比例达77.7%，企业专利授权量占总量比例达79.9%。但总体来看，企业创新能力还不够强，技术成果产出还不够高。截至2020年，淮安市发明专利授权量较多的企业——天士力帝益药业拥有专利171件，相较之下，仅华为一家企业就拥有专利3 297件，相当于江苏省前100名企业发明专利总和；近两年全市通过工信部门认定的市级以上企业技术中心76家，同期盐城市为129家，且在研发产出上，2021年淮安市企业累计有效发明专利授权量为4 374件，仅为盐城市(11 993件)的36.4%。

（二）高校院所较多、科教资源丰富，但对产业贡献和带动相对不足

淮安科教资源丰富，高校院所数量和影响力在全国有一定地位。拥有南京林业大学淮安校区、淮阴工学院、淮阴师范学院3所本科院校以及江苏电子信息职业学院、江苏食品药品职业技术学院等5家专科学校，规上科技服务机构199家，国家和省级重点实验室8家，省级工程技术研究中心94家；累计建设市级以上企业“两站三中心”1 350家，科研院所研发人员突破1.7万人；全年发表科技论文超过5 000篇。但高校院所的科技成果转化普遍不足，真正实现产业化的更是少之又少。全市科技成果转化率只有10%左右，普通高校研究与发展课题科技成果转化率仅为3.3%。高校院所对产业的实际贡献和带动相对不足，2021年淮安科技进步对经济增长的贡献率为58.6%，连续多年增幅居全省第一，但整体仍低于全省平均66.1%的贡献率水平。

（三）专利成果较多，但成果转化质效偏低、产业化率不高

近年来，淮安扎实推进国家知识产权强市建设，专利成果数量增幅居全省前列。截至2021年底，全市累计有效发明专利量3 420件，万人发明专利拥有量6.93件；有效注册商标量59 192件，万企有效注册商标企业数616.87家，行政认定中国驰名商标21件，国际商标注册180件；PCT专利申请量、马德里国际商标注册量等指标均保持稳定增长态势。但专利成果转化存在一些不足：一是成果转化质量不高。全市专利整体质量评价指数远低于南京等苏南城市。二是成果转化效率不高。截至2020年，全市高校院所、个人等非企业组织的专利申请量增幅全省第一，但2021年全市技术合同成交额合计66.63亿元，反而比盐城市

(100.3亿元)低了33.5%。三是成果产业化率不高。在专利创造数量、专利运用数量、专利维权援助和专利人才环境指数等指标上均大幅落后于南京、苏州和无锡，仅和盐城市、连云港市、宿迁市排在全省第四类。

（四）研发投入较多、创新成果涌现，但缺乏突破性引领性的重大产业技术成果

长期以来，淮安市注重科技创新，研发投入规模逐年稳步提升。2021年，全市社会研发活动经费达81亿元，投入强度1.78%；高新技术企业研发人员达1.2万人；建有省级以上科技创新平台102家，创成国家级高新技术产业开发区1个，获批国家级火炬特色产业基地5个，国家级孵化器3个，国家级众创空间(星创天地)8个等国家级平台17家，淮安城市创新能力指数排名居全国第88位。但全市在应用基础研究方面投入不足，重大科技突破的引领性不够，在全省有重大影响的科技成果不多。特别是在支持产业升级的源头技术和底层技术储备方面，美国占80%、欧盟占10%、日本占5%、中国及其他国家仅占5%，而淮安的储备更是少之又少。

二、淮安产业自主创新难的原因分析

形成上述现状的原因有很多，除知识产权保护相对不足制约了原始创新、重大创新积极性不够等共性原因以外，就淮安而言，主要有以下几方面原因较为关键。

从历史角度看，改革开放以来代工经济模式和技术“拿来主义”，为自主创新埋下了“隐患”。淮安市经历过这段时期发展起来的大企业，缺乏强大的创新内核和创新文化，大部分企业家对创新的认知尚未深入骨髓，企业整体创新能力不强，对产业创新引领性和带动力不足。从企业角度看，淮安市缺乏一批能够引领产业创新、主导产业发展的全国性创新型领军企业。淮钢特钢、今世缘酒业等龙头企业以钢铁、食品为主业，其新技术新产品对产业的引领带动性不够强。实联化工和苏盐井神以中间产品见长，缺乏自主技术和新材料产品，产业引领力和影响力不足。

从高校院所看，由于科研评价标准和导向相对单一，“重理论前沿、轻实际应用”现象比较普遍。淮安市高校及科研机构30%以上的科研论文在国外期刊发表，且该比例呈逐年上升态势。但科研评价指标相对单一，特别是发明专利等

对产业发展有直接支撑作用的科研成果在现有评价体系中权重偏低，致使高校院所“逐期刊、追数量，轻产业、略转化”。导致的结果是，高校科研机构忽视或弱化了科研成果为产业创新服务、转化现实生产力这一重要导向，在一些应用类科研方向上被西方期刊“牵着鼻子走”，与本土产业现实需求脱节。全市 11 个一级学科省重点建设学科中，有 40%左右与市内产业发展没有直接关联。本地企业、高校院所、科研机构以及创新服务机构却因专利版权等原因，无法及时、高效获取一手的优质科研成果和信息资源。

从政府角度看，产业创新政策体系还不够系统，缺乏具有强劲内在驱动力的顶层设计和运行机制。政策激励导向存在“重数量、轻质量”现象，政策支持“偏分散、不集中”比较突出，导致科研方向与产业需求无法高效对接，形成不了合力一起“办大事”，缺乏一套围绕产业发展需求这一核心、支持以企业为主导、高校院所等其他创新力量协同的产业创新政策体系。同时，对研发创新的政策性金融支持偏弱。全市缺乏一批支持这些关键技术和产品研发的开发性、政策性、公益性金融机构，制约了技术和应用研究等方面的创新成果产出。

三、关于构建以企业为主导的产业创新的对策建议

制造业高质量发展的核心主体是企业，其根本是实现创新驱动，关键是提升企业的自主创新能力，而这一切都离不开产业创新体系的有力支撑。因此，绝大部分与产业和市场紧密相关的技术攻关和研发创新，都要紧扣企业这一核心主体，加快构建以企业为主导、以市场为导向、“政产学研金”高效协同、具有强劲内生驱动力的产业创新体系。在这个体系中，企业是产业创新的主导者和牵头方，一切资源向企业集中，由企业通过市场化手段在全球范围内配置创新资源，以产业实际和市场需求为导向，联合高校院所、科研机构等其他主体协同创新、形成合力，将创新成果快速转化为现实生产力。

（一）实施路径

一是明确一批市内重点企业，作为产业创新体系的龙头牵引。重点选取一批市内行业创新需求旺盛，自身创新欲望强烈、成长性好、竞争力强、具有较强自主创新能力的龙头骨干企业，作为新一轮产业创新的牵头者。充分发挥企业在研发方向、研发投入、资源配置、组织实施以及成果转化等创新过程中的主导作用。

二是完善企业与高校院所两大创新主体协作长效机制，强化“产学研”紧密对接和深度融合。明确企业在产业创新主导地位基础上，围绕产业链布局优化创新链，聚焦产业链关键环节上重点企业研发需求，引导高校院所、科研机构等其他创新主体集聚，探索“产学研”合作新模式，优化完善科研导向、激励等长效机制，形成高效协同的创新合力。

三是转变财政专项以往分散式的支持方式，集中力量办大事。加快转变专项资金尤其是重大创新项目以往采取“撒胡椒面”“仙女散花”式的支持方式，将各部门分散支持改为集中支持，把资金集中起来重点支持一批重大创新项目和重大攻关项目，并加大资金向企业的集聚力度，交由企业主导项目实施。

四是注重提升科技服务效能，提高创新成果产出和转化效率。创新成果转化是产业创新后续的关键环节，通过完善科技成果转化基金、提升公共技术平台能级、创新技术交易平台运作模式等方式，进一步提升现有科技服务效能，切实提高成果转化效率和产出效率。

（二）具体举措

一是实施“创新主体培育”计划，壮大产业创新体系主导群体。集中力量聚焦规模优势明显、具备产业链整合能力的龙头企业，尤其是终端产品和整机企业，建立企业培育库，通过事前事中持续支持方式，推动企业研发创新、技术改造、市场开拓、兼并重组，加快形成一批根植于淮安、自主创新能力强、品牌知名度高、资源整合能力大、企业家影响力优、达到国家级水平的领军型企业。要强化政策要素集成，培育一批国家级、省级高新技术企业、科技型初创企业，更大力度招引科技项目，打造创新型企业集群，提升企业技术创新能力，推动创新型企业培育上台阶。

二是调整优化高校院所评价机制，提高产业创新获得感和积极性。逐步调整完善高校院所科研人员评价体系，将高价值专利产出、参与企业技术攻关及科技成果转化推广工作等纳入科研人员职称评聘、岗位晋升的考核指标，适当提高在本土学术期刊等学术阵地发表科研成果的评价权重。进一步探索建立市场化的转化收益分配和股权激励机制，加大对科技成果完成人(团队)、单位以及为科技成果转移转化做出重要贡献的人员、技术转移机构等相关方的激励力度。

三是组建“企业+联盟”协同创新平台，促进科技与产业深度融合。要抢抓长三角区域一体化发展机遇，进一步解放思想，既“走出去”与高校院所、高科技企业合作，也要把更多的科研机构和人才“请进来”，推动创新资源集聚上台阶。进一步完善由企业、高校院所、政府部门等共同参与的“政产学研”协同创新机制，重点支持产业链龙头企业，围绕产业发展和企业技术需求，联合上下游企业、高校院所和产业联盟等，组建“企业＋联盟”协同创新平台，采取政府支持、股权合作、成果共享的市场化运作模式，突破关键环节核心技术短板，实现产业化水平整体跃升。

四是从重大技术项目支持入手，逐步转变财政专项支持方式。以企业产业创新需求为导向，建立项目优选机制。每年组织发布“卡脖子”技术和前瞻性技术攻关目录，采取事前支持、事后奖补相结合的方式，加大政策和资金扶持力度，集中力量推动关键技术创新突破。同时，完善财政专项资金支持大企业、大项目、重大科技成果转化项目的机制，保障企业在资金、技术、人才等创新资源配置过程中的决策权和主导权，集中力量支持以企业为主导的重大创新项目。此外，在成果产业化应用初期，在部分本地区市场中给予支持。鼓励市内需求方优先采购本土企业生产的首台(套)重大装备及关键零部件、首批次示范应用产品等自主创新产品；在基础设施、重大工程、重点项目建设的政府采购中，对优先采用本土企业产品的给予适当政策等倾斜。

五是大力发展科技开发性金融，助力提升创新成果产出和转化效率。积极引导现有扶持产业发展的政府性基金向开发性金融深化和转变，鼓励和支持市内金融机构设立支持产业创新和成果研发的开发性金融部门、开发相应金融产品，逐步加大对研发投入大、周期长、不确定因素多的重点产业、“卡脖子”领域和重点工业领域研发创新的支持力度。

关于推动淮安市营商环境评价与世界银行评估体系无缝衔接的思考与建议

（本文撰写于 2024 年）

2024 年 3 月，习近平总书记在参加十四届全国人大二次会议江苏代表团审议时指出：“要加大制度型开放力度，持续建设市场化、法治化、国际化一流营商环境，塑造更高水平开放型经济新优势。”世界银行全新营商环境评估体系对各经济体优化营商环境有着重要的指引作用，我国营商环境整体水平将进行新量化评估。近年来，淮安市高度重视优化营商环境，持续推进改革“一号工程”，打造物流成本最低、要素成本最低、服务环境最优、办事效率最高的“四最”营商环境，为经济社会高质量发展提供了强劲支撑。如何按照党中央的要求，对标世行全新评估体系，坚持系统集成、迭代升级，以市场化为鲜明主线、法治化为基础保障、国际化为重要标准，持续打造贸易投资便利、行政效率高效、政务服务规范、法治体系完善的国际一流营商环境，是淮安一项极其重要而艰巨长远的改革任务。

一、淮安营商环境提优评价情况

国务院于 2018 年 1 月提出建立中国营商环境评价机制，并于 2019 年 10 月以行政法规的形式明确建立和完善以市场主体和社会公众满意度为导向的营商环境评价体系。国内各省市结合自身发展特点，纷纷开展营商环境评价的实践工作。淮安围绕全力打造“四最”营商环境，采取多维度、定制化评估模式，考核得分与排名常在全省前三名。营商环境评估可细分为六项：市场环境评估、政策环境评估、政务环境评估、法治环境评估、要素环境评估和创新环境评估。重点聚焦以下三项内容。

（一）聚焦回应市场主体关切

如规定建立政策评估制度，对市场主体获得感不强、效果不明显的政策，及时调整或停止施行；规定政务服务场所应当设置办不成事项反映窗口，建立办不成事项会商审查机制，对办不成事项，由相关政务服务单位签字确认；规定政务服务单位应当为市场主体提供创新高效的审批服务，对同一阶段内有前置关系的审批事项在并联审批过程中同步办理，对重大工程建设项目中不影响安全和公共利益的非关键要件实行容缺受理等。这些都是淮安已经做到且取得良好效果的优化营商环境的具体举措。如为控制要素成本，规定行业主管部门应当定期监测对比全省公用生产要素成本，加强对公用服务的监督管理；针对招标投标和政府采购领域中存在的不规范问题，规定招标投标和政府采购活动应当公开透明、公平公正，依法平等对待市场主体，招投标代理机构除收取正常的招标代理服务费外，不得收取材料费等其他费用；针对惠企政策直达力度不够问题，规定行业主管部门应当及时公布落实惠及市场主体的政策清单，让市场主体“免申即享、即申即享”；针对人性化执法不足问题，规定行政提醒和行政指导等程序，减少机械执法，防止简单化。

（二）着力提高公共服务水平

如为保障产业项目用地问题，规定推动以市场化方式盘活存量用地，鼓励优化产业用地供应方式，依法保障市场主体的用地需求；为解决民营企业、中小微企业融资增信难问题，鼓励金融机构开发创新金融产品和业务模式，为民营企业、中小微企业提供信用贷款；针对数据共享不够问题，规定推进政务数据开放，实行线上线下并行服务，由市场主体和社会公众自主选择办理渠道，已在线收取材料或者能够获取规范化电子材料的，不得要求重复提交纸质材料。

（三）助力营造亲商安商浓厚氛围

《淮安市优化营商环境条例》规定每年 7 月 5 日为“淮安企业家日”。淮安市也成为目前省内 8 个设立企业家日的设区市，第 3 个以立法形式确立企业家日的城市。清江浦历史上的开埠时间为 1415 年 7 月 5 日，清江浦的开埠使得淮安迅速成为全国漕粮转输中心、全国商品流通重要集散地，是淮安成为重要商业城市的标志性节点。将清江浦开埠日设定为“淮安企业家日”，策应了城市复兴梦想，体现了对企业家的敬重，有利于更好地宣传并推介淮安，持续营造重商、亲商、利商的浓厚氛围。

经调研发现，淮安个别地区营商环境还存在一些问题，例如部分惠企政策落地不佳、拖欠账款时有发生、金融产品供给单一、熟练技工招聘困难、出现重复检查和多头检查、招标采购中存在隐性壁垒等。

城市营商环境的评价分为三大阶段。改善流程环境阶段：在企业从开办到清算的全流程内，政务手续是否高效、便捷与低成本；改善政策环境阶段：政府服务、法治水平、知识产权保护和准入门槛等方面是否普惠透明，能否具备试点突破政策；改善要素环境阶段：企业在投资某个城市时，是否能充分获取人才供给、资本供给、供应链配套及高端生产服务支持等，实现多元本地化的发展诉求。第一阶段的重点是关注营商环境的优化政策是否到位，通过政策对标、本地评估及举措取舍等方式找到更适合本地营商环境提升的政策与举措。淮安在完成巩固第一阶段目标基础上，已进入营商环境提升的第二、三阶段。这些阶段更应关注企业投资决策与运营要素，系统化推进完善政策环境、投资环境及创新环境，这对于淮安打造国际化的营商环境，吸引国际级企业机构的入驻更为关键。

二、世行营商环境全新评估体系及其启示

世界银行于2023年5月1日开启了营商环境成熟度(Business Ready，简称B-READY)评估，其底层逻辑、指标构成、数据来源和评分方法相对此前的Businesswomen(以下简称DB)评估体系均有较大变化，不仅关注监管方面，还关注公共服务的提供，侧重政策如何落实、是否容易落实，评估企业准入、经营场所、公共服务设施、劳动力、金融服务、国际贸易、税收、争端解决、市场竞争、企业破产10个主题以及数字技术应用、环境可持续性、性别3个跨领域主题，其要义在于降低制度性交易成本，准确把握和处理好公共部门与市场主体之间的关系。两者一级指标区别如表2-3：

表2-3 DB与B-READY系列指标比较

原评估规则(DB)营商指标	新评估规则(B-READY)指标	新问题和宜商环境(BEE)更广泛的范围
开办企业	市场准入	市场准入规定的质量；环境可持续性等
办理建筑许可、登记财产(两项指标合并为一项指标)	获取经营场所	对财产租赁和所有权的限制；环境可持续性；建筑能源效率
获得电力	市政公共基础设施报装	电、水和互联网连接；环境可持续性；公用设施连接的安全性
雇佣员工(观察指标)	劳动就业	平衡职工和企业的权益；就业服务范围；职场中的性别平等情况
获得信贷	获取金融服务	关于在批准商业贷款时对客户进行尽职调查以及电子支付和可持续融资的规则；获得贷款的便利度；进行和接收电子支付的便利度；获得可持续融资的便利度等
跨境贸易	国际贸易	商品和服务贸易监管框架和公共服务的质量；数字贸易；环境可持续贸易等
纳税	纳税	税务部门提供的服务；环境税；税务法规的质量等
执行合同	解决商业纠纷	国际方面；更加注重替代性解决商业纠纷、执行和公共服务等

续表

原评估规则 (DB)营商指标	新评估规则 (B-READY)指标	新问题和宜商环境 (BEE)更广泛的范围
/	促进市场竞争	DB涵盖不到的新指标
办理破产	办理破产	关于微型和小型企业的专门诉讼；跨国界破产；破产程序的基础设施
保护少数投资者	/	已终止。“保护中小投资者”指标侧重于上市企业和大型股份制企业的良好做法，这些企业只占企业的一部分。由于BEE旨在从整体上评价营商环境，并不针对特定的企业群体：该指标不包含在BEE中

资料来源：世界银行2023年发布的B-READY《说明指南》和《方法论手册》

B-READY评估体系的10个一级指标，是按照企业全生命周期设计的：开业、运营、关闭企业。在每个一级指标项下，统一设计3个二级指标组：即监管框架、公共服务和整体效率，合计30个二级指标。为保证B-READY数据的完整性和透明度，指标的选择设计需要符合三个标准：一是相关性。即对于每个主题，一级指标都应被证明有助于私营部门的发展。二是增值性。通过制作一个覆盖全球和有可比性的独特的数据集来增加项目价值。三是互补性。以公司全生命周期为主线，研究一系列相互补充的指标，以推动微观经济的全面改革，促进生产率提升和经济增长。而要解决特定约束因素，全面评估相关因素是必不可少的。

三点启示：一是正确看待并借鉴世界银行营商环境评价体系。B-READY十大核心指标的设计，更加具有科学性、创新性和操作性，值得深入研究借鉴评价体系关于监管框架、公共服务和办事便利度的关注要点，梳理国际良好实践，审视思考在工作中需要重点加强的领域和环节，深化“放管服”改革，简化程序，降低制度性交易成本。二是关注新增指标领域，大力促进市场公平竞争。B-READY增加了唯一一个全新的指标领域“促进市场竞争”，并使用3个二级指标尽可能全面衡量经济体市场竞争总体水平，关注公平竞争、公共采购、知识产权和创新等细分领域。公平的市场竞争可通过提高行业和企业创新水平与生产力刺激经济增长，从而带来更好的产品、更多和更好的工作以及更高的收入。三是减少政企间的信息不对称现象，增强政策的可及性和透明度。在营商环境中，经常存在信息不对称情况，即政府和企业之间的信息不对称。加强政策宣传、畅通政企沟通渠道，要讲好营商环境改革故事，增强市场主体信心，也是必然之举。如何结合本地区的具体实践，对标国际先进水平，实现从营商环境到宜商环境的跨越，是当前乃至今后长远发展的一个重大课题。

三、淮安对标世界银行评估体系相关对策思考

优化营商环境是一项长期性、系统性工程。淮安应坚持市场化、法治化、国际化要求，突出对标 B-READY 评估体系，借鉴最优经济体和国内有益做法，聚焦“四最”主题，更大力度推进改革创新，创造性打造一流营商环境。

（一）对标十项改革

一是推进世界银行 B-READY 评估目标价值与淮安重大战略目标任务融合研究，强化相关制度创新、改革路径研究，为淮安创造性建设一流营商环境提供智力支持。二是加强指标体系研究。世界银行 B-READY 指标体系集中体现在监管法律法规与规则制度质量、公共服务数字化水平与信息透明度、监管服务效率与时间及成本三个方面，整体要求为便利性、可用性、可靠性、充分性、公正性、公开性、公平性、有效性、可比性、互操作性等“十性”。对此，应深入研究评估指标体系构成、指标内涵、评估重点和实践要求，结合淮安实际，加强顶层设计，创造性谋划提出相关改革政策措施。三是主动对标 B-READY 的 10 项评价指标，聚焦国际国内最佳实践，全面开展对照剖析，逐项梳理淮安易失分点和市场主体关切，针对性研究出台具有突破性、创新性、标志性的改革项目，系统集成推出对标措施、特色动作，每年开展十大攻坚提升行动，打通政策落实堵点难点，强化责任落实、专项督查、效果评估和宣传推介。

（二）企业服务提升

政务服务方面，应深化推进企业服务事项向各区政务服务中心集中，支持在区政务服务中心为企业提供人才、融资、科创、法律等方面的专业服务，夯实线上线下帮办体系。持续深化“一业一证”、“高效办成一件事”、证明事项告知承诺制等的改革，强化数据共享，避免重复提交材料，最大限度便企利民。努力打造智慧服务平台，为企业群众提供智能预填、智能预审、自动审批等智能服务。政策服务方面，研究制订惠企政策全流程工作标准，整体优化线上线下服务流程。依托企业服务云平台升级“惠企政策一窗通”，完善“政策超市”，实现一窗总览、阅报联动、一口查询，推广运用人工智能技术实现精准推送和申报关联，

切实提升高频政策申报的便利性。会同各类协会商会，积极面向各类企业开展热点政策专题解读系列活动。推广落实好重点企业“服务包”机制，积极回应企业个性化诉求。园区服务方面，落实高质量孵化器培育政策，提升科技成果转化效能。鼓励园区创新机制、整合资源，不断完善人才、土地、资金等要素保障，全面构建青年友好、家庭友好的创新创业生态和工作生活环境。推动市、区两级企业服务资源向园区赋能，探索设置园区公共服务站点，当好贴心服务“店小二”。强化政策宣传“最后一公里”，组织开展政策进园区等活动，加强基层政策服务队伍建设。

（三）监管执法提质

综合监管。加强信息公开，提前公开各部门年度行政检查计划。探索“一业一查”“综合查一次”等新模式，以部门联合“双随机、一公开”监管为基本方式，两个以上部门对同一监管对象实施不同行政检查且可以同时开展的，原则上应实行跨部门联合检查，除有投诉举报、上级交办、其他机关移送等线索或重点领域专项行动部署等情形外，原则上每年检查不得超过两次。推广应用“检查码”，进一步规范涉企行政检查，开展行政检查监管效能评估。

进一步健全完善行政执法裁量权基准制度，深化包容审慎监管，依法拓展不予行政处罚事项范围，细化减轻行政处罚事项标准。建立跨部门综合监管重点行业领域清单并进行动态调整。在食品、药品、医疗器械、危险化学品、燃气、特种设备、建筑工程质量等行业领域，整合监管规则标准，以场景应用为突破口建立审批、管理、执行、信用等部门协同综合监管机制。全面推进全市统一综合执法系统在市、区、街镇三级执法单位应用，实现对执法活动的全过程留痕、可回溯管理。严厉查处侵犯知识产权、不正当竞争、职务侵占等影响市场健康发展和企业正常经营的违法犯罪行为，切实维护市场秩序。

信用监管。完善信用评价和分级分类监管机制，实行差异化监管措施。强化市场监管领域企业信用与执法检查联动，对信用良好的企业原则上不主动开展检查，根据举报投诉、转(交)办等线索实施“事件触发式”检查；对信用风险一般的企业，按照常规比例和频次进行抽查；对违法失信、风险较高的企业，适当提高抽查比例和频次。动态调整市场监管部门失信惩戒措施基础清单。完善公共信用信息分类修复制度，探索失信行为纠正信息共享、申请信息智能预填、电子印章实时调用等便利化措施。开展清理拖欠企业账款专项行动，加强信息披露监测，将政府部门和国有企业拖欠账款失信信息纳入政务和国企诚信考核。

监管合规引导。持续完善中小企业合规管理体系，推广常态化“法治体检”和“合规体检”，引导企业加强自身合规建设。公安、消防、生态环境保护、文化市场、卫生健康、人力资源社会保障等执法领域加强对经营主体的合规引导。制订金融、知识产权、人工智能、医疗与生命科学等行业合规指引，引导企业完善内部管理流程和加强自我监督。试点推广“新入经营主体合规告知制度”。研究制订类型化有效合规审查标准，统一规范验收方式、评分体系、合规标准等。同时积极探索智慧监管以及新产业、新业态、新模式监管。

（四）营商环境共建

一是强化政企社学合作共建。建立政企互动、市区联动、商会协同的常态化、制度化沟通机制。依托媒体、智库、商协会、高校等社会各方力量，广泛征集优化营商环境有关意见建议和经营主体急难愁盼诉求，分批形成事项清单，合力推进问题解决。加强涉企统计调查项目管理，指导各区依托园区、楼宇重点企业基本信息平台加强涉企数据共享，避免企业多头填报、重复填报各类报表。二是强化营商环境感知体验。持续开展领导干部走流程活动，提升企业办事感受度。探索建立“营商环境体验官”工作机制，持续打造“营商环境体验官”品牌。充分发挥企业服务热线、企业服务云、外资企业圆桌会等渠道和平台作用，从诉求收集、督办落实、结果反馈、激励约束等方面采取有力措施，构建高效的全链条闭环式问题解决督办机制。选择若干高频事项和涉企政策，开展营商环境改革效果评估。三是强化营商环境考核评估。优化各区营商环境考核工作，统筹兼顾水平评价和工作绩效评价，切实推动以评促建。鼓励各区域因地制宜探索优化营商环境经验做法，并及时复制推广。四是强化营商环境宣传推介。将营商环境宣传推介纳入全市宣传重点工作范围，加强全媒体宣传，进一步提升淮安营商环境影响力。持续开展优化营商环境案例评选及典型案例宣传。探索建立“媒体观察员”机制，支持媒体开展多种形式的营商环境调研，客观反映淮安营商环境实际情况，重点宣传推介企业感受、典型案例、先进事迹等。

因地制宜发展淮安“新三样”中蕴含的新质生产力

（本文撰写于 2024 年）

习近平总书记于 2024 年 3 月 5 日参加十四届全国人大二次会议江苏代表团审议时强调，要牢牢把握高质量发展这个首要任务，因地制宜发展新质生产力。其中四个字非常重要，那就是“因地制宜”。习近平总书记强调，各地要坚持从实际出发，先立后破、因地制宜、分类指导。要根据本地的资源禀赋、产业基础、科研条件等，有选择地推动新产业、新模式、新动能发展，用新技术改造提升传统产业，积极促进产业高端化、智能化、绿色化。

近年来，淮安突出构建以先进制造业为主干的现代化产业体系，以科技创新为引领，统筹推进传统产业升级、壮大新兴产业、培育未来产业，加强科技创新与产业创新深度融合，积极抢抓新能源汽车、新能源电池、光伏等“新三样”行业“风口”，成立市、县(区)“新三样”产业发展工作专班，全力推动“新三样”产业在规模化发展和产业链培育上率先取得突破。2023 年，淮安市规上工业企业“新三样”产值增长了 51.9%，“新三样”产品出口总值达 27.6 亿元，同比增长 332%，出口增速位居全省首位。淮安已成为江苏乃至全国发展新质生产力的重要阵地。

一、淮安“新三样”激活新质生产力的举措及发展现状

淮安市委、市政府精准把脉时代趋势，将新能源汽车、锂电池和光伏产品“新三样”产业作为经济高质量发展的关键驱动力，谱写淮安产业升级新篇章。新质生产力是其产业转型升级发展的灵魂。围绕激活新质生产力这一主题，淮安积极搭建科技创新平台，为“新三样”产业提供全方位的技术研发、成果转化等服务。同时，通过多项政策措施，激励企业加大创新投入。此外，淮安还高度重视人才引进和培养工作，出台一系列优惠政策吸引优秀人才纷至沓来，为“新三样”产业的发展注入全新动力与活力。2023 年，淮安“新三样”规模以上工业企业增至 111 家，应税开票销售额飙升至 406.29 亿元，同比增长高达 56.10%，增速令人瞩目。而 2024 年上半年更是势如破竹，产值达 299.7 亿元，同比增长 89%，全年产值预计将突破 500 亿元大关，跑出了淮安“新三样”产业高质量发

展的加速度。

（一）高效开发利用资源，培育新质生产力经济增长点

淮安坚持把发展新质生产力与推进新型工业化融合并进，深入挖掘本地资源禀赋和产业基础的特色，打造形成更多质的竞争优势、量的规模优势，为加快培育新质生产力“蓄势赋能”，不断打造新的经济增长点。新能源时代最重要的是储能。可再生能源装机在全国发电总装机中的比重已突破50%，历史性地超过火电装机。对于电网来说，风电、光伏发电具有“靠天吃饭”的特性，容易导致电力供应波动。而解决这些问题的关键就是储能。压缩空气储能通过压缩和释放空气，在用电低谷时“充电”，高峰时“放电”，起到“调节器”和“安全阀”的作用，被认为是最具发展前景的大规模长时间储能技术之一。目前，国外商业化运行的空气储能项目在释放空气时需要天然气加热，电电转化比率仅在50%左右。淮安拥有得天独厚的盐矿资源，蕴藏着1 300多亿吨的岩盐，成就了当地盐化工产业飞速发展的同时，多年开采形成的盐穴地下空间体积庞大，为转换新赛道提供了绝佳的契机。为利用好这些特殊的深地空间资源，当地龙头企业苏盐井神通过和中国科学院等相关机构合作，攻克了高杂质盐矿不能建设大规模储气库的技术瓶颈，实现了“从0到1”原始创新的突破，目前已经在储气、储油、储能、储氢等领域全面展开产业化进程。下一步，还要围绕新能源产业进一步延伸，在淮安地区建成一个百亿级的能源储存基地，将对国家能源的安全保供起到关键性作用。

为加快培育新质生产力，挺起创新发展的“中轴脊梁”，淮安正聚焦培育壮大“7+3”先进制造业集群，在绿色食品、新材料等优势领域打造千亿级产业集群，以创成国家创新型城市为引领，加快发展人工智能、储气储能等新兴产业。到2025年，全市工业战略性新兴产业、高新技术产业产值占规上工业总产值比重分别达40%和35%以上；全市规上工业企业智能化改造数字化转型实现全覆盖，信息化发展水平指数超过95。淮安正努力成为江苏打造“发展新质生产力重要阵地”的生力军。

（二）重点项目精准招引，优化新质生产力投资活力带

向“新”而行、向“新”而进，淮安正围绕新能源产业积极布局落子。在淮安的先进制造业布局中，以捷泰新能源、比亚迪新能源商用车、天鹏锂电池为典型代表的“新三样”产业从小到大、由弱到强、从有到优，对全市经济增长贡献率超过六成，逐渐成为全省新能源产业的重要一极。而纵观整个淮安的产业发

展，通过系统打造“一核一廊三区多点”创新布局，积极引进国家级、省级重点实验室，设立技术转移中心、产学研合作基地，传统产业也焕发出勃勃生机。淮安规上工业投资连续28个月保持两位数增长，2023年增速全省第一。实施传统产业焕新升级改造项目数量、新增国家级绿色工厂数量、省企业技术中心数量均为苏北第一。从中天钢铁将5.5毫米的钢丝处理拉制成0.3毫米的钢帘线，全过程智能制造，打造全球首家金属材料深加工“灯塔工厂”；到巨石玻纤打造零碳智能制造基地，全球每3支风电叶片中就有1支运用到了巨石的玻纤产品……一个个占据产业链价值链中高端的“链主”企业串点成线，推动制造业产业能级不断跃升。

（三）创新园区要素配置，建设新质生产力绿色示范区

目前，淮安市拥有2个国家级经济技术开发区，分别为淮安高新技术产业开发区、淮安经济技术开发区；拥有7个省级开发区，分别为洪泽经济开发区、盱眙经济开发区、涟水经济开发区、淮安经济开发区、江苏淮安清江浦经济开发区、淮安工业园区、金湖经济开发区。各级开发园区向“新”发力，将“项目为王、环境是金”作为第一导向，坚持把招商选资提质量、快建快投提服务作为“三新”项目招引建设工作的重中之重来抓，迅速完成招商体制机制改革，进一步推进“放管服”集成创新，全力主攻大项目好项目，全力以赴优服务提效能，以重大项目持续突破强支撑、促发展、做贡献。

江苏省发改委日前公布了2024年省重大项目清单，其中淮安地区的25个重大项目备受瞩目，更为重要的是较大部分为“三新”产业链项目。清江浦区有5个重大产业项目，包括新能源汽车生产基地建设项目、智能制造示范项目、高端装备制造项目等。淮阴区有3个重大产业项目，包括生物医药产业园区、旅游文化产业园区和新能源汽车生产基地。淮安区有2个重大产业项目，包括智能制造产业园区和现代农业示范区。洪泽区有2个重大产业项目，包括新能源汽车生产基地和现代农业园区。盱眙县有1个重大产业项目，即高端装备制造产业园区。这些项目的实施将促进县域经济绿色低碳发展，推动产业结构升级和转型。与此同时，百亿元“三新”项目纷纷落户园区。例如，总投资50亿元的比亚迪新能源商用车及零部件项目已正式签约落户淮安工业园区。该项目于2023年3月全面开工，并于7月底实现全自动化生产线通线。淮安将成为比亚迪全球唯一的新能源卡车基地，为淮安地区带来了新的绿色经济增长点。又如，中天钢铁集团（淮安）新材料有限公司七厂首批成品已于2023年12月下线。该项目投资超过

200 亿元，预计年产钢帘线 28 万吨，成为行业内首家实现全过程智能制造的企业。中天钢帘线项目的建设也将促进淮安地区的产业升级和转型升级。

（四）科技产业协同创新，释放新质生产力主导集聚效应

围绕淮安的主导产业，实施科技型企业成长工程，支持骨干企业通过产学研合作、揭榜挂帅等形式，实现技术迭代和产品更新，抢占产业竞争发展制高点，助力传统产业转型升级、新兴产业集群式发展。科技创新与产业创新互促并进，正在重塑淮安的产业地位。

但随着新质生产力的不断涌现，环保、资源节约等问题日益凸显，如何在新质生产力与高端产业链协同发展的过程中实现绿色可持续发展成为一个挑战。目前，市级金融体系对于新质生产力相关投资的支持尚不够充分，存在资金和投资瓶颈。新能源产业协同发展还面临地缘政治、全球经济波动、贸易纠纷、跨国供应链受到冲击和制裁等风险，产业协同发展面临着一系列风险挑战，对产业的稳定运行和协同发展带来影响。淮安“新三样”科技产业协同发展尚存在诸多不确定因素。

二、关于培育壮大淮安“新三样”中新质生产力的几点建议

1. 加强技术研发与创新，打造新质生产力增长的新引擎

尽管淮安的“新三样”企业已经取得了长足进步，但与全球头部企业相比，其核心竞争力仍存在一定差距。为推动淮安“新三样”产业的进一步发展，加强技术研发与创新显得尤为关键。政府应推动“新三样”产业的研发与创新。首先，要为企业提供资金补贴，助力技术成果的应用与转化，并为其解决启动资金问题。同时，对产业政策的补贴方式必须进行公开、透明化改革，对消费者进行补贴也不可或缺。其次，鼓励国内外企业合资，引进先进技术，以实现核心技术本土化，增强产业竞争力。再次，倡导龙头企业与高校、科研机构紧密合作，共同创建创新基地，并推动产业联盟的建立，深化企业间的协作，共同推进关键技术的联合创新研究，以大幅提升“新三样”产品的创新能力和竞争力，努力缩小与进口产品的性能差距。

从具体产业来看，淮安新能源汽车在高速发展的同时也暴露出了一定的问题。面对相关问题，关键是注重产品的持续优化与升级，力求在技术上实现新突破，以期在新能源汽车市场占据更有利的地位，更好地满足国内外消费者的需

求。尽管锂电池产品不断迭代升级，但尚无法满足高能量密度和宽温度适应性等市场需求。因此，全球范围内锂电池的研发重点已经转为锂离子固态电池，该种电池具有安全性高、能量密度高、功率高和宽温度适应性等诸多优势。如果淮安锂电池企业能够率先将固态电池成功产业化，不仅可以解决现有动力电池在市场开发上的局限性问题，还能够进一步扩大其应用场景，并引领全球市场的发展趋势。再如太阳能电池领域，国内许多厂商正致力于提升目前各类型太阳能电池性能。现有传统太阳能电池的光电转换效率已接近 29.4%的理论值上限，进一步提升的空间非常有限。因此，淮安太阳能电池企业自身也应着重研究新型电池，以带来更高的光电转换效率，为产业的持续发展注入持续动力。

2. 深化重点领域改革，推动新质生产力与新型生产关系良性适配

一是进一步完善科技创新企业主导机制，形成充分弘扬企业家精神和科学家精神的文化氛围和制度基础。二是深化创新导向的国有企业改革行动，建立长期的激励导向、容错机制，更好地履行国有企业的原创性技术策源地和产业链链主的使命，持续增强国有企业的核心功能，提升国有企业市场核心竞争力。三是主动融入全国统一大市场，完善产权保护、市场准入、公平竞争、社会信用等市场经济基础制度，确保民营企业在市场准入、资源要素获取、市场监管、权益保护等方面的平等地位。四是探索建立与新质生产力发展相适应的经济治理和法律法规体系。保护数字知识产权，促进公平竞争，完善数字治理。健全通过劳动、知识、技术、管理、数据和资本等生产要素获取报酬的市场化机制。在新质生产力发展中，实现技术先进性与过程包容性的有效协同，拓展全体人民共享新质生产力发展成果的渠道，内在统一地把握好创新发展与共享发展的关系。

3. 构建共享平台，破解资金难题，助力产业链群化发展

构建“新三样”产业链的共享平台，促进资源共享、技术创新和经验沉淀。建立面向新质生产力行业的金融服务体系，探索借鉴先进地区关于风险投资、创业投资、科技金融等方面的金融产品和服务，以满足不同阶段新质生产力企业的融资需求。探索并推广新型金融工具，如股权众筹、创业板、科创板等，丰富融资渠道，大力促进资本市场与新质生产力企业的深度融合，提升企业融资效率。制定更加有利于新质生产力发展的财政金融政策，为投资者和企业提供更多税收优惠、补贴支持等激励措施。鼓励金融机构主动参与支持新质生产力领域的投资。建立政府、企业、金融机构等各方风险共担机制，提高金融机构对新质生产力产业项目投资的信心，并降低投资风险。

4. 坚持因地制宜，以人才为本，夯实新质生产力厚植基础

习近平总书记指出:“要按照发展新质生产力要求，畅通教育、科技、人才的良性循环，完善人才培养、引进、使用、合理流动的工作机制。”我们要深刻认识发展新质生产力必然需要人才支撑。要完善顶尖团队引领、领军人才集聚、高层次人才乐居、社会化引才助才、人才服务保障等机制措施，及时兑现人才优先发展专项政策，不断优化人才发展社会人文环境。充分激发各类人才创新创造活力，加强各级领军人才项目、科技创新领军人才种子库申报，充分发挥龙头企业牵引的创新联合体作用，助力推动产学研用深度融合，为人才提供充足的实践舞台和创新平台。加大引才聚才力度，探索“双招双引”人才项目联动，着力引进更多一流科技型领军人才和创新型管理团队，培育更多新一代科技人才，积聚更多创新资源和人才优势，为加快发展淮安新质生产力赋能助力。

第三章　协调篇

淮安市工业强市实现路径的观察与思考

（本文撰写于2014年）

工业是现代化的基础和前提，在国民经济中起着主导作用。省委、省政府支持淮安苏北重要中心城市建设，尤其在“十二五”规划中，将淮安作为苏北重要发展对象，使淮安地区经济得到了飞速发展。近年来，淮安以工业经济为主导，形成了特钢、盐化工、电子信息、食品、节能环保五大主导产业，七大战略性新兴产业发展相对比较快，占全市工业比重不断提升，初步形成了具有淮安特色的现代工业体系。工业是淮安市经济的主体，是强市之基，如何进一步强化工业在经济社会发展中的支撑作用，需要探索出一条既符合经济发展客观规律，又符合淮安地区实际的工业强市之路。

一、淮安市工业发展的基本情况

（一）工业经济总体情况

经过多年的努力，淮安工业经济发展取得了显著成绩。一是增长速度较快。淮安工业经济的一些主要指标增幅位居全省前列，规模以上工业的销售收入、利税、利润的增幅全省领先，工业综合效益指数增长全省第一。但是总量、结构、水平等与先进地区相比都还存在较大差距，去年全市规模以上工业增加值仅占全省的3.6%。苏北五市，徐州的总量已经达到苏南水平，去年超过了常州，2012年盐城规模以上工业增加值总量比淮安多近400亿元，宿迁和连云港的发展也各有特点，淮安发展快，宿迁更快。淮安市规模以上工业增加值同比增长17.2%，徐盐连宿都高于淮安市，宿迁更是超过了20%，总量与淮安市的差距已经不大。但近年来，随着一批新建和技改项目陆续建成投产，淮安工业发展规模不断扩大，重点工业产品产能逐步增加，初步形成了特钢、IT、盐化工新材料、节能环保、食品等行业协调发展的具有地方特色的工业体系。2012年，全市1 695户规模以上企业实现销售收入3 850.67亿元，同比增长30.3%，全部规模以上企业产品销售率为98.2%。全市规模以上工业利税341.08亿元，同比增长21.6%，利润 176.89 亿元，同比增长 28.8%。

（二）重点行业发展情况

淮安正重点打造盐化工、特钢、电子信息、食品四大主导产业和高端装备制造、新能源汽车及零部件两大战略性新兴产业，加速形成以“4+2”产业为主体的现代工业体系。目前，四大主导产业每年的销售收入分别在 400 亿元到 600 亿元，再用三到五年的时间可全部过千亿元。

特钢产业不断壮大。淮安形成了 300 万吨特钢、300 万吨材、300 万吨铁、150 万吨钢管的生产能力；龙头企业淮钢集团是全国最大的管坯钢生产基地；天淮公司建成世界最先进、最大口径无缝钢管生产线，成为华东地区最大的高等级无缝钢管生产基地。

“中国新盐都”加速崛起。淮安 1 300 亿吨的岩盐储量位居世界前列，台玻集团、中国盐业集团、省盐业集团三大巨头齐聚淮安。总投资 15 亿美元的实联化工纯碱项目成为淮安工业史上投资最大的“航母级”单体项目。盐化工产业中乙烯胺、邻氯苯胺、六氯环戊二烯、一硝基甲苯、香芹酮等一批产品，生产规模世界第一，特种溶剂油居全国首位，是华东地区最大的盐、纯碱及元明粉生产基地。

电子信息产业迅猛发展。世界 500 强富士康、明基集团等大型外资企业先后落户淮安。同时还集聚了南瑞集团、达方电子、苏杭科技等一批知名企业，以总投资 22 亿美元的富士康淮安科技城为核心，全省最大的计算机周边设备生产基地已经建成。南瑞智能线缆产业基地将建成销售超百亿、全国一流的电线电缆基地。

食品产业不断跨越。“一品梅”香烟成为全国名优品牌。“今世缘”国缘酒是外交部和驻外使领馆接待用酒，进入全国优质白酒前列。台湾顶新集团、旺旺集团相继落户淮安，总投资超 5 亿美元的“旺旺”食品工业园成为旺旺集团在大陆最大的生产基地。

（三）工业项目建设情况

根据淮安市委姚晓东书记在市委六届三次全会上的讲话精神，大力实施“3211”工业重大项目攻坚计划，着力推动全市 30 个投资 10 亿元以上工业重大项目、20 个重点新兴产业项目、100 个亿元以上竣工项目和 100 个重点技术改造项目加快建设。狠抓项目投速、投量和投效，促进产业主体爆发式增长，确保到 2015 年新引进实施超亿元项目 630 个，每年分别新增主导产业、新兴产业超亿元项目 80 个和 40 个。严格实行市级领导挂钩重点项目和季督查制度，10 亿元以下和 10 亿元以上项目建设周期分别不得超过 24 个月和 36 个月，新竣工项目次年开票销售不得低于 2 000 万元。目前，天淮公司高等级大无缝钢管、宏邦化工松节油及延伸产品、洪泽县银珠化工蜜胺等重大项目竣工投产，中电投洪泽光伏电站项目、涟水制药医药科技产业园项目、锦纶化纤年产 3.5 万吨锦纶 6 浸胶帘子布扩产项目、协兴包装高级瓦楞纸板生产项目等 34 个亿元以上项目也相继竣工投产；力博士年产 6 000 台液压破碎机、威灵电机串激电机生产线等 20 个重点技术改造项目已竣工或部分投产。

（四）工业园区发展情况

全市现有 1 个国家级开发区、7 个省级开发区和 2 个市级园区。10 个开发园区行政管辖面积 556.84 平方公里，规划面积 447 平方公里，已开发面积 203.76 平方公里，占规划面积的 45.6%。入驻企业 4 360 户，其中列统企业 1 112 户。2012 年，全市开发园区实现公共财政预算收入 108.5 亿元，同比增长 26.5%，占全市比重 46.4%；实现规模以上工业开票销售收入 1 020.4 亿元，同比增长 12.4%，占全市比重 62.1%；实际到账外资增长 38.3%，占全市比重 86.3%；进出口总额同比增长 40.8%，占全市比重 87.5%。已建成国家级综合保税区、留学人员创业园、软件园、台创园，12 家省级特色产业园、8 家南北共建合作园区和 3 家省级生态工业园、2 家省级知识产权试点示范园区。

二、存在的主要问题

（一）工业经济总量小，发展质量不高

2012 年，淮安地区生产总值为 1 920.91 亿元，仅占全省总量的 3.6%，其中工业企业增加值仅为 737.2 亿元，占淮安市地区生产总值比重为 38.3%，占全省总量的 3.1%。但横向比较差距明显，在全省倒数第三，仅高于宿迁、连云港。三次产业的比例为：12.9∶46.3∶40.8，第二产业比重偏低，淮安仍处于工业化的中期阶段，加快推进工业化是淮安今后一段时间的艰巨任务。

开发区作为开放最重要的载体、最重要的平台、最重要的窗口也面临很大的差距。虽然 8 家省级以上开发区全部进入全省开发区前三板块，但是全市开发区在经济实力、集约水平、开放程度和自主创新四个方面与省级先进开发区相比差距较大。全市 8 家省级以上开发区年进出口总额 30 亿元，在苏北各市开发区中

倒数第二，总量仅高于宿迁。

（二）工业结构不合理，产业层次较低

从产业结构看，产业层次低、规模小、后续链条短；传统产业多、新兴产业少；初级产品多，精加工产品少。从产品结构看，轻工产品主要以初级加工为主，重工业中高能耗产品较多。从产品档次看，档次相对较低，主要表现为高技术含量、高附加值产品比例偏低。大多数企业在创新体系的建设和运行、研发及资金投入、人才开发等方面仍处于低水平，致使生产出的产品附加值低，利润空间小，盈利能力差，经不住市场冲击。

作为工业主阵地的经济开发区，区内产业 80%为传统制造业，高端制造业、战略性新兴产业和现代服务业比重偏低。招引和承接的企业多处于产业链中低端，投入产出强度偏低。10 个开发园区投资强度为亩均 140 万元，远低于省定苏北开发区亩均 280 万元标准；亩均税收平均 2.2 万元，而全省开发区亩均税收达到 30 万元。

（三）工业园发展滞后，容纳大项目能力弱

突出表现在园区的基础设施建设滞后，聚集和辐射带动能力还不强；管理体制和运行机制不完善，集中反映在体制不顺、机制不活和职能授权缺位，工业园区与政府部门权、责、利配置不到位，不适应当前工业园区快速发展的需要。淮安市所有的开发区在全省位次滞后主要表现为重大项目不多、产业集聚薄弱、瓶颈制约不断增加等突出问题。

一是规划起点不高，品位、手笔不大。发展空间严重受限，前期规划没有前瞻性、长远性，没有战略性，没有把规划一次做到位。

二是体制机制创新不够，体制机制优势没有得到彰显。开发区是体制机制的先行区，可先试先行，但制约发展的就是体制机制。目前淮安省级开发区中，还没有一家人权、事权、财权完全独立的，没有一家能按照苏南模式运作的。

（四）产业集聚较差、产业特色不明显

淮安市大多数园区没有明确的主导产业，产业体系雷同、规模小，重复建设多、水平低，创新能力弱，消化吸收能力不强，专业分工不明确，产业体系中主导产业门类太多，范围太广，缺乏因地制宜的产业定位，不利于资源的集中配置，凸显不了主导产业的主导作用，从而不能形成区域的核心竞争力。大部分开发园区有 3—4 个产业，未形成鲜明的产业特色。全市没有 1 家规上开票销售收

入过百亿的产业集聚区。金湖开发区把石油机械和汽摩配特色产业整合在一起形成高端装备制造业，规上开票也只有60亿元。产业关联度不高，未形成较为完整的产业链，缺乏知名的龙头企业。

（五）高新技术产业发展缓慢

2012年底，全市只有90家国家级高新技术企业，只占规模以上工业企业总数的5%。高新技术企业完成工业产值占全市规模以上工业总产值的6%，对经济的拉动作用不大。去年全市研发经费支出占GDP比重仅为1.27%，高新技术产业产值仅占全省的2.1%，是全省唯一没有创新型领军企业的地区。层次低，企业少，总量不大，是全市工业园区的通病。市经济技术开发区“自主创新”指标在全省25个国家级开发区中排名第21位；7个省级开发区“自主创新”平均得分47.3分，低于苏北开发区平均水平55.7分。在全省99个省级开发区中，淮阴、洪泽、涟水、盱眙、清浦5家“自主创新”指标均排在80名之后，分别是淮阴83位、洪泽89位、涟水90位、盱眙92位、清浦96位。截至2012年底，全市开发园区国家高新技术企业累计83家，比徐州少59家、比盐城少53家，总数在苏北排名第三，仅占全省开发区总数的1.4%；全市开发园区省级以上“两站三中心”48个，比徐州高新区1家还少12个。

三、实施工业强市优势条件

（一）资源优势

淮安市位于淮河流域，京杭大运河贯穿全境，地下水资源储量丰富，并且位于我国南北分界线上，年降水量丰富，可以满足大型工业的用水需求。全境有数条河流贯穿，可以为一些大型用水企业提供很好的布局。淮安市矿产资源较为丰富，分布相对集中。尤其是非金属矿产资源品种众多，品质优良。其中岩盐资源探明储量1 350亿吨，居世界首位，且品位高、埋藏浅、品质优，适宜大规模开发和利用，今后淮安还将建成全球最大的盐化工基地。其他还有凹凸棒石黏土、芒硝等非金属矿产储量都十分丰富。

（二）成本优势

淮安市的物流成本、土地成本和劳动力成本相对低廉。从物流成本来看，淮安地处东部发达省份、苏北腹地，处于经济活力强劲的长三角经济圈，物流便捷。从劳动力成本来看，淮安拥有五百多万人口，人才和劳动力资源都非常丰富，可以提供充足的产业工人和服务业人力资源。淮安同时还是苏北职教中心，拥有 19 所大中专职业教育学校，常年在校生 14 万人，每年毕业 4 万～5 万人，可以满足企业各类用工需要。相对于苏南地区，劳动力成本低廉。从土地成本来看，淮安土地资源富足，可用于工业用地诸多，且有相应的保障。

（三）交通优势

淮安市处于全国承南启北的地理位置，是苏北腹地区域性中心城市，地处江淮平原，地势平坦，气候宜人。区位优势明显，古时就是“南船北马”交汇之地，京杭大运河沿岸重要城市，并且拥有数条河流贯穿全境。现如今，京沪、宁宿徐、宿淮、淮盐、宁淮等五条高速公路在境内交会，新长铁路纵贯全境，淮安涟水机场快速通达，让淮安的交通更加全面与便捷，凸显淮安在江苏乃至全国的交通枢纽地位。淮安市现已成功加入长三角经济区、“南京都市圈”，融入国家战略关注的重点区域。

四、实施工业强市战略的基本思路、发展原则、发展目标和发展重点

（一）基本思路

实施工业强市战略，要以科学发展观为指导，以扩总量、转方式为主线，以科技进步为动力，以产业转型升级为重点，以工业园区为载体，突出抓好重大项目建设、优势企业培育、结构优化升级和园区建设四个重点；重点打造盐化工、特钢、电子信息、食品四大主导产业和高端装备制造、新能源汽车及零部件两大战略性新兴产业，加速形成以“4＋2”产业为主体的现代工业体系。继续推进循环经济和节能减排；积极推动自主创新和“两化”融合，为“十二五”期间全市经济社会跨越式发展奠定坚实基础。

（二）发展方向

全面推进新型工业化，坚持工业强市战略，进一步扩大总量、优化结构、集聚产业，全面提升工业经济整体实力，努力打造长三角北部先进制造业基地。到 2015 年，工业增加值达到 1 230 亿元，经济效益综合指数保持省内领先。

1. 工业经济总量实现新突破

实施县(区)和开发区工业突破计划，按照新型工业化要求，壮大县(区)和开发区工业体量。淮安经济技术开发区围绕“江北争第一、全省进十强”目标，加

速发展以富士康科技城为核心的IT产业以及台玻、安邦集团为中心的盐碱科技产业和以国宝空调科技城为代表的环保节能制造等产业，到2015年，销售规模达到2 000亿元。淮安工业园区围绕打造新型都市工业园区的目标，加快新型建材、汽车机械、食品医药和光伏电子等产业的集聚，实现销售500亿元目标。各县(区)按照培育特色、错位发展、提升质量、壮大规模的要求，加快推进工业经济发展。到2015年，涟水县、盱眙县和淮阴区、楚州区工业销售产值分别达到1 000亿元，洪泽县、金湖县分别达到800亿元，清浦区达到500亿元，清河区超300亿元。

2. 项目建设实现新突破

加大项目投入，突出项目建设以大投入推动大发展。每年滚动实施20个“航母”型重大项目，引领全市工业化进程和发展方向；逐年实施亿元以上增量调整100项、技术改造100项、调研储备100项的“三百”项目工程，推动工业经济规模化发展迈上新台阶；年实施主导产业规模化项目50个、传统产业品牌化项目50个、新兴产业高技术化项目10个“551”产业提升工程，促进产业结构的进一步优化调整。“十二五”期间，工业投入年均增长20%以上，累计投入超过5 000亿元。

3. 企业实力实现新突破

加大对企业扶持力度，努力壮大企业规模，到2015年，实现列统企业达到4 000户，销售8 000亿元目标。发挥大企业的示范带动作用，培育一批能集聚上下游产业链配套的“旗舰”企业。到2015年，销售收入超10亿元企业达到100户、超100亿元企业达到14户，其中超500亿元企业2户。推进具有较高科技含量和市场占有率的产品开展品牌创建活动，力争创成中国驰名商标20件，省级名牌产品100个，省著名商标150件，推动企业从产品经营向品牌经营跨越。按照产业供应链要求，扶持中小企业向“专、精、特、新”方向发展，建立大企业与中小企业相互协作的战略联盟。

(三) 产业定位和发展重点

1. 发展主导产业

加快特钢、IT、盐化工新材料、节能环保和食品等千亿元级主导产业发展，壮大产业规模，提升主导地位。着力培育特钢棒材产业链，发展制造用特钢、管材钢以及高级无缝钢管、大型铸锻件、金属制品等延伸加工产品；加速发展以计算机产业为主的电子信息产业，扩大产品门类，培育电子元器件、应用电子等特色产业和平板显示、LED等潜在产业增长点；利用淮安市岩盐资源，积极打造“中国新盐都”，形成600万吨盐、400万吨纯碱、400万吨硝、100万吨烧碱的盐化工生产规模，加快发展耗氯氢类盐化工新材料和精细化工产业；以国宝空调为龙头，着力发展节能环保装备制造、资源循环利用、节能服务和环保服务等产业，建成全国重要的节能环保产业示范区；扩大淮阴卷烟厂中高档卷烟规模，实现生产能力120万大箱目标，提升“今世缘”“国缘”等系列酒品牌的影响力，提高粮油、肉制品等深加工规模，在水产品加工、名菜名点工业化生产等方面形成产业化、规模化。到2015年，主导产业销售收入分别超过1 000亿元。

2. 提升传统产业

积极运用高新技术，改造提升纺织、机械、轻工和建材等传统产业。加快发展具有环保特色的棉纺织、印染面料、化纤、针织和服装业；做大做强石油机械、农业机械、专用汽车、船用机械等整机产业，做精做优轴承、精密机械、汽车零部件、液压件等基础部件产业，提高装备制造业的竞争力；发展瓦楞纸、高档新闻纸、生活用纸产业，提高印刷包装水平，提升保温制品、餐具等家庭制品的规模档次，开发消毒剂、香料、洗涤系列用品，打造高档箱包、旅游帐篷品牌，扩大轻工行业规模；主攻新型建材、装修装饰材料、建筑节能产品，稳步发展建筑成套装备，不断提升水泥和水泥制品业的规模档次。到2015年，纺织、机械产业销售收入分别超过500亿元，轻工、建材产业销售收入分别超过300亿元。

3. 培育新兴产业

重点在新医药、新能源、新材料、软件和信息服务等战略性新兴产业发展上取得重大突破。依托骨干企业，大力促进化学药制剂、中药制剂、生物制药和医疗器械的研发、中试和产业化，提高产品技术含量和附加值，建成全国重要的心脑血管类、抗肿瘤类、神经系统类、消化类新药研发生产基地；加强与国内一流科研院所合作，加大项目招引力度，推进新能源产业发展，形成核电、太阳能发电、生物质发电、风电等新能源产业齐头并进的发展格局；加快发展以金属新材料、凹土新材料等为主的新材料产业，打造“中国凹土之都”，建设全省最大的金属新材料产业基地；努力培育软件及信息产业，发展应用物联网，打造以“一核四园”为载体的省级软件及信息产业基地。到2015年，新兴产业销售总规模超过1 000亿元，实现“双倍增”。

4. 加快产业集聚

推进开发区、园区和工业集中区内资源整合提升，促进产业融合。打造特钢、盐化工综合开发、食品、凹土新材料等6个全国特色产业基地，培育电子信息、太阳能综合利用、新医药产业、教学具研发等8个全省特色产业基地和10个市级特色产业基地。鼓励重点企业围绕主导产品向上下游延伸生产能力，开展专业化分工协作，扶持发展壮大产业链条，增强产业发展能力。提升县（区）开发区规模档次，完善配套功能，建设区中园、园中园，拉长产业链，推进同类企业的集聚发展，形成产业特色。

五、实施工业强市战略的保障措施

（一）抓好功能配套，增大地区优势

一要加强设施建设。要把开发区、园区基础设施建设作为重中之重，把人力、物力、财力向开发区、园区集中，先筑巢、再引凤。对开发区、园区基础设施建设，要坚持以城市的标准来要求，道路、管网都要依照城市道路、管网的规格进行规划、设计、建设，为今后的“退二进三”和城市化发展奠定基础。二要创造地区优势。利用紧邻南京的优势，争取轻轨尽快接入，进一步完善铁路运输网，同时加大涟水机场的建设和宣传。

（二）创新体制机制，增强发展活力

只有大力推进体制机制创新，才能始终保持开明开放的活力，才能推动各项事业迈上新台阶。一方面，各县（区）和相关部门要进一步简政放权，在项目审批、财政税收、外事管理、物流通关等方面授予开发区、园区相应的管理权限，全面落实国家、省、市各项优惠政策，凸显政策优势。另一方面，开发区、园区要按照“小政府、大社会”要求和“精简、统一、高效能”原则，归并政府职能，减少管理层次，创新管理方式，提高管理效率。

（三）实施项目带动，狠抓招商引资

工业经济要想发展壮大，一靠项目，二靠招商。项目是生命线，招商是主抓手。要把招商引资作为重中之重，进一步改进方式，瞄准重点区域，选派精兵强将，加强沟通联络。要注重产业链招商。虽然在对外推介时，我们积极宣传淮安的通江达海、四通八达，但实际上区位交通仍然处于劣势。在这种情况下，只有依靠拉长产业链条，促进相关产业集聚、集群发展，才能增强招商引资的吸引力。要认真研究产业链招商，围绕现有的优势产业、骨干企业，排出上下游产业目录，有针对性地招引项目，为产业和企业进行配套。要推进专业化招商。完善

机构设置和人员配备，每个县(区)开发区要成立1个以上外资招商局，加强业务培训，提高招商成功率。培训、培养需要一个过程，如果有条件的话也可以直接去苏南招聘人才，一步到位。

（四）优化工业结构，提升产业层次

一要打造特色产业。每个县(区)、开发区都要依托自身资源优势和产业基础，认真规划1～2个百亿元的特色支柱产业，形成“一县一品、一区一特”格局。落实扶持重点企业、成长型企业发展的政策措施，促进各类生产要素向优势企业集聚，加速骨干企业扩张；出台激励措施，引导中小企业向专业化、特色化方向发展，打造行业“小巨人”，形成一批“单打冠军”。加快特色产业园建设，形成特色产业集聚效应，积极争创省级开发区。二要强化集约发展。开发区、园区发展到今天，再也不能“捡到篮子里的都是菜”了。现在，国家对土地指标控制较为严格，可谓“寸土寸金”，而且征地拆迁补偿标准不断提高，逼着我们要抬高门槛，严格把关，提高土地产出效益。三要注重科技创新。现在，世界公认的创新型国家标准是研发投入占地区生产总值比重达2.5%以上，去年全省是2.1%，淮安还不到1%。所以淮安地区要落实多元化科技投入机制，加强重大创新载体建设，广泛吸引高校院所、高层次科技人才进入园区。同时，加快建设产学研联合创新平台、公共技术服务平台，推动股权激励、科技金融、股份代办转让系统等先行先试，不断完善科技服务功能。

（五）拓宽融资渠道，加大投入力度

一是间接融资增加投入。建立完善新型的银企战略合作关系，加强互通、互动合作，使优势项目能够及时、最大限度地获得信贷支持。特别是要进一步加大与各政策性银行的金融合作力度，为企业的生产经营和项目建设争取资金支持。二是直接融资增加投入。充分发挥上市公司的带动作用，进一步提高资本市场融资能力。积极引导、鼓励和培育一批有发展前景的中小企业上市融资。三是进一步激活民间资本增加投入。加大政策和资金的引导力度，使民间资本成为工业投资的重要渠道。

（六）树立“项目为王”理念，积极推进落实

树立“项目为王”理念，没有项目一切都是空谈。抓工业要主攻项目，招商引资要招引项目，转型升级也要提升项目。进一步增强项目招引力度、投入力度、推进力度，力争实现规模以上工业投资、新开工亿元以上工业项目、新竣工

数量等关键指标取得新突破。要建立一种机制，按照重推项目的要求，进一步确立考核县(区)各部门的鲜明导向，导向实实在在地发展，导向项目的落户、培育、壮大。

加强淮安市水利项目实施单位绩效管理的思考

（本文撰写于 2013 年）

绩效管理指以绩效指标和事业成本为核心，以绩效目标、绩效拨款和绩效评价为基本环节的政府理财模式。水利项目绩效管理是水利项目管理工作的重要手段，是保证水利项目顺利运行和发展的基本机制和有效措施。通过绩效管理工作的不断推进，可以增强绩效意识，增强水利项目实施单位的“成本—效益”观念，进一步提高部门预算编制的科学性和合理性，增强预算执行的严肃性，促进项目成果的管理、运用和转化，提高资金的使用效率。

一、水利项目绩效管理面临的形势和挑战

（一）项目公开带来的挑战

为厉行节约，控制和降低行政运行成本，加强民众对财政资金的有效监督，近年来国家要求各部门公开“三公经费”使用情况。2011 年，中央一号文件聚焦水利，对加快新形势下水利改革发展作出了重大决策部署，随之而来的是中央与地方政府不断加大对水利的投入，同时也将水利推进公众视线。党的十八大报告也明确提出要加快水利建设，加强防灾减灾体系建设。随着财政体制改革的不断推进，水利项目以后必将发展到公开化。

（二）预算执行进度带来的挑战

随着政务公开和社会民主的不断发展和进步，预算执行进度的压力只会增加不会减少。近年来，江苏省财政厅创造性地提出了预算编制、预算执行、绩效管理、财政监督“四位一体”的公共财政管理新体系，强调要将绩效管理与预算管理有机结合。

（三）绩效评价带来的挑战

绩效评价是一种面向目标成果的管理理念和方式，以提高项目资金管理、使

用效率和效益为目标。作为项目管理的重要措施之一，绩效评价在项目资源管理、效率和效益控制中被广泛研究，尤其是在水利项目中得到了重视和应用。

二、当前水利项目实施单位绩效管理存在的薄弱环节

（一）一些水利项目经费预算中财务人员不参与

2013 年水利部预算定额编制大纲已完成，说明水利项目经费预算已逐步迈向定额管理。项目预算编制越来越重要，尤其将来引入预算额度管理之后，预算编制不正确将影响水利项目经费的使用。目前编制水利项目预算大多是工程技术人员。在申报项目时，对于水利项目经费的预算仅仅看作是得到项目的必要手段，往往凭借经验来预估，而不结合财经制度对水利项目经费管理的要求，没有邀请相关财务人员进行参与和指导，对项目的各项开支缺乏足够的科学认证，使得预算不准确、不科学，从而在经费到位后无法严格按照预算执行。一些必要的正常项目开支因为事先未编入预算而无法在该项目中报销，不利于水利项目的开展，影响项目的绩效评价。

（二）项目预算编制简化、人手不够

水利投入持续加大，科学化、精细化要求越来越高。由于水利项目实施单位人手不够等原因，目前项目编制主要以“重争取、重立项”为指导思想，编制比较粗放。

（三）实施单位的项目管理和内部控制没有跟上绩效管理的步伐

目前水利项目实施单位存在项目管理基础薄弱，项目申报缺乏科学合理的立项审查决策机制，很多项目存在执行与立项脱节严重，一些项目不能按立项目标和内容完成，不注重对项目经费使用过程的控制等问题。此外，水利项目实施单位财政支出绩效管理有内部控制制度普遍缺失及执行不到位现象，存在诸多需要解决的问题。

1. 水利项目实施单位绩效管理的内部控制意识淡薄

长期以来，水利项目实施单位具体的财政支出项目及支出重点是由财政部门来决定的，管理的重点也只是保证每年的预算拨款能维持原有的水平或每年有一定的增长，对建立相应的内部管理制度来衡量并控制财政支出效率的主动意识不强。“轻管理、轻成本”，项目管理不规范，资金使用效率不高。部分领导和大部

分会计人员和技术人员普遍对加强项目绩效管理认识不足，认为绩效管理是上级部门和财政部门的事情，到了绩效管理评价和检查时被动应付就行。

2. 内部控制体系不够完善，项目绩效管理的业务流程不尽合理

主要表现在不合理兼岗现象较为普遍，授权审批制度有待改进，流程控制体系不完善。

3. 预算编制及执行过程中存在问题

水利项目实施单位在水利项目预算编制方面缺乏应有的准确性、约束力和严肃性。部门预算的范围有限，尚未涵盖单位全部财务收支事项，部门预算的追加项目仍有很多，预算编制方法不科学，预算数据失实，支出的控制不把关，造成有的项目经费结余、有的项目却严重超支的后果，部门预算没有在单位内部按组织体系进行细化。

三、加强水利项目实施的单位绩效管理措施

（一）领导重视

水利项目实施单位领导要承担社会责任，改变以前项目申报“重争取、重使用、轻管理”的理念，要重视项目“成本—效益”思想，重视项目绩效管理工作。

（二）财务人员参与项目申报的预算编制

进行水利项目申报时，项目负责人要根据项目整体发展战略及阶段性目标，提出总体预算方案，由财务人员结合水利项目经费管理办法和财经制度，对总体预算方案进行分析和分解，反复论证，沟通协调，最终达成一致，形成申报方案。水利项目一旦申请成功，经费预算便具有了强制性的约束力，项目负责人和项目组成员必须严格遵照执行。财务人员可以利用财务软件，按照申报时经费预算明细，设置各类费用报销比例，使用预算额度管理来控制水利项目经费的核算，保证项目经费按照申请计划使用，在项目经费使用的绩效评价中就不会存在项目执行过程中实际支出与预算不符的情况。

（三）加强财务人员学习培训，使其转变思想观念，提高认识，成为复合型人才

在绩效管理理念引导下，水利项目实施单位财务人员要由原来被动接受评审向主动自觉评审转变。资金使用要从“重分配、重使用”转变为“重管理、重效益”，

以提高绩效管理效率。在编制水利项目预算时，财务人员要积极参与，树立“效益”和“责任”观念，建立强有力的内部控制、约束机制以提高财政资金使用效果。

（四）加强制度建设

上级主管部门应尽快出台水利项目绩效管理办法，内容包括：第一，水利项目绩效管理基础工作、信息化建设；第二，绩效跟踪管理办法，即项目跟踪、数据抽查和序时进度情况反映等，动态了解和掌握项目绩效目标实现程度、资金支出进度和项目实施进程，这样可以及时纠正项目实施过程中效益与绩效目标的偏差，提高预算执行效力，保证项目按预定绩效目标完成；第三，水利项目绩效考评指标和考核程序；第四，绩效管理约束激励和责权利对等机制；第五，水利项目绩效考核自我评价报告、反馈机制等内容。水利项目实施单位根据管理办法制定适合本单位的水利项目绩效管理实施办法。

（五）加强项目绩效管理宣传和部门间沟通协调

塑造水利项目实施单位绩效管理文化氛围，使广大职工意识到绩效管理不仅是政府部门的责任，也是项目实施单位的责任，使大家认识到项目绩效管理是实现项目绩效的手段，是压力释放的手段，是上级管理部门和财政部门沟通的有效方式。

（六）加强水利项目实施单位内部控制，保障绩效管理工作正常开展

1. 加强基础工作建设，特别是单位的基础数据和资料库建设

绩效管理贯穿于水利项目全过程，需要对前期的调查、研究、可行性分析及项目立项、项目实施过程、监督检查、验收结算等各个方面的材料进行收集整理，而这些材料正是水利项目日常管理的材料。因此，为进一步减少水利项目实施单位与主管部门、财政部门的工作量，降低成本，要加强基础数据的收集和资料库建设。项目编制时吸收更多的职工参与，必要时对单位内部实行公开公示制度。要制定相关数据的采集标准和方法，建立完备的绩效管理信息系统、绩效考评基础资料数据库和项目监测系统，强化对项目预算支出的分析。

2. 实现绩效管理与预算管理有机衔接

应适应财政支出改革的需要，按照绩效管理的内在原则，逐步建立一套以预算管理为基础的内部控制体系，包括水利项目预算编制的前期调查研究、审核、执行和决算环节的相关监管制度和内控机制，如水利项目自我分析评价制度、资

金的追踪绩效制度、奖惩激励制度和责任追究制度等。

3. 制定水利项目绩效预算编制的内部控制制度

从绩效预算编制入手构建绩效管理。在具体的绩效预算编制过程中，要结合水利项目预算支出管理实际，在绩效预算的各主要环节加强制度约束。对影响项目支出绩效的因素进行定义、识别、衡量和预测，制定科学、合理的支出计划。建立预算执行过程的绩效跟踪检查制度，在提出预算时要设立与该项目支出对应的效果指标；将水利项目预算与单位内部的责任预算有机结合。

4. 建立良好的水利项目预算执行过程内部控制体系

水利项目预算执行过程中的内部控制，是预算和政策执行的核心。一是要加强项目支出过程控制。包括供应商的选择与确定、批准合同、授权支出等。二是会计核算控制。严格按照政府颁布的要求进行会计核算和管理。严格按照预算会计的项目经济分类进行明晰的会计记录，会计报告的编制必须规范。三是国库集中支付与现金控制。管理的重点应在于编制科学的现金使用计划，跟踪支出周期（立项、审批和支付），监督每个阶段的拨款使用情况。四是政府采购控制。严格按照政府采购管理要求进行采购控制，确立采购的标准及相关制度，并公布于众；采购合同签订和采购过程应接受公众监督，采购结果应公布于众；在招标发布、实施采购、验收、款项支付等环节实施必要的职责分离及岗位轮换，以防范采购风险。五是实施内部审计监督。内部审计是内部控制的一种特殊形式，是对其他内部控制的再控制。水利项目实施单位应利用内部审计对内部控制体系进行评估，并作为提出改进管理效果建议的来源。内部审计结果可作为决定采取哪些适当措施纠正违规现象的基础。

政府招商引资策略研究

——以淮安市为例

（本文撰写于2017年）

一、淮安市政府招商引资的现状分析

（一）淮安市政府招商引资发展现状

近年来，淮安市对外开放和招商引资工作在江苏省委、省政府正确领导下，在有关部门的具体指导下，以中央会议“打赢五个经济战役，完成翻番目标”为中心，在社会主义科学发展观的指引下，紧紧把握江苏省政府重点发展淮安经济这一历史性机会，认真研究摸索引进投资的方式方法，开拓资金流入途径，改善市场氛围，尽全力打造淮安经济市场，对外打开经济发展的市场大门，总量不断提升，质量和层次进一步提高，招商引资工作取得了一定的成绩。在此将“十二五”期间重点强调的引进商家进行投资和接受产业转移的数据作为研究调查的基础，经过调查研究淮安各地区，整体评价引进商家进行投资和接受产业转移给淮安的市场发展带来的积极影响，以此阐明淮安市招商引资的发展现状。

“十二五”以来淮安市的招商引资工作，可以概括为八个字“成绩斐然、来之不易”。外资方面：2010 年淮安市外商投资企业有 15 家，实际利用外资 7.1 亿美元；2015 年淮安市外商投资企业达到 90 家，其中有 18 亿美元属于外来资金。在“十二五”期间，大约有 234 家企业是外国商人在淮安市出资的，有 57.9 亿美元属于外来资金，平均每年上涨 12.4 个百分点。具体情况见表 3－1：

表 3－1　“十二五”期间淮安市利用外资实际完成情况统计表

年份	批准户数/个	总投资/亿美元	注册实际到账/亿美元	开工到账/亿美元	年增幅/%
2011	22	11	8.3	7.4	9.8
2012	31	15	9.2	8.7	11.7
2013	40	18	10.6	9.8	11.2
2014	51	21	11.8	10	10.2
2015	90	24	18	16.3	16.3
合计	234	89	57.9	52.2	

（“十二五”期间，淮安市实际利用外资计 57.9 亿美元，年均增长 12.4%，比“十一五”期间(120 家)完成 21 亿美元多 36.9 亿美元。）

资料来源：淮安市商务局

内资方面:“十二五”期间，淮安市利用市外资金累计达到 4 712 亿元，年均增长约 10.4%；利用省外资金累计达到 2 468 亿元，年均增长 19.89%。引进亿元以上项目 704 个。具体情况见表 3－2。

表 3－2　“十二五”淮安市利用省外、市外资金及引进项目情况统计表

年份	亿以上项目个数/个	引进市外资金/亿元	省外资金/亿元	年增幅/%
2011	104	727	421	8.72

续表

年份	亿以上项目个数/个	引进市外资金/亿元	省外资金/亿元	年增幅/%
2012	118	817	451	10.7
2013	141	981	464	10.3
2014	163	1 009	519	11.2
2015	178	1 178	613	11.81
合计	704	4 712	2 468	

资料来源：淮安市商务局、市重大项目办

具体地说，淮安市在2011年有1 954家范围较大的工业企业(总计大约工业增加值达到500万元/年)。在募商筹资的活跃发展状态下，2014年淮安市规模以上工业企业增加到3 584家，其中招商引资企业1 698家，占到51%。淮安市2015年有3 961家范围较大的工业企业(总计大约工业增加值达到2 000万元/年)，这类企业的年增加速率大约是20%。工业企业在数量上的增加和在质量上的提升，有力促进了淮安市经济的发展，改善了民生，提高了人民的生活水平。

（二）招商引资为淮安市经济社会带来的积极作用

1. 经济整体实力大幅提升

2015年淮安市生产总值为2 700亿元，2011年至2014年，淮安市生产总值分别为1 800.9亿元、2 000.2亿元、2 209.5亿元和2 455.4亿元，年均增长10.8%。“十二五”以来，在国家对淮安没有大的财政投资背景下，在没有国家安排的大项目情况下，依靠招商引资工作的开展，淮安市有8 978.5亿元是整个社会固定资产的出资，各地资产的加入达到6 200亿元(包含外来资金)。淮安市2015年的整个社会固定资产出资额为1 795.7亿元，同比上一年升高21.3个百分点，年度整个社会固定资产出资额中有60%左右是吸收境内外的资产。淮安市通过招商引资激发了经济建设活力，加速了经济建设速度，投资规模迅速扩大，对拉动淮安市整体经济起到了重要作用。截至2015年底，淮安市共有规模以上企业3 961家，较2011年新增2 007家，主营业务收入1 911.22亿元，是2006年的2.84倍，实现利税总额266.70亿元，是2011年的3.2倍。规模较大的工业企业有2 007家，其中，募商筹资吸引的企业有1 421家，占比为71%。“十一五”期间，淮安市工业对经济增长的贡献率都在45%以上，成为淮安市税收收入的主要支撑，而招商引资项目中70%以上都是工业企业，这也充分说明了招商引资对淮安市财税收入的拉动作用。招商引资项目成为淮安市重点建设项目的主力，2011年至2015年，淮安市重点建设项目分别是146个、152个、166个、300个和304个，其中招商引资项目分别占58%、62%、67%、70%和75%。

2011年，淮安市主营业务收入超10亿元企业全部是招商引资企业。2015年，53家公司主营业务收入超过10亿元，21家公司主营业务收入超过20亿元，这些都是募商筹资公司或吸引战略出资人重新组合的公司。

2015年，淮安市主营业务收入超10亿元企业见表3-3：

表3-3　2015年淮安市主营业务收入超10亿元代表性企业统计表

单位：亿元人民币

淮钢特钢集团	富士康科技	中化集团	今世缘集团	淮安旺旺集团
28.6	19.1	14.88	10.21	10.1
实联化工	天士力药业	韩泰轮胎公司	南风元明粉公司	中盐集团
12.76	10.49	11.55	10.81	15.93

资料来源：淮安市商务局

招商引资成为拉动GDP增长、扩大社会固定资产投资、拉动工业经济发展，加快重点项目建设、增加财税收入的强劲动力。

2. 传统优势产业加快发展

高端化发展先进制造业。实施"四千"提升计划，实现规模以上工业增加值5 850亿元，年增长12%左右。为了使电子市场生产价值率率先超过千亿元，重点创建千亿元生产部门，促进中兴4G智能生产基地、纳沛斯半导体等核心工程的开发；为鼓励盐化新能源生产部门周密化、高水平成长，进一步规划了金岭氯碱工业园等重点工程；着力促进食物生产部门向规模化、品质化、名牌化发展；鼓励特钢生产部门与设备建造产业联合开办，高等级设备生产企业加快自动化、整合化步伐，新动力汽车生产部门努力超越历史制造整车。基于千亿元资产投入的目标，60多个过10亿元资产的重要工程要切实把握好，700个过亿元工程是新开发的，380个过千万元工程是刚完工的，规模以上工业投资年增长19%。积极推动千企技改，实施投资超3 000万元重点技改项目350项，技改企业超过4 500户。切实强化千企帮扶，落实"一企一策"长效机制，重点帮助3 200户成长型企业做好要素保障和市场开拓等工作，根据淮安市政府工作报告，淮安市新增规模以上工业企业223户、新增销售超亿元企业45户。为努力使县(区)百亿元核心生产部门开发项目得以实现，就要使省级开发地区构造合理化、生产部门的筹备修整化，同时还要扶植独特生产部门的开发。

3. 新兴产业集群逐步形成

“十二五”期间，围绕八大产业集群，淮安市通过招商引资不断完善产业链条，积极打造投资规模大、发展前景好、带动能力强的主导产业。逐步形成了以新能源汽车制造为主的汽车及零部件产业集群；以富士康集团为龙头的装备产业集群；以盐化工产业园为龙头的化工产业集群；以新材料产业园为龙头的新材料产业集群；以南京雨润、旺旺集团、清浦红椒为龙头的食品产业集群；以淮钢特钢为龙头的特钢产业集群；以天士力集团、诚意药业为龙头的生物医药产业集群；以富士康科技城和明基电脑为龙头的电子信息产业集群。呈现出龙头企业带动、中小企业集聚、产业链条拉长的良好态势。截至 2015 年底，淮安市八大产业集群规模以上工业企业达到 1 200 余家，重点经营项目统计获得 2 010 亿元，同比上涨了 28.4 个百分点。

4. 产业转型升级步伐加快，经济发展实现扩量提质

统筹推进稳增长促转型，经济增长稳中有进，优势特色产业集聚度明显提高，科技创新水平持续提升，经济保持平稳增长。利用投入资产的核心影响和花费的基本影响，2014 年，固定资产出资额达到 8 805 亿元，同比上涨了 23 个百分点，在这之中，工业投入资产上涨了 25.6 个百分点；社会经销产品销售总额达到 4 072 亿元，上涨了 13.1 个百分点；完成进出口总额 212 亿美元，增长 12.2%。

强化项目建设的带动作用，2015 年，14 个省级和 220 个市级重大项目加快建设，开工超亿元工业项目 525 个，新增规模以上工业企业 1 002 户、销售超亿元企业 225 户，范围较大的工业附加值同比上涨了 12.9 个百分点；334 个投入资金过 3 000 万元的农业生产工程得以开发，89 家领头公司新增加的经销过亿元，村庄水利建设达到 51.8 亿元，粮食生产实现十一连增；实施投资超亿元经营性三产项目 557 个，服务业增加值突破千亿元；建筑业总产值达 4 904 亿元。

产业结构不断优化。2015 年，“4＋2”优势特色产业的生产价值占规模较大工业生产价值的比例为 55.2 个百分点，同比上涨了 6.1%。电子讯息生产部门的生产价值突破 3 150 亿元。盐化新型能源生产部门成为省级独特生产部门，食物生产部门生产价值是省内的前几名，特钢核心企业加速变革，获批省新能源汽车先进制造业基地。新兴服务业蓬勃发展，新增规模以上生产型电商

企业超过898户，淮安软件园成为省级电子商务示范基地，获批国家4A级旅游景区8个、省级旅游度假区4个，服务业增加值占比提高2个百分点。当代农业加快发展，2个省级新型渔业生产园林获得批准，4个国家级注册商标获得开发，新添加家园农业场地数量排省内第二名，农业新型化项目开发数量和整体机械化程度位居苏北首位。

创新能力明显增强。2015年，全社会研发投入占GDP比重超过1.6%，新增国家高新技术企业129户、省级企业创新平台104个，专利申请量增幅全省第一，新型技能工业生产总值在规模较大的产业总值中所占比例上涨了一个百分点。苏北地区第二家国家级别的高校科研所的设立，为淮安市的科技创新与产业发展注入了强大动力。更高层次的科研资源与人才储备，有望在更广泛的领域，如新兴产业的关键技术研发、传统产业的转型升级等方面发挥重要作用。开展前沿性的科学研究，能够为淮安的市场主体提供更具竞争力的技术解决方案，助力企业提升产品质量与生产效率，从而增强市场主体的活力。中国留学服务中心淮安分部的成立同样意义非凡。学成归来的留学人才，将为淮安的市场主体带来新的理念、技术与管理经验，促进企业创新发展。对于有意向吸引海外人才的本地企业，留学服务中心淮安分部也能提供对接渠道与服务支持，帮助企业引进高端人才，在一定程度上填补新兴产业的人才缺口，进一步优化淮安的人才结构，激发市场主体的创新活力，推动淮安经济的高质量发展。

5. 民生得到进一步改善，城乡就业不断扩大

民生维护程度不断加深，公共设施建设逐步完善。着重以创建利民实务为基础，全面促进公共设施、社会保护举措的落实和协调安定，民生先决的办事指导愈加清晰，大众的安全感和称心度得以提升。每年十件为民实事全面完成。2015年，投入206亿元，兴办了一批事关群众切身利益的民生项目，整治改造102个老旧小区、惠及12万多户居民；新增区域供水乡镇53个，解决了80.9万农村人口饮水安全问题；新扩建省优质幼儿园44所，提升100所农村中小学教育装备水平；民众提出的显著问题得以处理，淮海南北路修整等畅通项目得以实施，33个市区的农业交易中心得以完善；新修了3 726个公共停车场、60个绿化小房屋、309座公厕；改善了一批困难群体的生活条件，新增农村脱贫人口16万人，为6 154户残疾人家庭适配辅助器具。

社会事业协调发展。2015年，在市级发展的框架下，县区义务教育成长基础平均水平通过国家督察，这不仅是对区域义务教育发展成果的肯定，更是市级

层面夯实教育根基、提升综合实力的重要体现。淮安大学已成功取得省级政府的专项资金与政策扶持，以全面推动综合性大学开发建设，涵盖学科优化、师资引进及校园设施升级等核心领域，旨在提升高等教育质量与服务区域发展能力。大运河成功入选世界文化遗产名录，新增2项国家非物质文化遗产，创成一批省级公共文化服务体系示范区，版权登记总量全省第四。社会保障水平逐步提高。新增城镇再就业10.1万人，城镇登记失业率降至2.2%。进一步完善城乡基础社会保险，基本养老金上涨到每人一月90元，城乡最低保障分别提升至450元和330元。统筹规划经济适用住房和公共出租房屋搭建项目，惠及贫困户10 000多户，下拨90.6亿元公益基金贷款，成为我国六个共有产权住房革新试验地之一。开通阳光慈善网，新建45个区域性养老服务中心，改扩建96所农村敬老院。

6. 城市整体功能建设有效提升

“十二五”期间，通过招商引资，重点工程建设成效显著，新型城镇化全面推进。“十项重点工程”的建设获得很大进展，以每个县城一个政策和一个专题为特点的政府支持项目有效开展，大力推动了城市的快速发展和经济的稳定增长，实现了城市功能的全面进步。在“十二五”期间，淮安市政府在交通基础设施建设项目上累计投资1 007亿元，建设完成了900多个城市发展工程，使得“一廊四区多片”的优质特征逐渐凸显。多处铁路工程即将投入建设，使得淮安市在交通运输方面获得了明显发展，一旦铁路工程开工，淮安人民将会快速进入高铁的交通运输期；各地景区等逐渐面向全国开放，先进的有轨电车已全部投入建设当中，白马湖森林公园以及湿地景观项目的建设已初露头角。市体育馆和智慧产业谷一期项目已全部完成修建并投入使用，市西南区域的住户迁移已经全部完成，市内夜景工程更是景观建设的一大亮点，逐渐完成了数字化城区的建设，为城区形象的提升做出了巨大贡献，在文明城区建设中展现出了独特的风采。

二、政府招商引资过程中存在的问题

（一）招商引资思想认识方面

招商理念和思路创新有待加强。重点体现在整体和个体之间的利益冲突上，积极对外开放和自身主动参与建设的意识较弱。一是全局观念不强。有的部门和单位在赶超发展中没有摆正位置，比如有的县区引进的项目明显不符合本地产业定位，也不愿推介到兄弟县区。二是存在畏难情绪。部分部门领导人存在消极引资态度，认为商业投资难点多，无法投入，因而没能积极引入外部资金。三是消极对待外部资金。不能积极主动做好外资工作，缺少工作热情，态度消极被动。

（二）招商引资工作主体方向方面

一是招商主体不明确。企业和中介招商主体地位没有得到有效发挥。各地政府在引入外资的工作中角色过于主动，导致外商资金的引入工作体系逐渐减弱。在引入外商的任务中，政府不能一味承担主要责任，而要保持领头羊的角色，为地方公司制定合适的法规条例，营造积极主动的投资环境，建立外商与国内企业合作共赢的局面。不能在双方合作中直接取代地方公司的主体性质，与外商谈合作时要求得共赢，方可引来外资。二是招商方向不明确。部分县区没能站在长远的平台上看待发展效应，对企业定位不够准确，抓不住外商资金投入的重难点，对投资企业的选择没有针对性。在景观区域发展项目上，物资运输等产业方面的工作不到位，存在明显问题，在现代高新技术等方面的外商资金引入方面出现停滞现象。

（三）招商引资效果方面

一是与外商达成投资协议后，出现违约、资金不能快速投入使用、有的项目迟迟不能开工等问题。也就是说，近几年虽然外商的资金投入量在大幅度上升，但不能快速投入到建设当中，违约率高，工程难以开展。二是招大引强效果不明显。很多县区仍然没有开发出规模较大、大幅度拉动经济发展的工程，同时对外开放工作进展速度慢。与中央企业、世界500强企业、中国500强企业引进合作力度、深度不够。三是招商引资工作发展不平衡。一方面很多县区在资金引入量、发展工程、产业聚拢效应等方面的发展不够全面，没有主要的发展项目；另一方面是产业发展不均衡。在农业、服务业方面的外商资金引入力度小，仅仅注重工业投资。四是土地使用效率没有达到规定要求。第一是扩大经营范围、增加劳动力的发展方式使得自然资源使用率太低，有些县区借兴办公司的理由随意圈占土地资源，而没有做出相应效益，导致自然资源的荒废；第二是有些落地项目由于缺乏科学论证，无法按期生产，造成多年土地闲置；第三是已经建立产业投资的工程密度和容积率不符合相关规定。

（四）招商引资基础性工作方面

一是项目实施缺乏统一协调规划。通过对县区调研发现，有的签约多年的项目，由于规划滞后，造成项目落地困难。以市生态新城、清浦区商务局集聚区为例，到现在还没有纳入省里总体规划盘子。二是项目包装深度不够。招商项目包装层次低、吸引力不强，仍然处在较低层次上停滞不前。工程设置太过注重外表，不够实际可行，缺少一定的工程前瞻性和实际能动性研究，对工程本身潜力的挖掘不够深入，对资金投入、产业收益和环境没有做出严谨的分析。淮安市一些已经上马的项目由于不符合产业规划要求，不符合环境容量要求，在项目建设中增加了不必要的建设成本。签约落地建设的项目与向客商提供推荐的项目册中项目相符者不多。

（五）招商引资软硬环境建设方面

一是基础设施建设相对滞后。通过调研发现，对于基盐化工产业园区来说，污水处理厂、公租房、供水、供气、供热等尚未建成配套，还不能完全满足入驻项目需要。几个商业聚集区域没能达成预先设定的“七通一平”，大规模工程转变衔接的前期预备不够充足，相应的设施设备基础过于薄弱，保护要素不足，还不完全具备承接大项目的能力。二是投资服务环境有待优化。现如今引入外商资金已经不单单是自然资源、外部条件以及相关政策方面的问题，更开始注重项目本身软硬条件的强弱因素。政府对外商承诺的全面式服务进程没能真正开展，在办理有关证件时程序烦琐耗时太长。相关职能部门主动服务意识不够，服务的质量和效能有待进一步提高。调研中还发现，一些项目从签约到办结相关许可证有 20 多个程序，顺利的情况下需要一年多的时间周期；如果遇到较为特殊的项目，落地时间也许会更长，严重影响投资商对淮安的印象。

三、政府招商引资存在问题的原因分析

（一）地方政府职能设置不优，招商引资工作职能不全

1. 部门垂直管理的局限性

为确保国家调整控制能力逐渐提升，削弱区域保障观念，保证相关法规条例的正常运行，很多例如国土一类的工作任务由各省市直接监管，增强其工作主动性，不受地方政府的监督约束。这在一定程度上削弱了各地政府的监管权力，削弱了政府管理能力。有的政府在引入外资工作中缺乏整体性的监管调整，而是将任务分属到各个专业部门进行监管，使得各部门彼此之间的工作不均衡发展，甚

至出现本位、部门主义等很多没有站在整体性发展角度上的问题。这样一来，政府部门将会耗费很多工作时间在各部门之间协调上，导致一些工程开展速度慢，占用时间多。由于这类直接管理的部门可以不受各地政府的领导，从而加大了政府的工作调整难度，花费大量时间在办理相关许可证上，明显给当地政府在外资引入上增添了难题，不仅阻碍了项目本身的进展速度，同时也阻碍了当地经济事业的发展。

这样的工作体系，如果站在行政监管高度上分析，将会使得当地政府工作范围不够清晰，部门之间任务相互交错不够明确，往往会形成相互推诿、相互“踢皮球”现象。

2. 政府招商职能“越位”、“缺位”和“错位”

“越位”是说政府过多插手市场的发展进程，做出了很多越位的事情。在企业与外商投资的协商事宜中充当主要角色，而将企业本身置于投资项目的幕后，代替企业出面谈工作，寻找合适的资金。“缺位”是说政府没有向企业提供有效的保障和相关公共服务，没有做好自身的工作。如政府在招商引资中，企业进入之前是“亲人”，但企业投产之后即成“陌路”，重引资，轻服务，导致企业对政府失去信任。政府招商职能部门不仅应该做好招商引资的前期工作，还要做好企业入驻后的后期服务工作，这样才能保证企业有信心，政府有信誉。“错位”是说政府过多干预市场，干预企业的商业行为，导致双方的工作范围不够清晰明确，分饰了政府、企业和社会三重角色，从而造成事权不清、相互扯皮。

（二）地方政府招商引资的立法缺位

目前，地方政府招商引资工作的相关立法及规定几乎呈现空白状态，就江苏省和淮安市政府制定的关于招商引资政策法规来说，有《江苏省外商投资企业审批管理办法》《江苏省改善外商投资环境的若干规定》《关于进一步规范招商引资活动加强监督管理工作的意见》《淮安市关于对外商投资企业实行保护的决定》《淮安市关于进一步加强全市招商引资工作的意见》，而县区级地方政府则只制定了关于招商引资的优惠政策。

由此我们能够看到，政府在立法方面的工作缺失，导致县区内的引资工作无法正常进行，使其在监管过程中不能扮演原本的领导角色。同样，作为“理性经纪人”的政府官员很容易从自己的利益出发，滥用职权随意干预市场秩序或者寻租，而社会缺乏相应的法律手段对政府行为进行约束。由于没有一套成形的法律法规约束，在招商引资过程中，出现暗箱操作、短期行为、官僚行为等，从某种程度上阻碍了经济社会的发展。

（三）地方政府领导招商观念陈旧，招商人员综合素质不高

现阶段，我国部分地区政府的传统观念根深蒂固，领导招商观念陈旧。首先是集权思想，如有些地方政府的行政官员还存在高度集权的“全能政府”观念，政企不分，行政干预过度。其次是特权思想，某些官员为维护自身利益，利用自己的特权阻碍政府招商工作的创新。还有我国一些企业领导人受到传统官僚主义影响，在日常工作中不够积极，只是享受权力带来的荣耀感和优越感，不注意企业自身的发展实际，做事情不够果断，特立独行。

四、淮安市政府招商引资工作带来的启迪

（一）树立大开放、大发展，互惠互利的理念

招商引资工作看似简单，实则是一项系统“工程”。招商工作不仅仅是走出去，向企业、老板推介政策，只要资源好、政策好就会来投资。事实上，通过外商引入资金的任务看似简单，实则复杂。在中国现阶段，如果不考虑经济增长速度慢的情况，仅仅就招引外资一方面来说，虽然国家提出了中西部发展的战略，也为此建立了完整的发展体系，但是一些外资对于中西部区域的软、硬环境仍持怀疑态度，即使资源相对较好，政策条件再好，外资企业也不一定会选择投资。有的时候，投资的焦点以及投资的取向不一定是硬环境，可能会来自区域的软环境，比如区域政府的人情味、服务意识等。所以，我们必须在引进外商资金的时候，改变现有理念，提升服务的品质层次，建立科学的工作态度，在资金引入的整个过程中坚持为公司的长期发展而服务，要把互惠互利当作招商工作的准则。我们要明白，企业投资主要是要利润，其次才是社会责任。要千方百计让企业挣到钱，让他们知道，在这里投资是正确的选择，这样才能从根本上留住客商，留住企业。

（二）营造良好社会环境和新型建设平台

实践表明，环境是最稀缺的资源。必须坚持把环境建设作为经济社会发展的生命线，在硬环境建设上，围绕区域建设定位，提高工作起点，规范监管理念，提升投资效率，加强水电等方面的基础设施的支持力度。在开辟新区建设的同时，不断完善生活区、商业区的配套工程建设，将园区建设成为花园式的园区。

软环境建设上，继续在管理、用人、服务等方面进行深入研究，形成便捷、高效、统一的行政体制，坚持“甘做企业保姆”的服务理念，逐渐加强和提升对公司的服务力度和层次，在世界整体经济不断下滑的背景之下，创造出推动公司发展的小环境，增强企业自身信心，以“我行”的实践感动客商，以“我成功”的成效真心留住客商。

（三）不断创新招商方法与手段

在实际招商工作中，要不断拓宽眼界，树立大局观念，又要着眼小处，培养服务意识，狠抓细节。在引入外资过程中，使宏观调控与细节处理相结合，让投资企业体会到政府高品质的服务以及诚恳的态度。有的企业老板生病了，清浦区工业园班子成员会第一时间前去探望，让其感受到浓浓的亲情。正是由于政府与企业形成的这种情感，促使企业更加信任政府，企业老板也直接或间接地把优质项目介绍到当地，推动了招商工作顺利有序开展。

（四）坚持“有利”发展原则

实施招商引资的时候，要利用产业和地区的优势，抓住新时机，坚定走有利的发展道路。对于淮安，应把盐化新材料、特钢及装备制造、电子信息、食品产业作为主导产业，把新兴的新能源汽车和汽车零配件、新兴医药和健康产业作为新产业的“4＋2”创业加强版，连续开展“千亿产业孵化、新兴产业增值、提高以前的产业”三个项目，把淮安建设成长三角北部最发达的创造业地区。要在实施开放引领战略中拓展空间。依据“东融西拓、南联北接”思路，主动实施连接全国或者省内的主要发展决策，主动增加与国际上先进国家、“一带一路”沿线国家的良好关系以及世界对话，增加地区金融合作，加速苏台金融合作样板区的构建，在发展淮台金融合作过程中，创新增加更多的开放型金融效应。

（五）重视“外资”招引，激活“内资”扩量增效

在现实工作中，我们常常重视外国投资，忽略地区投资。实际情况是，地区投资有更多好处，从地区实际性来看，今年投产的烟草薄片、清江石化等项目就是本地新上项目和技改项目，经济社会效应显著。有时外资虽好，但是资金周转慢，往往影响项目的落地以及建设。对现有企业进行技改并扩大再生产，是当地经济增长的一个重要途径。

（六）从招商引资转变为招商“选”资

大力提倡精细招商、精准招商。在招商过程中更加细致、更加科学。抉择项

目的时候要选收益效率高、对社会有利、市场前景好的企业或行业。对于招商引资要有“三看”经验，第一，看是不是符合我国产业政策走向；第二，看是不是达到国家规定的投资力度；第三，看是不是符合环境可循环发展目标。凡有利于本地经济和社会可持续发展的，符合国家产业政策的项目，盯住不放，千方百计予以引进；凡高耗能、高耗水、高污染，可能对本地环境、生态、资源产生破坏的项目，坚决予以拒绝，禁止入区。

五、政府招商引资工作的思考与建议

（一）坚定信心，转变思路，推动招商引资工作协调发展

在招商引资活动中，需要进一步更新招商思路。第一，逐步开放思想，增加信心，坚定“大招商促进大发展”思想，努力做出最好的项目活动，以此进行招商引资。用能源换取技术，用产权换取资本，用市场换取活动，用存货换取增值，把招商引资融入大规模的工作和有战略意义的高度，把它作为各级党委班子、政府机构促进经济社会进步的主要工程。第二，要适时摆正“取”与“予”的关系。要学会换位思考，守住自己的底线，大胆让利；要有算大账、算综合账、算长远账的开明想法，坚定意识地干。第三，增加冲在第一线、善于创新的想法。创新招商引资制度和体系，增加招商引资的目的性和准确性，主动探究县(区)与县(区)之间、产业集中地区之间的利益协调和分享制度，招商引资活动的流转制度，减少不同地区之间对于主要招商引资活动的“不良竞争”。稳定建立重在长久、调节进步的客观招商理念，遵循有规律性、有计划性的发展，统一调节、客观发展，积极促进招商引资，使其有新突破，有很大的进步。

（二）紧密关注国家产业发展政策，建立科学的选择机制

争取一个大的项目，就能促进经济发展更上一层楼；争取一个大的公司，就能促进相关产业配套进步。要时刻注意世界500强公司、有名的跨国公司、行业的龙头企业，掌握公司的发展目标和投资趋势，集中力量引进在产业链构建中起关键作用的企业集团和重大项目。要重视技术进步，把招商引资和技术融合相联系，逐步提高项目质量。要帮助大企业引入战略投资者。有效利用跨国对华战略投资速度加快的好时机，时刻注意长三角产业转移计划，有关机构预备统筹计划，制作中长期的招商引资计划，把每个时期的目标规划好，主动对接有意向性合作的公司或企业，力争思路对接、长处互补、利益结合，把招商引资工作落到

实处。

（三）建立多样化招商机制，增强招商实效

招商引资的主体之一是公司或企业。现在，要促使各公司把招商引资作为其工作内容，以自身的优势来引进外来资源。国家应发挥其积极引导作用，将工作重点放在环境建设方面，构建良好的工作氛围，使企业作为招商引资的主体，发挥更大的作用，更好地施展其抱负。以各公司主要经营的业务为主体，结合目前淮安市的实际状况，从强到弱依次选择五十个公司，探索其产业结构，与各个项目进行单独交流研究，最大程度地进行交易。将通过中介机构来进行交易作为工作中的重点，现在，部分中介单位不仅拥有能力，而且具有良好的内部结构，且有良好的信誉，可以委以重任，这样，不但可以为公司节省费用，而且能够创造良好的创业机会。通过增加招标代理的职位，并寻求中介单位的帮助，能够使交易的渠道大幅加宽，通过外来资源吸引更多的外来资源，使工作效率成倍提高。

利用产业链来推进招商工作的进行不仅仅是一条规律，更是难得的经验，需要继续探索和研究。首先，要将主要产品推广出去。产品链是产业链的内在。要明白产品推广的重点，选准目标，坚持不懈地加以推进。将公司的主要产品优势全方位挖掘，并在原有基础上不断提升，找出纰漏，及时进行改善，寻找产品的突破口，争取更大的进步。其次，正确认识不足，积极引进外来资源优化原有产业结构。对产品结构进行更深一步的探索观察，通过严谨的分析，找到突破的办法。

现在，规律的链式结构的出现是产品转移的最新特点，而这一现象的出现也给我们带来了新的要求：需要强化产品的聚集效应，增强其发展能力。对于产品聚集效应较为显著的企业，要在原有基础上加大对其投入的力度，争取达到更好的效应。这就需要达到以下几点要求：既要将同一范围内不同地区的亮点相结合，按照一定的规律加快企业发展，还要在其原有基础上，以目标产品为核心，清楚分析市场现况，准确有力实施相关政策。还要将城市群及产业园区看作促进产业发展的重要载体，加大投资力度，使其原有的优势充分发挥出来。加快新型工业化及新型城镇化的联系合作，以尽快将集聚发展变为现实。

（四）完善工作机制，强化督查考核

要想准确有效快速提升发展力，就要将抓项目列为发展的重点。现在正在发展的内容就是将来获得效益的源泉，也是以后实现可持续发展的根本动力。项目签约以后的关键是落实到位。那么，下一步就是要将工作的重点放在项目建设

上，应该制定科学的考核办法，将项目考核放到地方政府的年度目标考核体系中，对重大亿元项目由政府重大项目办牵头，相关职能部门配合落实跟踪，促进项目“签约到开工再到竣工最后投产达效”，对项目实行全程跟踪、帮办、服务。在项目实施过程中，遇到问题及时进行会办解决，切实提高服务效率，力促招商项目早落地、早建成、早见效。

对正在开展的招商引资项目进行合理、合适的优化，是目前推动产业更好更快地发展、吸引大量外来资源的落脚点。要想促使项目更好更快发展，就要将其工作重点及之后的发展前景进行梳理，找出其落脚点，并正确合理地对项目发展方向进行预测，以免发生对项目描述不合理的状况。而要达到上述目标，需要做好以下三方面工作：一是以本地区的产品特色及具有突出优点的项目为核心，与本市各地区的产业相结合，使项目更加具有可行性、引领性。二是要准确细致地对招商引资产品进行真实、可信、完整、准确的探索，并制定相关报告，准确选取推进产品发展的落脚点，引进对中国相关行业的发展具有积极影响的项目。三是制定完整项目的目标管理和考察奖励惩处制度，利用一切职能机构，尤其是行政部门参加活动包装论证，积极思考招商引资活动是不是符合城乡发展目标，是不是符合产业发展布局。

（五）建立有效的创新机制，提升现代服务业发展水平

我们的理念是以多领域发展为主导，以旅游、服务行业寻找新的突破点，对外实现各类行业的招商引资。一是大力开展服务业招商引资。通过招商引资构建新型的企业经营模式，引进外国先进的企业管理模式并加以利用，使我国的企业管理结构发生重组。在此基础上，开发出更多新的领域，着重发展生产性服务领域，规范现代物流管理的经营模式，使现代物流行业实现多领域、多途径的发展。近年来，一些新兴产业如物流公司、教育培训机构大力发展。在此基础上，我们应当包装一系列的服务业，使其走向国际，实现对外合作。二是大力开展旅游业招商引资。首先，重点建设旅游服务设施，使游客在一些重点旅游区能使用到高标准的旅游设备。还可以利用外来投资，对旅游景区内的设备进行维修整合。此外，还可以通过招商引资加快建设旅游景区周边的配套设施。利用各个媒体对旅游业进行大力宣传，使旅游客源量稳步上升。三是大力开展城市公用事业的招商引资。应认真研究现有城市公用事业的管理模式，总结好的经营方法，提高城市化建设的管理水平，在更高的平台上对外进行招商引资。其次是利用国际先进的动画设计水平，彰显颇具个性的淮安水文化。大力发展与各类城市公用事

业的合作，提高现有的城市公用设施建设水平，对一些文化、体育项目进行筛选，使淮安的文体产业更好发展。

（六）建立有效监督机制，推动经济社会可持续发展

一是走可持续招商引资路子。要积极开展招商引资的科学论证，不要和科学客观违背，避免不必要的土地资源浪费。二是搭建合格的招商引资公司退出制度。由政府组织，相关职能部门参加，对一些企业长期占地不开工建设的，或者投资达不到要求的，收回土地使用权，对“僵尸”企业，实施“腾笼换鸟”，提高土地使用效率。三是提高招商引资土地供应条件。严格企业准入制度，按照省级土地指标控制要求，跟踪企业土地使用的投资密度和单位产出率。

（七）建立和谐投资软环境，着力打造淮安投资发展新高地

在招商引资活动中，要减弱“政策优惠”力度，把改良投资环境当作工作的重点，建设完备的配套环境和优质高效的服务环境。在构建硬件环境的时候，逐渐改善产业搭配设施，在设施配套、市场环境、物流措施等方面开始调整，根据产业链主动引入上下层配套公司，鼓励和带领地区的中等和小型公司参加改善配套过程，改良供应链条；提高产业承受实力，鼓励有能力的产业聚集地方扩张、改变以及转变，完善产业聚集地区的社会监督和公共服务职责。在构建软环境方面，要建设一个更加良好的工作、学习、生活环境，加快建设产业转移示范区。要加强职责部门的办事能力，提高其规范依法行政水平，这些都和投资者的去留关系密切。

淮安市做强“333”主导产业、增强产业体系整体竞争力研究

（本文撰写于 2022 年）

近年来，围绕高质量发展、狠抓产业提档升级，聚力聚焦“绿色高地、枢纽新城”，淮安市坚持工业化引领、数字化赋能，推动基础再造、产业升级，加快构建现代产业体系。淮安市“十四五”规划明确提出：围绕优化产业结构、提升产业层次，以产业链和先进制造业集群为抓手，集合政策培育壮大“333”现代产业集群，大力推进产业基础高级化和产业链现代化，筑牢实体经济根基，不断提升产业发展竞争力。

“333”工业主导产业为“绿色食品、新一代信息技术、新型装备制造”；“333”农业主导产业为“特优高效种植、特种健康养殖、特色生态休闲”；“333”服务业主导产业为“生态文旅、现代物流、现代商贸”。

发展自己的主导产业，推进产业结构调整和转型升级，已成为淮安市实现高质量发展的核心任务。只有加快主导产业发展，实施主导产业结构调整，促进产业转型升级，增强产业体系整体竞争力，才能更好地促进淮安市经济社会高质量跨越式发展。

一、淮安市“333”主导产业发展现状

随着淮安市工业化进程加快，全市主导产业发展迅猛，产业总量不断扩大，逐步迈入良性快速的发展轨道。具体表现在：

（一）先进制造业培大扶强

落实推动制造业高质量发展实施意见，打造绿色食品、新一代信息技术、新型装备制造三大千亿级主导产业，加快成为长三角先进制造业融合发展集聚区。着力培育十个重点制造业集群，绘制产业链图谱，以龙头企业为核心，推动同类型企业横向联动、上下游企业纵向协同。全年新培育规上企业 230 户、销售超亿元企业 50 户，其中超 10 亿元企业 5 户，新增上市企业 2 户、市级以上“专精特新”企业 85 户。2021 年，规上工业增加值同比增长 14.6%，增幅居全省第三；工业用电量 142.02 亿千瓦时，同比增长 20.7%，增幅居全省第一。

（二）现代服务业做优做特

以建设大运河“百里画廊”为引领，发挥西游乐园、华强方特等龙头项目的带动作用，打造红色文化、运河文化、河湖风光等旅游精品线路，聚力打造长三角重要旅游目的地。提升现代物流枢纽发展水平，完善物流综合信息服务体系，打造一批区域物流运行总部，实现服务功能和财税贡献双提升。统筹推进全市港口发展，组建市港口物流集团，深化与上海港战略合作，打造全国性内河航运中心。打造大宗商品集散、区域消费仓配和食品供应链中心。2021 年，实现服务业增加值 2 237.6 亿元，同比增长 11.6%，增幅全省第二，位列苏北第一。

（三）现代农业提质提效

以提高农业组织化、规模化、专业化水平为方向，聚力打造稻米、小龙虾、畜禽、螃蟹、蔬菜五大现代农业产业集群，使之成为淮安市乡村振兴的新支撑、

农业转型发展的新亮点和文旅产业融合的新载体。今年农业产业集群产值达到600亿元，主要农产品加工转化率65%以上，引进培育年销售收入超5亿元的农业精深加工企业2户以上，积极创建省级区域公用品牌。2021年，实施投资超3 000万元的农业项目154个，新增种植优质食味稻78万亩、高效设施农业6.1万亩、高标准农田49.5万亩、千亩以上连片特色农业产业基地22个。其中稻虾综合种养面积、产量全省第一。

二、淮安市"333"主导产业综合竞争力因素剖析

竞争力是竞争主体(国家、地区、行业、企业等)在市场竞争中争夺资源所表现出来的一种综合能力及其发展潜力的强弱程度，它集中体现为该竞争主体的产品(或劳务)所占市场份额的大小及持续扩张的能力。从分析决定和影响竞争力的原因着手，采取影响因素剖析法，对淮安市主导产业的竞争力状况因子进行初步的评价研究。根据2020年《江苏省统计年鉴》的相关数据，分别计算江苏省13个地市的市场占有率、竞争优势系数和规模效益系数，计算结果见表3-4。

表3-4 江苏省地区工业竞争力及相关因素

地区	综合竞争力和市场占有率/%		竞争优势系数、产品销售率因子、增加值率因子			生产率因子、规模效益系数	
南京	1.42(2)	13.61(3)	1.24(2)	1.02	0.95	1.27	0.13
无锡	1.21(5)	18.56(2)	1.03(5)	1.00	0.92	1.12	0.12
常州	0.93(9)	8.26(4)	0.82(9)	1.01	0.90	0.89	0.08
苏州	1.65(1)	30.15(1)	1.40(1)	1.02	1.01	1.36	0.15
镇江	0.80(10)	4.13(7)	0.71(10)	0.95	1.07	0.70	0.07
南通	1.02(7)	6.32(5)	0.90(7)	0.98	1.03	0.90	0.09
扬州	1.07(6)	4.41(6)	0.97(6)	0.97	1.06	0.95	0.07
泰州	1.25(4)	3.71(8)	1.13(4)	0.92	1.09	1.13	0.09
徐州	1.34(3)	3.71(8)	1.22(3)	0.96	1.27	1.00	0.09
盐城	0.79(11)	1.10(11)	0.69(11)	0.94	1.11	0.66	0.08
淮安	0.96(8)	1.86(10)	0.86(8)	1.02	1.13	0.74	0.08
连云港	0.67(12)	3.56(9)	0.60(12)	0.99	0.95	0.63	0.06
宿迁	0.61(13)	0.60(12)	0.54(13)	0.99	1.12	0.48	0.06

资料来源：2020年《江苏省统计年鉴》

从竞争优势分析看，13个地市中，有5个地市的竞争优势系数高于1，分别是苏州(1.40)、南京(1.24)、徐州(1.22)、泰州(1.13)、无锡(1.03)。淮安的工业竞争优势系数为0.86，排在第八位，属中下游水平。但其增加值率因子(1.13)和产品销售率因子(1.02)均处于江苏省前列，这说明淮安市在产品销售和产品结构及专业化水平上具有一定竞争力。竞争优势系数不高，主要由生产率因子偏低造成，这也反映了淮安工业在生产技术和管理水平方面仍落后于省内发达地区。

（一）竞争优势

1. 产业基础较好

经过多年的发展积累，淮安已经初步形成了盐化工新材料、特钢、电子信息、食品等优势主导产业，新材料、新能源、新医药、软件与信息服务等新兴产业，以及机械、纺织、轻工、建材等传统产业。集聚了一批上规模、有带动力的大中型企业，为实施大产业战略奠定了良好的产业基础。

2. 贴近市场中心

淮安处于全国承南启北的特殊位置，在“长三角经济圈”和“环渤海经济圈”之间，是苏北重要的水陆空交通枢纽。独特的区位，便利的交通，大大降低了产业发展的物流成本，为淮安市主导产业发展提供了较大空间。

3. 营商环境优越

近年来，打造市场化法治化国际化的全国一流营商环境，实现101%超值满意服务，是淮安市委、市政府积极贯彻落实优化高质量发展环境的重要实践内容。全力破除阻碍要素自由流动的体制机制障碍，充分发挥市场在资源配置中的决定性作用，推动有效市场和有为政府更好结合，给客商干事创业、企业做大做强创造一个最优的营商环境。

（二）竞争劣势

1. 产业链条短、附加值低

从产业链来看，目前淮安主导产业主要集中在产业链前端，产业链延伸不够充分，产品加工深度不够，产业配套有待进一步完善，特别是下游产品较少。起到支柱作用的产品，多数都没有形成比较完整的产业链条，深加工增值缺乏整体竞争力。

2. 创新能力较弱

从2021年全市研发投入总量看，仅占全省总量的2.4%，远低于GDP占全省3.9%的比重。从R&D投入强度看，不仅低于全省2.95%的平均水平，也低于全国平均水平(2.44%)，在全省排在第十一位，在苏北也仅高于连云港和宿迁，列苏北第三。从企业内部看，淮安市主导产业规模以上企业的实际研发经费，低的只占企业营业额的0.51%，高的也只有0.92%；其他小企业只有0.23%。

3. 人才尤其是高层次人才缺乏

淮安市发展主导产业亟须的人才，尤其是高端领军人才、高级技术人才和高级复合型人才比较短缺。人才尤其是创新型企业家人才的缺乏是制约淮安市主导产业做大做强的一大瓶颈。当前，淮安市规模以上企业中人才数与职工总数的比例，远远落后于苏南及东南沿海发达地区。据调查显示，在淮安民营企业副总经理以上的高层次经营管理者队伍中，本科及以上学历仅占21%，大专文化程度占38.03%，中专(含高中)及以下占40%。高层次人才数量不足、高层次人才老化严重、高层次人才稳定性差，是淮安市企业存在的较为严重的“三高症”。

4. 龙头企业带动力弱

淮钢特钢占据整个特钢产业的核心，其他相关企业和产品都比较分散，集中度不高，难以形成规模效应。且淮钢特钢自身的产业结构调整正在进行，完全到位需要和本地的整体经济状况以及全国乃至全球的整个经济形势相匹配。近年来，全市电子信息产业保持了快速发展态势，然而，整体看仍然存在企业数量少、产业规模小、产业链配套不完善等问题，产业基础仍然较为薄弱，虽是全市增幅最高的产业，但是离实现千亿元销售收入差距还很大。食品产业的集约化程度依然不高，主要集中在烟草和酒类产品方面，实际驱动力不足，龙头产业带动效应不明显。

（三）竞争机会

1. 战略机遇叠加

近年来，江苏省区域共同发展战略得到有效落实。扶持苏北政策的含金量一年比一年高，运用经济、法律、行政等手段，实行“苏南苏北一市带一市”的帮扶制度和政策，大力推进产业、财政、科技、劳动力“四项转移”，增强苏北的内生增长动力和发展后劲。此外，苏北地区被纳入长三角共同发展的范围，为淮安接受长三角经济圈内发达地区的辐射、产业梯度转移、参与分工协作提供了前所未有的机遇。从资金投入、产业发展、基础设施建设、生产要素供给、县域经济发展、社会事业发展、人才队伍建设等方面出台了具体支持政策，为淮安培育壮大主导产业提供源源不断的资源和动力。

2. 产业转移加快

随着世界经济快速发展，国际资本流动和产业调整转移步伐加快，苏南等经济发达地区产业布局调整和分工转移速度加快。淮安地处经济发达的华东地区，是中国经济发展最快的地区之一。处于长三角这样一个当今中国最具经济活力的区域，淮安在承接产业转移方面具有明显优势，这就为其拓展招商引资、培植千亿元产业提供了难得的机遇。

（四）竞争挑战

1. 区域竞争激烈

淮安市主导产业特别是特钢、盐化工业都已处于成熟、充分竞争的发展阶段，在供大于求的供需环境下，市场已成为稀缺资源。为争夺市场份额，企业已进入微利经营时期，也面临优胜劣汰压力。因此，面对竞争激烈的市场环境，发挥优势、控制成本、拓展产业链已成为企业生存和发展的制胜法宝。

2. 节能减排压力加大

淮安市主导产业特别是特钢、盐化工业是易污染行业，企业生产过程中产生的“三废”成分多、数量大。随着环境法规的日渐完善以及社会公众环境意识的提高，特钢、盐化工企业面对的环境问题日益增多。特钢、盐化工业作为高能耗行业，其综合能源消费量是全市工业平均能源消费强度的 3 倍以上。尽管淮安市环保压力与苏南地区相比相对宽松，但未来主导产业仍将受到很大的约束。

三、提升淮安“333”主导产业整体竞争力的战略举措

（一）在重大项目带动上求突破

在重大项目带动上要紧紧围绕“大项目—产业链—产业群—产业基地”的发展模式，引进龙头项目。

1. 重视对大项目的谋划

淮安要前瞻性抓布局，紧跟国内外产业技术发展的新趋势，谋划一批对特色优势产业整体水平提升具有关键作用和支撑能力的重大产业项目，谋划一批标杆式产业项目，谋划一批产业链延伸项目。

2. 加强与央企和世界500强等企业的对接

淮安产业项目的国内外战略性投入较少，大型中央企业、跨国公司投资的产业项目较少，这也是淮安产业项目偏少的原因之一。因此，淮安当务之急是围绕优势特色产业，紧盯央企及世界500强、中国500强、民企500强企业，加强与这些重要企业的对接。

（二）在骨干企业培育上求突破

1. 做大做强重点企业

一是大力支持重点企业技术创新和技术改造。二是加强土地、资金和煤电油运协调保障。通过“一企一策”针对性扶持，加快做大做强龙头骨干企业，充分发挥其在产业发展中的引领和示范作用。三是进一步加大力度，积极扶持有条件的企业上市。

2. 加大培育大企业力度

在培育大企业的工作中，也应通过建立孵化机制，催化大量微型企业创业成功；建立加速成长机制，推动创业成功的微型企业加速成长为中小企业；建立遴选机制，集中扶持和推动有市场、成长性好、科技含量高的中小企业加快上市，尽快成长为大型企业。

（三）在创新驱动上求突破

1. 加快创新平台建设

充分发挥技术平台功能，通过技术创新，使先进技术在产品定位、产品品牌等方面得到体现。

2. 加快企业自主创新能力提升

进一步强化企业在创新中的主体地位，通过优质创新载体建设、产学研合作、科技企业孵化器建设等，增强原始创新、集成创新和引进消化吸收再创新能力。

3. 加快集聚高端人才

实施紧缺型产业领军人才优先发展战略。加强优势特色产业人才培养基地建设。进一步整合培训资源，力争到“十四五”末建设一批特色鲜明的紧缺高层次人才培养基地、产学研结合人才培养基地、高技能人才培养基地。

（四）在产业发展保障上求突破

1. 强化规划引导

以“操作化、具体化、项目化”为原则，在“十四五”规划的基础上，专门制定“特色优势产业发展专项规划”，进一步明确目标定位、总体布局和发展导向，出台相应的配套扶持政策。把全市优势特色产业发展战略落实到园区规划、产业规划和具体项目上，并加强规划执行落实。建立统一的管理机构，进行规划动态管理，针对产业发展过程中出现的新特点、新问题加以研究，确定阶段性工作重点，逐年分解细化落实。

2. 加大金融支持

针对重点项目给予优惠利率等优惠措施，尤其是所需资金额度大、社会资金不愿流入又能起经济带动作用的项目；针对特色优势产业中的中小企业融资难的问题，要为中小企业融资担保提供可靠的信用环境支持，建立符合淮安实际情况的担保基金运作模式；积极探寻知识产权担保融资、票据融资、股权出让融资、创投基金等新型融资方式为资金的补充来源；积极发展产业投资基金等各类投资基金，通过推进企业上市、企业资产证券化等途径，拓宽企业直接融资渠道。

3. 完善扶持政策

对淮安现有产业的扶持政策、资金进行全面梳理，进一步优化整合，突出重点，集中政策资金向特色优势产业发展倾斜。在资金使用上，突出产业升级、技术创新、公共平台建设等，切实提高资金的使用效率。进一步创新优化对特色优势产业的扶持方式，在直接扶持企业发展基础上，加大产业投资基金、创投引导基金、担保基金等间接扶持的资金比例。努力提高政策管理水平，建立健全高效的政策服务体系，指导企业和基层用足用好各项扶持政策。

淮安培育先进制造业集群的产业链招商体系优化与对策研究

（本文撰写于 2023 年）

当前新一轮科技革命和产业变革深入发展，全球产业链供应链加快重构，现代化产业链招商对培育先进制造业集群至关重要。淮安要实现主导产业力破万亿，全面建成长三角先进制造业融合发展集聚区的目标，就需要在产业链招商认知逻辑和实际效能方面再上一个台阶。为此，针对招商体制机制、方式方法、工具手段及环境营造等方面，淮安将进行调整优化，提出具体对策建议。

一、淮安先进制造业集群的产业链招商背景

习近平总书记在参加十四届全国人大一次会议江苏代表团审议时强调，要牢牢把握高质量发展这个首要任务。加快实现产业体系升级发展是实现高质量发展的重中之重。2023 年 7 月，习近平总书记在江苏考察时强调，要把坚守实体经济、构建现代化产业体系作为强省之要，巩固传统产业领先地位，加快打造具有国际竞争力的战略性新兴产业集群，推动数字经济与先进制造业、现代服务业深度融合，全面提升产业基础高级化和产业链现代化水平，加快构建以先进制造业为骨干的现代化产业体系。

当前新一轮科技革命和产业变革深入发展，全球产业链供应链加快重构。2023 年国务院出台《关于加快发展先进制造业集群的意见》，提出开展集群“强基韧链”行动。省两办印发《加快建设制造强省行动方案》，提出聚焦 16 个先进制造业集群和 50 条产业链实施八大行动。

淮安是传统工业城市，在 2022 年中国先进制造业城市名单中排名第 59 位。以习近平新时代中国特色社会主义思想为指导，淮安深入贯彻落实党的二十大精神和习近平总书记参加十四届全国人大一次会议江苏代表团审议时的重要讲话精神，完整、准确、全面贯彻新发展理念，牢牢把握高质量发展这个首要任务，抢抓长三角一体化战略机遇，进一步细化深化“333”主导产业，聚焦当地制造业优势产业和先导产业，通过持续招大引强、创新驱动、强核补链，着力培育充满活力和竞争力的先进制造业集群。

淮安树牢“项目为王、环境是金”工作导向，聚焦“3530”项目招引任务，不断在提升项目招引高度、精度、速度、力度上出实招、促实效，努力以项目之“进”保发展之“稳”。一大批优质的重特大项目在淮安签约、落户和建设，产业加速扩量提质，新动能不断激发，为经济发展提供了强大支撑。

通过招商引资、转型升级，淮安已经形成了以新一代信息技术、新能源汽车及零部件、盐化矿土新材料、食品“三新一特”等优势特色产业，要实现制造业发展提速增量、提质增效、提档升级，既要集中资源、培育壮大主导产业，又要坚持创新驱动、加快发展新兴产业。淮安要围绕构建现代化产业体系，加强前瞻性谋划、战略性布局，以百亿元级龙头项目为产业之“锚”，着力培育“7＋3”先进制造业集群以及优势产业链，力争“十四五”末形成一批产值超 500 亿元、

过千亿元的产业集群。

聚力培育智能装备及新能源、新能源汽车及零部件、纤维新材料、化工新材料、PCB电子元器件、绿色食品、生物技术及新医药等优势产业集群和人工智能、集成电路、新兴数字产业等先导产业集群。到2025年，力争培育4个千亿产业集群，集群产值占规上工业总产值比重达80%以上，其中优势产业集群、先导产业集群产值年均分别增长15%和20%；到2035年，主导产业力争突破万亿元，全面建成长三角先进制造业融合发展集聚区。这就对招商引资提出了更高的要求，需要招商体系、方式、方法、工具都要再上一个台阶。

纵观改革开放史，各地招商有诸多模式，例如政策招商、土地招商、展会招商、以商招商、数字化招商、资本招商、平台招商、PPP招商等。有别于传统政策招商、土地招商等主要围绕政策红利和土地要素，产业链招商更加科学精准，成为培育先进制造业产业集群质效最高的招商方式之一。近些年，产业链招商已经成为地方政府招商、实现产业集聚的重要手段。相比于传统招商方式，产业链招商并不比拼土地、政策优惠，而是以产业链分析为基础，寻找和弥补产业链薄弱环节，确定目标企业，打造产业集群，突出地方优势产业。许多招商实践已充分证明，一旦将某一产业培育出比较完整的产业链，必然会吸引更多垂直和协作关系的企业来投资，进而盘活整个产业发展大局。

在此背景下，淮安各级开发园区及县区不断吸收、调整、创新产业链式招商策略，产业链培育工作实施意见等扶持政策文件纷纷出台，支柱产业链招商图谱也在陆续编制之中。龙头带产业、产业延链条、链条成集群——产业链式招商已成为淮安市加快推进“7+3”先进制造业集群发展的关键一招。

二、淮安先进制造业集群产业链招商的体系和做法

淮安市于2019年印发了《市政府关于加快培育先进制造业集群的指导意见》，围绕新一代信息技术、新能源汽车及零部件、盐化矿土新材料、食品“三新一特”优势特色产业，重点培育集成电路、应用电子、新能源汽车及零部件、化工新材料、矿土新材料、特色食品精深加工、休闲方便食品、酒及饮料、高端装备制造、生物技术及新医药等10个先进制造业集群。关键是招引了一大批规模10亿元以上，优势明显、具备产业链整合能力的龙头企业进驻淮安。目前淮安市“7+3”先进制造业集群有规上企业1 213户，2022年度实现开票销售

2 226.4 亿元，同比增长 10%。2023 年上半年，淮安获评省制造业创新转型成效明显地区，全市新开工亿元以上工业项目中，“7+3”先进制造业集群项目占比达 79.4%。

产业链招商是围绕一个产业的主导产品及与之配套的原材料、辅料、零部件和包装件等产品来吸引投资，谋求共同发展，形成倍增效应，以增强产品、企业、产业乃至整个地区综合竞争力的一种招商方式。一方面，除促进经济总量增加的直接效应以外，产业链招商如同黏合剂，将该产业的上下游企业黏合在一起。通过产业的高度集聚，极大提高社会生产的组织化程度，通过就近配套、就近采购，甚至一站式采购，极大降低了生产成本，从而增强了竞争力。另一方面，产业链招商可以产生技术示范上的横向和纵向“溢出效应”。横向上，同类企业门对门竞争有助于技术快速进步。纵向上，上下游企业在相互配套适应过程中会不断向先进技术企业靠拢。特别是高端研发环节的引入，能促进整个产业的技术提升，还可能成为相关产业的研发中心、销售中心，甚至是价格形成中心，对于区域产业集群化发展的品牌创建更是强力助推剂。从集群内部的企业来说，集群发展具有多重效应，如溢出效应、交易成本效应、学习效应等，远远大于税收等优惠政策和低成本资源的吸引力，因而集群内的企业更具有根植性。

（一）招商组织领导体系

淮安市推动制造业高质量发展领导小组统筹推进产业集群工作，定期召开工作推进会议，协调解决工作中存在的问题。领导小组办公室具体负责任务分解、工作推进、综合协调、年度考核等日常工作。领导小组各成员单位都制定有细化工作方案，确保各项工作落实到位。各县区(园区)都组织了专门力量负责产业集群推进工作。还成立了淮安市“三新一特”工业主导产业发展推进小组，推进小组下设办公室，办公室设在市工业和信息化局。推进小组统筹谋划促进重点产业发展，研究协调解决重点企业、重大项目的突出难题。为加强招商引资，推进小组分设四个产业招商工作组，由相关市领导任组长，相关县区(园区)和市直部门主要负责人任副组长，统筹推进产业发展规划及政策制定落实、项目招引建设服务、集群平台载体打造等工作。

（二）载体支撑体系

开发园区是产业集群发展的主要载体，各县区(园区)也都要加强园区的基础设施和公共配套建设，不断提升园区对项目的承载力和吸引力。围绕全市发展重点，结合本地实际，找准园区定位和明确分工，谋划产业发展思路和主攻方向，在项目招引、企业培育、要素保障等方面再聚焦，逐步形成特色鲜明的区域产业集群。

（三）人才保障体系

加强人才保障体系建设。对集群引进的高层次人才(团队)，鼓励申报国家和省、市级重点人才项目，对入选国家级重点人才项目的进行相应奖补，对入选“淮上英才计划”的按规定给予相应的资助。探索建立集群产业人才发展专项资金，为集群人才提供精准扶持。支持集群“招院引所”，推行人才在高校等事业单位与集群“双落户”制度。鼓励各地采用人才公寓、租房补贴、购房补贴等方式为集群人才提供安居保障。

（四）加强要素保障

依托现有政府投资基金，设立先进制造业集群投资基金，支持各地整合现有专项资金，加大专项资金改基金力度，引导其他资本参与，对集群内引领性、基础性、高成长性项目给予重点支持。引导市科技成果转化风险补偿资金贷款，支持集群科技型小微企业首贷，鼓励集群积极开展知识产权质押融资和投贷联动试点。逐步扩大贷款风险补偿政策覆盖面，完善企业转贷应急机制，强化对集群中小企业的融资支持。鼓励对集群发展工业用地追加投资、转型改造，合理利用地上地下空间，提高土地利用效率和效益。优先保障集群企业用电、用能需要和重大项目用地需要，优先盘活利用存量建设用地，建设与使用高标准厂房。集群内的创业苗圃、众创空间、孵化器、加速器等项目用地可按照工业用地供应政策进行管理。在集群推进“零土地”技术改造项目上承诺验收制度。

（五）督查推进体系

加强产业集群统计监测，明确集群统计范围和指标体系，每季度发布统计数据。根据产业集群发展实际，定期对产业集群发展情况进行评估分析，对各项工作任务落实情况进行督查通报。

在此体系下，淮安紧扣“7+3”先进制造业集群，强化强链补链延链，深入研究每个产业集群的发展趋势、市场布局、产业政策等情况，对照江苏省“1650”产业体系，初步梳理细化出拟重点培育的28条产业链，逐一编制招商指南、绘制产业图谱，系统梳理行业头部企业、上下游配套企业、平台机构等，为全市产业招商提供智力支持。同时，聚焦产业特别是制造业发展不动摇，以长三角、珠三角为重点方向，坚定不移“走出去”，更大力度扩大开放。今年，在杭州、深圳、上海举办投资环境说明会后，瞄准上海在产业链、科技链、人才链以及价值链整合等方面的突出优势，精准对接重点产业链“链主”企业开展项目招引，为高质量发展蓄动能、强支撑。如今，以南高齿、比亚迪为代表的高端装备制造产业集群持续提质；以中天钢铁精品钢帘线、巨石玻纤、台华高端锦纶为代表的新材料产业集群快速崛起；以天合光能、捷泰为代表的新能源电池产业集群加快布局。相关产业链上下游的企业在淮安呈集聚态势，“7+3”先进制造业集群成群成链加速发展。同时，淮安始终秉持101%服务理念，以创新的思路与举措、务实的担当与作为，做到服务精准高效、企业保障有力。对照当前“全国一流、全省领先”总目标，正全力打造“物流成本最低、要素成本最低、服务环境最优、办事效率最高”的营商环境，真正让来淮安投资创业者感到“吾心安处是淮安”。向优而行的营商环境，也将持续为淮安先进制造业集聚发展赋能“加码”。

三、淮安先进制造业集群产业链招商面临的问题与挑战

当前，淮安各地在产业规模、集聚效应上的优势逐渐显现，产业向开发园区集聚，产业链、供应链体系初步构建。但是，部分地区的产业发展水平仍参差不齐，“链主”式企业不多，产业链条不长，配套企业少，产业附加值更是偏低，导致整体产业竞争力不强，产业集群发展程度不高。

（一）招商体制不完善

各县区、开发园区党政领导极其重视产业发展，但是市级产业链招商体制尚不够健全，具体体现为缺乏全产业链招商规划，在创建特色产业园区上，从产业前期孵化、研发到制造、产业链条化和后期配套服务，为链内企业提供符合全产业链要求的承载空间和服务体系方面尚有所欠缺。对战略性新兴产业链发展缺少年度、季度工作计划，相关工作如龙头企业和“专精特新”“小巨人”培育、共性技术支持平台培育则进展迟缓，目前只有淮安经济技术开发区拥有4家国家级“专精特新”“小巨人”企业。因未形成责任明确、分工明晰、沟通高效、协同有序、联动有效的全产业链招商体制，个别地区产业发展规划虚化，空间布局零散，招商工作方向路径不清，产业发展迟缓。

（二）市域招商协调机制不健全

产业链招商是一项系统工程，倒逼市域的招商引资工作必须体现全局观念和系统化思维。而传统招商引资工作缺乏全市“一盘棋”思想，县、区招商引资和

投资促进各自为政，造成项目招引无序竞争，带来了城市空间和产业布局的碎片化。如有多地的主导产业共同定位在新能源装备汽车、电子信息、化工新材料等产业上，缺少全市重点产业布局指引。要想配齐配强全市各方力量，还必须高效衔接统筹好这些战略性新兴产业，以实现集群式发展。

（三）招商模式单一通过

对淮安产业链招商引资现状分析发现，部分产业园区或驻点招商团队在招商引资过程中还惯性依赖政府优惠政策，存在大量传统政策招商、土地招商的弊端，如招商主体单一、推介形式单一、招商宣传方式单一、数字化云招商发展滞后等。这些问题不破解，将不利于产业链招商成效的提升。

（四）产业创新环境不优

淮安市累计创成 6 家国家级火炬特色产业基地，建有省级工程技术研究中心 12 个、市级工程技术研究中心 43 个、省级产学研联合重大创新载体 6 个。但是淮安市在全国有重要影响的标志性产业链还少，缺乏国家级实验室、国家级产业创新中心(工程研究中心)等“国字号”重大创新载体，影响战略科学家和高端创新人才规模化集聚。获得国家重点研发计划资助的重点专项、国家关键核心技术攻关方案和国家科学技术奖数量也比较有限。淮安还缺少强化政策要素集成支持，不能打造创新型企业集群，无法有效提升企业技术创新能力，缺少政府、企业与大院大所共建共享产业公共研发和科技公共服务平台。

（五）招商队伍专业能力储备不足

产业链招商需要大量高素质复合型人才。而目前淮安高素质的专业招商人才匮乏，一定程度上削弱了产业链招商的成效。产业链招商要求招商人员不仅具备坚实的专业能力，更要具有金融管理、投资、国际经贸、法律及相关行业的专业知识和良好的外语水平以及产业发展的相关知识，还需要具备高尚的职业道德，面对招商难题，能走得出去、请得进来，敢啃硬骨头，具备吃苦的干劲和闯劲。目前全市招商队伍中对新一代信息技术、新能源汽车及零部件、盐化矿土新材料，以及食品等战略性新兴产业和优势特色产业有全面深度掌握的人员占比不高，亟须加强相关产业知识的教育培训。

四、淮安先进制造业集群产业链招商的优化策略及方向

产业链招商从经济地理学角度看，背后的逻辑就是不同要素资源以产业为主

要形式，在不同地域系统从发展到集群，再到构建创新集群的转变，这是大势所趋，必须因势而为，是顺应产业形态演进的必然选择。要把准现代产业发展规律，面向先进制造业集群招商，构建产业生态，就必须细化分析其内在逻辑，科学研判新形势，才能有效防范产业陷阱，也有助于改进招商引资的思路、策略、方式和方法。对产业链和产品的精准解构则是做好招商工作的重要基础。传统招商都要对引进项目进行研判，但仅停留在定性的、粗浅的分析层面，就产业链论产业链，这种粗放式和局部式招商不仅会带来土地等资源的浪费，还可能引发产能过剩等社会性问题。

根据淮安市目前成规模的产业基础和制造业实力，客观分析新一代信息技术、新能源汽车及零部件、盐化矿土新材料和食品战略性新兴产业和优势特色产业等在现行产业链招商体系上出现的问题。必须科学遵循产业集聚理论规律，借鉴先发地区招商先进经验，对淮安市制造业产业链现行的招商体系进行优化和重构。重新建构的过程需要借助大数据和信息化手段，从产业链上相关产品、配套服务能力、市场空间承载力等方面对引进项目进行精准研判，降低各种风险，最终形成完整的大数据精准招商系统。其根本的内容就是将客户复杂的数据集合成相互关联、相互影响的数据，而不是盲目地无规律地堆砌信息，以此取得招商引资的精准研判，确保系统给出的是多维度综合分析的结果。

（一）实施全产业链招商引资策略

产业链招商引资当中，要细化每个产业链的突破方向、发展目标、具体举措，加大对产业链的垂直整合和横向集聚力度，做大产业规模，培育具有竞争力的产业集群。为强化产业链招商引资领导工作，规定每条产业链的建设由一位市领导负责，形成服务和保障产业链建设的浓厚氛围。围绕产业链的建设，强化生产要素保障，尤其是资金链的保障。要制定政策支持产业链发展，在用地、用电等方面，对产业链上的相关企业实行倾斜。围绕五大千亿级主导产业链招商，编制重点产业招商指南，绘制产业图谱、企业图谱、产品图谱和研究机构图谱，摸清产业链核心企业、龙头企业、上市公司情况，排出科技研发类、中介服务类、检测中心类机构，推动链主及上下游配套企业引得进、留得住、做得强。通过已落户的龙头项目，引荐产业链上下游企业和客商，推动“撒网式招商”向产业集群、产业链集聚转变，制定全市“7＋3”先进制造业科学、合理的集群招商指南。

（二）实施产业链和创新链融合联动策略

淮安要实现先进制造业产业集群发展，核心关键是要聚焦培育传统支柱产业、新兴主导产业两大产业集群，把握“增资扩产、转型升级、招大引强”路径要求，加快建设有国际竞争力的先进制造业基地、长三角制造业创新基地。一要全力实施“双轮驱动”，引导传统支柱产业提升层次能级，加快新兴主导产业培育腾飞，打造区域生产性服务业基地。二要全力推进“两链融合”，突出提升科研能力、成果应用转化、企业主体作用，加速创新链与产业链融合发展。三要全力推动“两化两增”，大力实施企业智能化、节能化改造，支持企业增资、增产，催生更大裂变效应。四要全力攻坚“双招双引”，以更开放的胸怀大抓招商引资、招才引智，推进平台提升、项目攻坚。五要全力优化资源配置，推动要素向优势平台、优势产业、优势项目集中。六要打造高能级创新平台，这是城市汇聚创新资源、强化辐射带动的关键利器。七要营造良好的产业科技创新生态环境。

（三）实施产业链差异化发展策略

要抓规划，进一步完善园区产业布局，加快融入长三角一体化建设，努力打造发展新优势。抓项目，列出市县镇三级项目表，扶持企业加快技术改造、增资扩产，实现产业优化升级，同时加强招商引资，力促一批新项目上马。抓企业上规入库，研究落实包括税收、供地、银行贷款、技改资金等在内的“一揽子”优惠扶持政策，进一步鼓励企业做优做强。抓服务，对上争取政策、吃透政策；对下宣传政策、用活政策，为企业发展提供强有力的保障。抓机制，大力开展简政强镇事权改革，扩大基层经济社会管理权限，激发各县区特别是工业重点镇、专业镇、特色镇的发展活力，努力打造一批市一级的工业强镇。

（四）营造高水平的投资营商环境

编制一本产业招商地图。借助外脑、依托外力编制淮安市产业招商地图，将载体平台、集聚产业、配套产业情况，土地、厂房、办公楼等可用招商空间整合在一张地图中，标明物流、劳动力、水电气价格等运营要素。

设计一本投资指南。在往年投资指南基础上，吸纳借鉴上海、合肥等地营商环境报告中有益部分，更新图片与表述，让客商对淮安的情况一目了然，使之成为宣传推介投资环境的重要窗口。

编印一本政策指南。全面梳理市级层面商务、工信、发改、科技、人社等领域的最新政策，并加以概括解读，编印成册并在全市发布。

梳理一套标准流程。全面梳理产业投资项目从签约到开工的全流程行政审批事项以及涉及的部门单位，让项目审批流程可视化。

制作一部宣传影片。与知名影视公司合作，拍摄制作新版投资淮安宣传片，全面、直观地展现淮安营商环境。

发挥机构纽带作用，加强与商会、协会合作，与知名中介机构、台商开展委托招商，聘请知名投行为淮安招商合伙人，拓展优质项目资源。在继续加大与高力、第一太平戴维斯等投行合作基础上，探索与德勤、安永等会计师事务所合作，积极促进与浦东外企协会、上海美国商会、中国欧盟商会等投促机构建立合作关系。拓展基金招商路径。推动现有市级 5.15 亿母基金扩容至 50 亿。充分发挥金融控股集团、国联集团、交通控股等国资平台作用，与北京、上海、深圳等地知名基金公司、资本平台合作，撬动资金密集型、超百亿级工业项目落户淮安。

（五）实施数字化招商策略

先进制造业产业链招商引资体系优化的目标是依据本地区的政策、资源、产业发展需求、市场条件等因素，投入适当的招商资源，采用合适的招商模式，发挥比较优势来契合投资者需求，减少其投资成本和风险。要实现先进制造业最终在淮安投资落户和兴业，就要围绕全市 7 个优势产业集群和 3 个先导产业集群，对相关产业链招商上的几大要素(产品、产业、产业链、生产和消费市场、党政军民学等人脉资源、区域文化、招商制度)进行充分解构，在此基础上绘制好产业、企业、产品、研究机构和人脉、文化制度六大图谱，并采用信息化手段使要素在图谱上形成直观易用的大数据，开展强链、补链、延链招商。同时，系统构建招商大数据新体系，还需要对传统招商体制进行必要的优化调整，在一个顶层领导体制即成立市重特大项目攻坚指挥部框架下，设立招商新版图办公室，建立六大配套机制：市级主导县区参与的新版图编报机制、招商活动一二三级响应机制、新版图推进监督考核机制、新版图知识产权及保密机制、新版图信息化建设及维护机制、新版图与其他系统资源对接嵌入机制。

第四章　绿色篇

淮安市现代农业产业体系建设的对策建议

（本文撰写于 2016 年）

推进现代农业建设是解决我国农业问题的突破口。淮安市现代农业产业体系建设取得了很多成绩，但还存在农户规模小、龙头企业竞争力不强、生产基地科技水平低、市场体系建设发展滞后、农民素质较低等问题。针对淮安市现代农业产业体系建设中存在的这些问题，淮安市需拿出加快现代农业产业体系建设的对策。

淮安是农业大市，但不是农业强市。随着我国经济进入新常态、改革进入深水区，农业发展的内外环境正在发生深刻变化，特别是随着“互联网+”时代的到来，产业跨界融合趋势明显，也为农业发展带来了新的机遇。如何在新形势下抢抓发展机遇、加快构建富有淮安特色的现代农业产业体系，对于全面提升农业经济质量和效益，实现淮安从农业大市向农业强市的转变显得尤为重要。

一、发展现状

近年来，淮安市根据中央和省委关于“三农”问题的决策部署，深化体制机制改革，不断优化农村产业结构，加快推进农业产业化经营，着力推进传统农业向现代农业转变，取得了一定的成绩。

（一）基本情况

2015 年，淮安市紧紧围绕中央和省委农业农村工作会议要求，全面落实各项支农惠农政策，突出重点，狠抓落实，努力推动农业发展。全年，淮安市农业农村经济继续保持平稳发展态势，实现农林牧渔业现价增加值 244.34 亿元，按可比价格计算，比上年增长 3.4%。渔业产业化水平持续提升。水产品总产量 13.7 万吨，其中，捕捞产量 1.1 万吨，较去年略增。新、改建池塘面积 3.94 万亩，其中新建池塘 0.45 万亩，改造低产池塘 3.49 万亩；新增高效设施渔业 2.57 万亩，占比达 23.2%；19 个水产品加工企业加工量达 1.5 万吨，16 个水产品批发交易市场交易量 20.46 万吨，交易额 23.95 亿元；家庭渔场 241 个，渔民合作经济组织410个，渔民参合数8 076户；休闲渔业91家，规模5.2万亩。

农业龙头企业带动作用不断增强。2015年，40家省级以上农业龙头企业实现销售收入68.4亿元，同比增长5.3%；251家市级农业龙头企业实现销售收入144亿元，同比增长6.1%。291家市级以上农业龙头企业共带动农户数88.2万户，增长7.1%。

农村劳动力转移人数稳中有增。据农村劳动力转移调查结果显示，截至2015年底，淮安市农村劳动力总量211.47万人，转移劳动力146.53万人。其中，2015年新增转移0.15万人，农村劳动力转移人数占农村劳动力总量的比重达69.3%，比上年末提高0.4个百分点。目前，淮安市农村转移劳动力中，输出劳动力总量为106.64万人，占农村劳动力总量的50.4%。

（二）主要特点或特征

1. 农业生产条件和主要农产品产量不断提升

2015年，农业机械化水平不断提高，农业机械总动力合计达到18 988 499千瓦。从拖拉机的类型来看，小型拖拉机为222 462台，而大型拖拉机仅为17 001台。收割机械数量也在增长，联合收割机达到9 596台，机动脱粒机为23 497台。农副产品加工机械数量比较多，其中粮食加工机械为28 995台，水稻加工机械4 008台。从农田水利建设状况看，2015年淮安市有效灌溉面积为524 040公顷，灌溉能力不断增强。

2015年，全市粮食总产量达467.22万吨，比上年增加0.03万吨，实现十二连增。其中，夏粮总产量177.37万吨，比上年减少2.06万吨，下降1.1%；秋粮289.85万吨，比上年增加2.09万吨，增长0.7%。全年猪牛羊禽肉产量21.37万吨，比上年增长1.4%。猪肉产量19.42万吨，下降4.5%；禽蛋产量13.27万吨，增长2.0%；牛奶产量3.76万吨，增长4.5%；水产品产量17.86万吨，增长2.7%。2015年，全市粮食播种面积987.36万亩，比上年减少0.43万亩；亩产473.2公斤，比上年增加0.2公斤；总产同比持平略增。

2015年，全市小麦播种面积456.99万亩，比上年增加0.98万亩，总产量175.92万吨；全市大麦播种面积2.79万亩，总产量1.08万吨；蚕、豌豆播种面积1.83万亩，总产量3 671吨。全市秋收粮食播种面积525.75万亩，总产量289.85万吨，其中全市水稻播种面积438.89万亩，总产量260.95万吨，玉米播种面积50.23万亩，总产量18.45万吨；秋收豆类总产量4.92万吨；秋收薯类总产量5.53万吨。

2. 农业生产趋于区域集中

淮安市地处黄淮平原和江淮平原，地势平坦，地形地貌以平原为主，只有市境西南部的盱眙县有丘陵高地，地势较高。全市耕地中水田比重最大，占三分之二。由于灌溉条件优良，风调雨顺之年，全市大部分耕地可高产稳产。林地主要分布在盱眙县丘陵地区，牧草地也几乎全部在盱眙县境内。

而淮安市的淮阴区由于地势平坦，适宜水稻种植，其中土地总面积126 400公顷，耕地65 000公顷，占土地总面积的51.04%；2015年，粮食种植面积137.18万亩；油料种植面积8.48万亩，减少0.83万亩；蔬菜种植面积43.34万亩。全年粮食产量170.96万吨，占淮安市粮食总产量的36.4%。全年肉类总产量12.3万吨，占淮安市肉类总产量的56.7%。全年水产品总产量7.86万吨，占淮安市水产品总产量的41.1%。由此可见，淮安市的农业生产过于集中化，主要集中在淮阴区一带。

3. 农业产业结构调整初见成效

农业产业结构是指农业系统各组成部分产值的比例关系。农业产业主要包括种植业、林业、畜牧业、渔业和农业服务业。2015年，淮安市农林牧渔业总产值达到2 781 385万元，其中农业占比59.17%，林业占比1.83%，渔业占比30.87%，牧业占比0.15%，农林牧渔服务业占比7.99%。种植业结构为粮棉水稻主导型，畜牧业结构为禽猪主导型，全市农业产业结构属水稻、畜禽主导型农牧结构。当然，不同地区又体现出了差别化的农业结构特点，淮阴区、淮安区等区域水稻产值占本地区农业总产值比重为50%～60%，水稻种植业成为第一产业，属于粮食主导型结构。而涟水县、金湖县、洪泽县的畜牧业产值占比超过20%，渔业产值超过粮食和牧业产值，占比30%以上，属于渔牧主导型结构。通过农业产业结构调整，农产品产量增长较快，促进了农业总产值的增长。

4. 农产品加工业和龙头企业初现规模

农产品附加值的提高依赖农产品加工水平的提升。随着居民消费水平的提升，淮安市农产品加工业由小变大，由弱变强，发展迅猛。到目前为止，淮安市现有国家级农业产业化重点龙头企业3家，省级龙头企业26家，市级龙头企业143家。水稻、肉类、果品、蔬菜和水产五大加工产业发展强劲，在全国处于领先和优势地位。这些都说明淮安市农产品加工业发展达到了一定的水平，农产品加工能力不断提升。

5. 乡村旅游业平稳发展

农业休闲观光与乡村旅游业是传统农业与传统旅游业互相渗透的产物。淮安市具有丰富的旅游资源，大致包括四类：一是山水生态资源，如全国第四大淡水湖——洪泽湖；水上长城——洪泽湖大堤；国家级森林公园铁山寺、第一山等十几处。二是历史文化资源，如韩信故里、水下泗州城、明祖陵、吴承恩故居、梁红玉祠、关天培祠、周恩来故居景区、周恩来童年读书处、古淮河生态文化园、古黄河湿地公园、里运河文化长廊等。三是列入世界文化遗产的风景区，如清口枢纽、漕运总督部院遗址等。四是园林景观与农业园区资源，如农业观光好去处金湖万亩荷花荡、钵池山公园、楚秀园、五岛公园等。2015 年，淮安市共接待游客近 1 010 万人次，创历年新高，旅游收入逐年增加。特别是盱眙县创新发展旅游资源，免费开放境内所有 4A 级旅游景点，极大带动了当地旅游产业的发展。

二、存在问题

尽管当前淮安在现代农业发展中取得了明显成效，但仍然存在一些问题：

(1) 产业体系特色不明显。农业产业结构趋同化明显，农业主导产业增收空间较小。

(2) 新型农业经营主体实力不强。农业从业人员素质不高，农业规模化经营水平有待提升。

(3) 农业基础设施仍较薄弱。受投入能力等因素制约，淮安市对农业基础设施建设投入力度仍显不足，农业基础设施仍较薄弱。

(4) “互联网+”思维亟须强化。目前，淮安市农业信息化服务虽然已有一定基础，但物联网技术应用、农产品电子商务发展水平不高，缺乏良好的农业信息化建设环境和多层次的农业信息服务体系。

(5) 产业跨界融合发展不足，农业与其他产业之间融合度不够。主要表现在农业内部产业整合型融合有待提高，比如种植与养殖融合不足；农业产业链延伸型融合不足；农业与其他产业交叉型融合不够，比如农业与文化、旅游业的融合。

三、问题分析

（一）农业基础投入不足

从农村固定资产投资来看，农林牧渔业固定资产投资增长缓慢。以 2013 年为例，淮安市农村固定资产原值增速超过了农林牧渔业固定资产投资增速大约两个百分点。而到 2014 年，它们的差距则扩大到七个百分点，虽然 2015 年两者的差距有所下降，但仍然有着较大的不协调。与此同时，大中型铁木农具投资的增速由 2012 年的 2.07%增长到 2013 年的 9.14%，2014 年下降为 7.05%。由此可见，与其他农村投资相比，农林牧渔业固定资产投资增速特别是现代农业生产方式的增速较慢，远不能满足农业现代化建设的需要。

（二）农业产业结构不合理

农业产业结构不合理可以从农林牧渔业总产值构成比例关系以及增长变化情况来展现。2011 年，淮安市农林牧渔业总产值达到 541.01 亿元，农林牧渔业总产值构成比例为 53.45∶0.16∶8.18∶38.21。相比而言，淮安市的农业产值比重仍然偏大。2015 年，淮安市农林牧渔业总产值达到 659.6 亿元，其中农业产值占比 59.17%，林业产值占比 0.15%，牧业产值占比 9.81%，渔业产值占比 30.87%。由此可见，淮安市农业生产经营以种植业为主，种植业内部结构不尽合理。

（三）农业产业化发展缓慢

农业产业发展的缓慢，直接制约了淮安农业的现代化转型。虽然近些年，淮安市从事农产品的龙头企业在数量上有所增加，但是规模都比较小、经营实力也不雄厚。企业与农户的利益存在很大的矛盾，也制约和影响了农业产业化发展的规模和速度。一些企业为了追求自身利润最大化，必然会尽可能降低农民的经济收入。换言之，淮安市的农业产业组织化程度低，存在体系不健全、不规范，农民与中介组织之间关系松散，还未形成规范且完善的服务机制。

（四）农业科技水平落后

总体上看，淮安市现代农业科技水平还比较低。主要体现为：农业科技投入少，在政府的公共支出中占据的比例较小；相关的高新农业技术推广程度不高，而高新农业科技人才则存在数量不足、技术水平差等问题；农业科技服务内容单一且老化。2015 年，淮安市农技推广机构共计 94 个，农业科技推广人员仅 500 多人，不仅数量少，而且学历偏低，农业科研成果推广率只有 20%～25%。现有农技推广人员中 80%的专业技术人员以粮棉油种植、畜牧、农机等传统农业为主，提供产前、产中、产后专业知识服务的人很少，服务于蔬菜、瓜果、水产的人员不到 20%，距科技农业的要求甚远，农业科技水平极其落后。

（五）劳动者素质不高

大部分农民文化层次较低，缺乏农业生产技能。从事农业劳动者的科技文化水平低，这不仅影响了农业生产规模的扩大，也对农产品的质量有着直接影响。而淮安农业就业人口的转移和城市化进程的加快，必然会对农业发展带来实质性的消极影响。从现状看，淮安市现有农业从业人员以“3899”为主，即以留守妇女、老龄人口为主，他们接受新事物、新技术较慢。农业经营者很难找到合适的农业劳动力。

四、淮安市农业现代化建设存在问题成因分析

（一）农业基础设施薄弱，抗御风险能力不强

土地治理和农田水利基本建设滞后。在淮安耕地中，中低产田占了 45%。淮安市自然灾害频繁，特别是旱涝灾害、病虫灾害基本上每年都会发生，灾害面积占播种农作物面积的 40%。而淮安市的抗灾能力不强，这就使得大灾大减、小灾小减的状况没有从根本上得到改善。这就会使得淮安的农业生产处于不稳定的状态之中，波动极大，影响了农业生产的积极性。此外，农业生产的机械化水平低。淮安市机耕、机播、机收面积所占比例分别为 80%、38%和 32%，农业综合机械化率只有 50%，较大部分的农业生产主要依靠畜力或人力。

（二）农民的组织化程度低，难以推进社会化大生产

近些年，虽然淮安的农业生产产业化水平有了较大提升，出现了一些专业性的农业合作组织以及农民企业家，但是在总体上，淮安市的农业组织化水平还不高，存在规模小、数量少、结构不合理等问题，各种农村专业合作组织尚处于低水平发展阶段。目前，淮安大约 70%的农户游离于产业化经营组织之外，“公司＋基地＋农户”或者“公司＋中介组织＋农户”的模式还未普遍推广，即使有这样的组织也较为松散。淮安的农业经营龙头企业以及合作经济组织对农民利益方面关注还不够，这就使得在与这些企业或中介组织互动过程中，农民的切身利益

得不到有效维护，挫伤了部分农民的生产积极性。另外，一些“农民组织”也不能为农业规模化生产提供资金技术上的支持，对农民生产的服务工作还不够到位。

（三）农民知识化和农业科技化水平低，现代农业发展的动力不足

在淮安的农村劳动力中，总体存在素质较低、知识文化水平不足的问题。其中，仅具有小学以下文化程度的劳动力占了28.1%，初中文化程度占53.8%，大部分农业劳动者并未获得过现代农业的教育或相关农业技能培训。随着城市化进程的加大，高文化程度的农业劳动者逐渐转移到城市或其他产业部门，进一步加剧了农业从业人员整体素质下降，必将会抑制现代农业科技的高效应用，使农业技术发展始终处于一个相对较低的水平。农民的农业科技知识水平低，不仅成为淮安市现代农业发展缓慢的一个重要原因，也是全市加速农业现代化建设进程的重要限制因素。

（四）农业资金匮乏，投资增长缓慢

农业是弱质产业和高风险产业，生产周期长、生产效率低，较服务业或者工业缺乏优势。在农村地区，大部分资金流向非农产业，加之长期以来，财政部门在各产业的投资结构不合理，农业投资和融资体系不健全，造成农业现代化建设资金投入严重不足。这主要体现在：投资结构上主要偏向工业等产业部门，农业发展的政策扶持力度不足，农业生产的土地流通限制，妨碍了农业的扩大化再生产或规模效应的取得，农业自身的资金周转速度相对较慢，也影响了农民将资金投入到农业生产的积极性。

（五）农业现代化发展的基础薄弱和环境不够优良

从农业资源看，淮安市耕地面积虽多但人均较少，而且这种局面还在加剧，耕地面积每年都在减少。此外，化肥农药的大量使用，对淮安市的耕地造成了不同程度的污染，这已成为淮安农业生产发展的一大制约因素。它不但影响了农业可持续发展，也限制了现代生态农业的发展。

从市场角度来看，淮安城市化程度低，工业化水平有待提升，市场对农业生产的需求不是很大，这无疑影响了农业生产的积极性，难以促进淮安现代农业的整体转型。

从服务体系角度看，淮安市尚未形成较为完善的现代农业服务发展体系，不能及时为农产品、农民提供市场需求信息相关的服务。针对农业生产的技术支持

指导的服务业尚不够普遍，农民的农业生产技术仍处于传统农业的形态。

五、对策建议

（一）农业现代化建设政府层面的政策建议

1. 设立农业现代化建设专项议事机构

在现代化农业建设过程中，淮安市政府应该构建一个协调农业现代化建设的专项议事机构，对农业现代化建设进行统一规划、统筹管理。政府要合理定位农业区域功能，规划农业区域，切实发挥资源优势，提高资源利用率。区域的定位和规划具有很强的现实意义，应针对不同区域做好适合的功能定位，最大限度地发挥区域优势；应出台区域的建设规划和相关配套政策，强化政府部门在引导资源合理配置中的作用，加强农业区域协调科学发展；应根据经济社会发展需要和现实趋势，有针对性、前瞻性地发挥区域功能，合理开发、有效配置，加大资金投入，强化农业建设，做到充分利用农业区域潜能，为淮安市经济发展和农业现代化推进提供更好的场所和条件。

2. 完善政府在农业现代化建设中的作用

政府在产业的发展中具有重要的引导作用。淮安生态农业、现代农业发展，需要政府在其中发挥积极作用。因此，淮安市委、市政府要高度重视农业产业政策的制定，注重环境保护，着眼“可持续发展”，提高资源利用效率；在现代农业发展过程中，各级政府应不断提升自身的职能服务水平，为农村农民提供信息咨询、生产服务、技术援助等服务。政府在制定农业发展政策或产业布局过程中，还需要充分考虑自身地域特点，合理谋划产业的发展之路，使淮安各地基于自身资源优势形成不同的农业生产区域。政府要加强产地环境的管理和源头治理，实行严格的农业投入品使用管理制度，完善农产品产地准出、市场准入机制，推进农业标准示范区、园艺作物标准园、标准化规模养殖场、水产健康养殖场建设，突出农产品知名品牌、区域公共品牌创建，增强农产品市场竞争力，建立不合格原粮处置机制，加强动植物疫情疫病监测防控，保障农产品和涉农产品消费安全，深入开展食品安全城市和农产品质量安全县(区)创建，推进农村食品安全治理行动，落实生产主体责任，严惩各类食品安全违法犯罪。

（二）现代化农业建设体制机制创新

1. 经营机制创新

农业现代化建设离不开农业现代化经营主体，其中最为重要的是提升农业的组织化能力。在现有土地制度下，基于农村农业发展需要，积极创新土地流转机制，才能为农业的集群化、规模化发展提供土地资源；农业生产经营组织创新要尊重农户生产经营的主体地位，充分激发农村生产要素潜能；发挥龙头企业的带动作用，引导其与农民建立农业生产利益分配机制。同时，引导农民、企业或者集体经济组织发展农业专业合作组织，各利益主体实现多层次的合作，提高农业规模化生产程度，进而增强农民的抗风险能力。

2. 科技机制创新

要夯实科技创新平台，提高服务能力建设。提高现代化农业科技成果的产生率和转化率，需要加强现代化农业服务能力的建设。一方面建设好硬件服务设施平台，另一方面通过现代化的制度和管理平台建设，优化各粮食产区创新与创业环境，如加强农业信息网络设施建设，缩小城乡“数字鸿沟”以促进农业现代化。要整合传统渠道，建立高效的农业科技推广体系。积极扶持龙头企业，提高自主创新能力，建立多主体合作创新机制，提供强大的技术支撑，坚持经济效益优先原则，选择高效的农业科技示范项目进行推广，改革农业科技组织结构，加强社会科技服务组织建设，深化产权制度改革。要深化科研单位人事制度改革，特别是用人制度、分配制度和激励制度等方面的改革，调动科技人员的积极性和创造性。改革重点在于减员增效，突出科研人员地位，减少管理人员和勤杂人员比重。此外，要改革分配制度，对于不同岗位制定不同的绩效考核办法，平衡好科研人员和开发人员的利益关系，鼓励科研机构、农业技术推广部门带头推动农业现代化建设。

（三）完善现代化农业建设重点对策措施

1. 加大农业现代化建设投入

淮安市政府应加大对基础设施的投入，将重点放在建设和改造农产品专业批发市场上，从而增强农产品批发市场的带动功能；要增加对农业产业技术体系的投入力度。为此，应建立重点科研专项，加强对淮安市本地特色农产品的技术研发；要建立和完善专项农业财政补贴体系。淮安市要逐步落实各个乡镇、村组相关农户的补贴款发放，提高广大农户生产积极性；制定各种制度规范，确保农业财政资金真正用到实处；采取差别对待策略，对于不同农业产业项目实行不同的投入补助标准，建立完善的农业财政补贴制度。

2. 加快构建特色农产品结构体系

一是发展现代种植业。稳定发展粮油产业，开展小麦高产攻关、水稻产量提升工作；优化区域布局，减少近城区粮油种植，大力发展特色种植，扩大增值较高的有机蔬菜种植规模与档次。二是发展现代养殖业。要转变养殖观念，围绕洪泽湖、盱眙丘陵、苏北平原积极推行健康养殖方式，加强基层兽医队伍建设，建立和完善动物标识及疫病可追溯体系，从源头上把好养殖产品质量安全关，积极扶持养殖小区和规模养殖场等规模经营组织，逐步提升产业整体素质和效益。三是发展休闲观光农业。大力发展农业旅游和观光业，扩大农业的传统内涵，延伸农业产业链条，加快农业的优化升级，提高农业附加值，拓宽就业渠道。结合城市地方特色的农产品品牌的打造，不仅能够促进现代农业的发展，提高农民收入，还提升了城市形象。重点加强农业生态旅游景点的改造和配套设施建设，加强与全市大旅游的联结整合以及营销服务工作。四是发展高科技农产品。淮安市要利用生物工程技术、基因技术、分子遗传技术改造传统农业，发展外观漂亮、不易变质、营养健康、纯绿色天然食品的新生代农产品，提升农产品的科技含量，增加农产品的多种功能。五是提高畜牧业的规模化发展水平，推动粮改饲扩牛羊、调优品质惠猪禽、特色产品创品牌。根据市场导向和比较优势原则，科学规划区域农业发展重点，集中力量建设淮阴国家农业科技园，着力打造环白马湖和黄河故道、淮金线等现代农业产业带，形成以规模化生产、集约化经营为主导的现代农业产业发展格局，充分发挥淮安大米、盱眙龙虾等农产品的品牌效应，开发利用品牌价值，形成产业化经营体系。

3. 大力推进农业产业化经营

继续做大做强农业产业龙头企业。积极组织各县(区)谋划农业产业化项目，加强对龙头企业的帮扶。继续推进“为龙头企业服务百日活动”，如市委、市政府大力推动的市级机关“101 流动红旗”优质服务竞赛活动等，在帮策划、帮立项、帮申办、帮营销、帮宣传、帮贷款等方面开展好帮办服务工作，促其做大做强。为充分发挥淮安农业资源优势，促进农业产业化项目建设，坚决落实市政府出台的《关于加强农业产业化项目建设和招商引资工作的通知》，对各县(区)下达任务目标，积极鼓励引进战略合作投资伙伴。要注重以市场为导向，以龙头企业为主体，在着力扩大现有品牌农产品生产规模基础上，加强与当地高校、科研院所合作，积极打造新的农业品牌。根据规模适度原则，重点鼓励和扶持规模化的家庭农场，以优势特色农产品品牌为依托，做大做强一批规模大、带动能力强的加工型、流通型、外向型农业龙头企业。

4. 积极完善农业科技服务体系建设

在现有科技服务站基础上，淮安市应强化政府公益性职能，提高科技服务水平，加强当地科技力量与外界科技力量的对接。鼓励和支持农业龙头企业加强新产品开发和原料基地建设。鼓励支持良种、农资等领域民营企业从事市场前景好、可控性强、容易实现产业化经营的开发类农业技术的推广服务。大力发展农村专业合作经济组织、中介组织和行业协会。积极引导农村专业合作经济组织、民间科技服务组织、行业协会等与科研院所、高等院校建立业务联系，构筑农业科技推广服务的民间网络系统。如全市统战系统开展的“专家工作站”工作，通过邀请科研专家担任涉农企业(园区)驻站专家，助推企业发展。

“构建新型农业社会化服务体系”是农业现代化道路建设的必然要求。要积极提高农业科技自主创新能力，推进现代农业的加速发展，加快发展“智能能源”“感知农业”，推动农业全产业链改造升级，提高气象为农服务能力和水平，大力实施智慧粮食升级工程。积极推广设施农业、精深加工、储运保修、粮食烘干等新装备、新技术，规划建设淮安现代农业产业园、农机化产学研应用中心，推动农业机械化向高质高效方向发展。目前，淮安市农委正在积极打造“互联网＋农业”发展模式，市商务局正在大力发展“电子商务＋物流”发展模式。在整体规划中，要注重将农业现代化建设融入其中，不断提升农业科技服务水平，完善农业科技服务体系。

5. 构建农业现代化建设新主体

农民是农业现代化的建设主体，只有农民具备了较高素质，才能建设高附加值的现代农业。为适应农业现代化建设，应尽快培育新型职业农民，注意在农村培养具有创新精神的农民企业家队伍，加强经营管理方面的培训，提高农民企业家的创业能力。要加强对农民进行基础教育和职业教育以及技术培训，提高农民的科技素质，加大公共财政对农村教育发展的支持力度。对于愿意从事农业生产的农民进行专业化培训，加大农村人力资本的投入，推进农民职业化转变。

要紧紧围绕“提高农民综合素质，提升农民生产技能，助推农业农村发展”的目标，坚持“政府主导、农民主体、产业导向、综合配套”原则，分层次、分类别开展新型职业农业教育培训。加强“半农半读”农民中等职业教育和高校涉农专业全日制学历教育，对涉农专业大中专学生开展新型职业农民创新创业培训，支持有志投身现代农业建设的农村青年、返乡农民工、基层农技推广员、农村大中专毕业生和退伍军人等加入新型职业农民队伍，从事农业生产经营。

要进一步整合农业、人社、教育以及高职院校、社会教育等培训资源，针对农业专项生产技术、经营管理、市场营销等业务需要，邀请有关专家定期授课，通过先进经验交流、现场观摩等形式，不断提高农业从业人员的综合素质。加大吸收、培养有文化、懂技术、会经营的新型中青年职业农民的力度，使他们成为管理者和生产骨干，切实解决靠谁来种地的问题，切实增强农业的发展后劲。

盱眙县“美丽乡村”建设研究

——基于生态文明视角

（本文撰写于 2017 年）

党的十八大指出，建设生态文明是关系人民福祉、关乎民族未来的长远大计。面对资源约束趋紧、环境污染严重、生态系统退化的严峻形势，必须树立尊重自然、顺应自然、保护自然的生态文明观念，把生态文明建设放在突出地位，融入经济建设、政治建设、文化建设、社会建设各方面和全过程，努力建设美丽中国，实现中华民族永续发展。十八大报告首次单篇论述生态文明，将其提升到战略层面，纳入党和国家现代化建设“五位一体”总体布局。建设美丽中国，重点和难点在乡村。2013 年中央一号文件作出加强农村生态建设、环境保护和综合整治，努力建设“美丽乡村”的工作部署。农业农村部在 2013 年农业农村经济重点工作中也把建设“美丽乡村”、改善农村生态环境作为重点工作。实现生态文明、建设美丽中国的目标，“美丽乡村”建设是不可或缺的重要部分。

党的十六届五中全会提出建设社会主义新农村的重大历史任务，通过近些年的努力，我国新农村建设取得了一定成效。“美丽乡村”建设秉承和发展了新农村建设“生产发展、生活宽裕、村容整洁、乡风文明、管理民主”的宗旨思路，延续和完善了相关的方针、政策，丰富和充实了新农村建设的内涵实质，更加注重生态环境资源的有效利用、农业发展方式转变、农村可持续发展、保护和传承农业文明、人与自然和谐相处。“美丽乡村”建设是升级版的新农村建设，从某种意义上讲，已经成为中国社会主义新农村建设的代名词。走向生态文明新时代，建设“美丽乡村”，是实现中华民族伟大复兴中国梦的重要内容。

一、淮安市盱眙县“美丽乡村”建设实践

（一）盱眙县自然、社会和经济概况

1. 自然概况

地理位置。盱眙县地处江苏省中部，淮河与洪泽湖交汇处，淮安市南段。东邻扬州市，西与安徽省明光市交界，北与淮安市洪泽区、宿迁市泗阳县接壤。宁淮、宁宿徐两条高速过境穿越三分之二的乡镇，到南京只需45分钟，已融入南京一小时经济圈。距省内其他大中城市都在2小时左右车程，已形成四通八达的交通网，成为苏中地区重要的交通中转和枢纽。

地质地貌。境内地势以老子山—佛窝一线为界，东部多为岗地、平原，海拔20米左右。西部为低山丘陵，海拔不等。西南部为江淮丘陵的一部分。东北部为地势平坦的江淮平原。北部为洪泽湖。全县总面积2 497.3平方公里。

水文水系。盱眙县湖泊、河流属淮河水系，主要支流有高桥河、维桥河。县域最重要的河流是淮河。盱眙县境内淮河全长75公里，主要功能是农业用水。洪泽湖(盱眙部分)位于盱眙北部，湖岸线长约60公里，水域面积136.9平方公里，占洪泽湖总面积的6.6%。洪泽湖是淮河流域最大的拦洪蓄水的平原湖泊型水库，又兼有灌溉、养殖、水运等功能。

自然资源。盱眙境内存在多种形态各异的植被，树木有65科234种以上，中药材有600多个品种，野生动物仅禽鸟就有几十种，山区林间獐、狐、狼、獾时有所见。每到冬季，南来的丹顶鹤、灰鹤、天鹅等珍禽成群结队在淮、湖滩地觅食栖息。已发现矿种30个，其中已探明储量或有估算资源量的矿种12个，已被开发利用的矿产有9种。盱眙黏土矿产资源总量21.77亿吨，其中凹凸棒石黏土矿产资源量8.9亿吨，已勘探查明的凹凸棒石黏土矿床11处。矿泉水资源丰富，质量优、分布广，极具开发价值。

2. 经济社会概况

盱眙古为楚地，楚怀王曾建都盱眙，后迁彭城(今徐州)。盱眙自秦置县，距今已有2 200多年历史。县名初为盱台(后音怡)，后为盱眙。境内有都梁山，隋大业初，炀帝在盱眙置离宫——都梁宫，盱眙别称“都梁”。历史上盱眙除建过都，还升过郡、军。民国时，安徽省第六、四、九行政督察区先后在盱眙设站。抗日战争时期，中国共产党领导的抗日民主政府——淮南、路东行政公署也曾设在境内。新中国成立后，1955年盱眙县由安徽省划归江苏省，属淮阴专区。

1964 年划归六合专区，六合专区撤销后仍归淮阴地区，1983 年属淮阴市（今淮安市）。

全县辖 14 个镇、5 个乡、1 个农场（省属）。共有 256 个村（居）委会，其中 1 500 人以下的行政村 39 个，1 500—2 000 人的行政村 59 个，2 000 人以上的行政村（居委会）158 个。2013 年底，全县总人口 78.03 人，全年人口出生率 7.67‰，比上年下降 0.75 个千分点；人口自然增长率 2.99‰，比上年上升 0.39 个千分点。

2013 年，盱眙国民经济稳步增长，实现地区生产总值 250 亿元，同比增长 12.7%，高于淮安市平均水平。公共财政预算收入 27.1 亿元，同比增长 17%。规模工业开票销售首次突破 200 亿元，同比增长 21.4%，总量和增幅均位居淮安市前列。全年农村居民人均纯收入 11 235 元，同比增长 12%；城镇居民人均可支配收入 24 453 元，同比增长 10%，居民收入水平与经济发展水平基本保持同步增长。

（二）盱眙县“美丽乡村”建设有利条件和不利因素

近年来，盱眙县始终坚持环保优先理念，深入实施“环境立县”战略，深化环境治理，强化生态建设，优化减排措施，城市环境综合整治定量考核全省持续领先，空气质量良好天数比重连续三年居全省前三。盱眙县先后获得全国生态示范县、绿化模范县、最佳生态旅游县、全国污染普查先进集体和全省文明城市、卫生城市、园林城市等殊荣。

1. 生态环境优势

水域面积广阔。盱眙水域面积较大，全县水域 947 013 亩，占总面积的 25.86%。广阔的水域面积为水体自净、水文调节提供了基本条件。其中湖荡、滩涂又是水产养殖和水生植物栽培的重要资源，并通过人为的防洪保安工程，实现了洪涝分治，增强了湖荡对雨涝的调储功能，实现了旱涝保收。通过对湖泊保护和合理利用的生态工程，湖泊水质再度变清。

森林覆盖率高。2012 年，全县森林覆盖率 28.27%，林木覆盖率 30.68%。全县林业用地 1 060 634 亩，主要包括特灌林面积 50 655 亩，有林地面积 915 525 亩，四旁树面积 65 055 亩，宜林地面积 24 584 亩，苗圃地面积 4 260 亩。

环境空气质量好。全县绝大部分地区空气质量保持优良水平。二氧化硫、碳氧化物、总悬浮颗粒物均达到国家二级标准。农村污染源较少，绿化率较高，空气环境质量优于城区。

2. 政府重视，措施扎实

盱眙是一个后发展地区，政府一直将保护和建设好生态环境，加快经济发展，提高人民生活水平，实现现代化作为历史赋予的使命。作出建设生态县的重大决策，就是要探索一条可持续发展道路，既不为发展而牺牲生态环境，也不为单纯保护环境而放弃发展；既创建一流的生态环境，又促进经济社会健康快速发展。盱眙县委、县政府高度重视生态创建工作，出台了相关考核办法，明确县级领导、乡镇相关部门职责，将生态创建纳入年度目标考核并实行“一票否决”制度。在加强领导的同时，通过完善垃圾处理体系、推进污水处理体系、开展河塘整治完善河长制、规范施工行为提高改厕质量、实现秸秆“两禁一用”、持续开展农村绿化建设等有效措施，有序推进生态创建工作。

3. 资源开发与环境保护之间的矛盾日益突出

盱眙县作为发展中的城市，始终面临经济发展与环境保护的双重压力。一方面，由于第二产业所占比重较大，工业结构布局不够完善，使得工业污染物排放量大；另一方面，总体发展规模和清洁生产水平尚待提高，资源、能源消耗量也大，进一步增加了污染物排放总量控制难度。“十一五”期间，盱眙县污染物实际排放总量虽然基本完成淮安市政府下达的污染物排放总量控制目标，但“十二五”期间，随着经济、社会的迅速发展，人口的不断增加，这一矛盾将会更加突出。

4. 新生的环境问题逐步显现，潜在的环境危害日趋严重

生物技术对生态环境的影响具有很大的不确定性；大量的新化学物质可能成为自然系统中新的持久有机污染物；大量的固体废弃物和废水、废气处理产生的污泥等非传统废弃物急剧增加；可吸入颗粒PM2.5等细径颗粒物污染问题加重；土壤污染的程度和污染面积有加重和扩大趋势。现有的技术和手段对上述问题缺乏有效应对措施。

（三）盱眙县“美丽乡村”建设基本做法

1. 实施“旅游兴县”战略，大力发展乡村旅游

乡村旅游作为一种新型旅游业态，以“三农”资源为主要载体，以乡村文化、自然景观、清新空气、绿色菜肴、农业生产为主要吸引物，以城市居民为主要目标市场，通过满足旅游者回归自然、休闲健康和体验农村发展成果等需求，具有资源潜力大、市场覆盖面广、关联产业链长、受益群体多、消费需求旺、综合带动性强等特点。乡村旅游已成为旅游经济的新增长点和合理兼顾农村产业结

构调整、农民小康与城市居民休闲旅游的多重需求的有效载体，在有效解决“三农”问题、统筹城乡发展和促进旅游业转型升级等方面发挥了积极作用。

近年来，盱眙县依托资源优势，坚持科学发展，围绕“旅游兴县”战略，实施精品工程，着力打造“特色休闲之都”。凭借享誉海内外的龙虾节庆平台，大力发展乡村旅游，推动了全县旅游产业的转型升级，开辟了当地居民增收致富和新农村建设的新路径。

（1）依托龙虾节庆平台，广泛推介盱眙旅游

龙虾是盱眙县的第一富民产业，已形成“一虾先行，诸业并进”的格局，2013年两会期间受到习近平总书记的赞誉。龙虾节和盱眙龙虾经过十多年的成功运作，早已享誉大江南北、长城内外，成为中国十大节庆品牌和中国驰名商标，市值达41.3亿元。盱眙县每年在龙虾节期间广泛推介盱眙旅游，尤其是第十届龙虾节期间，无缝对接上海世博会，推出“十大亮点”，在沪宁杭地区全方位、多角度开展独具特色的旅游推介宣传活动，极大提高了盱眙旅游知名度。

（2）整合景区、景点资源，发展特色旅游

盱眙县围绕实施“旅游兴县”战略和建成苏北旅游第一县、创建中国旅游强县目标，坚持“以规划为先导、错位发展、有序开发”原则，以及“蓝天、青山、绿水”的建设理念，以全面展示盱眙的生态文化、皇家文化、红色文化为重点，按照“景区景点建设精品化、设施配套建设景观化、旅游服务专业化、投入机制多元化”的发展方向，着力发展特色旅游。近年来，通过政府投资、市场运作，先后投入16.5亿元开发旅游资源，打造景区景点生态环境。初步形成了以铁山寺国家森林公园、明祖陵和黄花塘新四军军部纪念馆为代表的绿色、黄色、红色“三色”旅游格局。

“绿色”旅游景点景区代表——铁山寺国家森林公园。铁山寺国家森林公园是国家AAAA级风景区，距县城约45公里，占地面积70.58平方公里，其中61.58平方公里的次生林海和群山环抱的9平方公里水质纯净的天泉湖，构成了极其独特的小气候环境。这里繁衍生息着40多种野生动物、170多种鸟类、280多种高等植物、近800种中草药，其中绝大多数为南北地域边缘物种，是天然的动植物基因库。中国科学院紫金山天文台观测基地落户园中，其附属设施——盱眙铁山寺科普园于2001年7月30日对外开放。亚洲第一、世界第三的小行星观测望远镜已投入使用，并发现5颗小行星，其中编号为4360号的小行星被命名

为“盱眙星”。

“黄色”旅游景点景区代表——明祖陵。距县城15公里，是明朝开国皇帝朱元璋祖父的实际殁葬地，曾祖父、高祖父的衣冠冢。被列为省级重点文物保护单位。1996年被国务院批准为全国重点文物保护单位。2008年顺利获批国家AAAA级景区。

“红色”旅游景点景区代表——黄花塘新四军军部纪念馆。距县城35公里，是国家AAAA级景区。1943年1月到1945年9月，华中局和新四军军部在此驻扎了2年8个月，黄花塘成为华中抗日根据地的指挥中心。经过多年发展已成为江苏省爱国主义教育基地、淮安市党员干部教育基地、淮安市纪委党员干部传统教育基地、淮安市委宣传部学习实践基地、大学生社会实践基地、江苏省全民国防教育基地、学校德育教育基地、社科普及基地、全国百家红色旅游经典景区。

(3)“农家乐”带动乡村旅游发展，促进农民增收

盱眙县依托区位优势和资源优势，采取有效措施培育特色“农家乐”，助推乡村旅游业发展，以庭院经济推动富民富乡富县。“农家乐”以农家菜肴和生态资源为卖点，集休闲、观光、餐饮、娱乐、农事体验为一体，市民可在此游玩、休闲，享受有滋有味的乡村生活。部分农户依靠自身力量带头开办“农家乐”，为更多农户兴办“农家乐”起到了引领和示范作用。

县内各部门也十分重视，支持保护“农家乐”发展，在规划、建设、营销、管理等各方面给予关心、帮助和指导。制定“农家乐”星级评定标准，规范硬件设施，提升服务水平，促进了“农家乐”的规范、健康、有序发展。通过打造精品“农家乐”，促进了盱眙的乡村旅游。

(4) 实施乡村旅游节，助推旅游产业转型升级

盱眙山水兼备，生态优美，境内丘陵、湖泊、平原交相辉映，独特的环境为乡村旅游发展提供了先天的资源条件。

2013年4月，江苏乡村旅游节在“中国龙虾之都”——盱眙拉开帷幕。这是江苏省第四次举办乡村旅游节，2009年以来先后在常州、南京、无锡举办了三届。盱眙同时开展“乡村旅游免费年”活动，境内包括铁山寺国家森林公园、明祖陵景区、第一山国家森林公园、黄花塘新四军军部纪念馆等国家AAAA级景区免费对外开放一年。在乡村旅游节启动期间，央视农业频道品牌栏目《乡村大世界》也走进盱眙，进行节目录制，推介盱眙旅游资源。

2013年，盱眙实现旅游总收入8亿元，是2012年的2.4倍。盱眙4大景点免门票一年，实现旅游总收入超10亿元。免收门票2 000多万，旅游总收入增收6个亿，加上更多的民生效益，盱眙“免费大餐”越做越大。免费期间，省内游客占88.6%，省外游客占11.4%。在省内游客中，南京游客占24.9%，苏锡常镇扬游客占13.7%，淮安(不含盱眙)游客占22.3%，盱眙游客占27.7%。省外游客中，上海游客占3.7%，浙江游客占5.2%，其他地区游客占2.5%。

在2013年的免费乡村旅游节中尝到甜头的盱眙县，于2014年4月再度在南京召开乡村旅游推介会，宣布县内4个国家AAAA级景区门票继续免费一年。2014年乡村旅游节围绕“乡村让城市更向往，盱眙让休闲更有味”主题，举办系列活动，主要有淮河水上游线开通、农家乐体验、国际旅游小姐大赛暨盱眙形象大使选拔赛、内地与澳门乐博园薰衣草游园会、中国盱眙国际房车基地露营节等18项活动。

景区免费只是一种现象，目的在于倒逼旅游产业转型升级，由观光游向休闲度假游、过境游向过夜游、门票经济向综合经济转变，推动旅游业向休闲度假等复合新业态过渡，集中发展乡村旅游、休闲度假、养生养老、康体健身、文化创意五大特色产业。目前，盱眙除4个国家AAAA级景区外，还有2个全国农业旅游示范点、1个生态旅游示范区、2个省级四星级乡村旅游点，1处自驾游基地，上百家休闲农庄、“农家乐”。

2. 创建生态乡镇，优化乡镇生态环境

强化领导，形成创建合力。盱眙县委、县政府专门成立了国家级生态镇创建工作领导小组，由分管县长任组长，全面负责创建工作的组织领导和协调工作。同时，各乡镇也成立了由党政一把手主抓的领导小组和工作班子，切实加强对创建工作的领导。各乡镇、各部门牢固树立全县一盘棋思想，心往一处想、劲往一处使，全力服从和服务于创建大局，形成了党政领导、部门分工、环保监督、企业治理、公众参与的机制，有力推动了国家级生态乡镇创建工作。

科学规划，明确创建方向。按照“生态创建规划先行”原则，盱眙县积极推动各乡镇《生态建设与环境保护规划》的编制工作。截至2013年底，全县19个乡镇已全部建成省级生态乡镇，其中6个乡镇被命名为国家级生态乡镇；3个乡镇通过国家级生态乡镇验收，待生态环境部命名；7个乡镇通过国家级生态乡镇省级初步验收。盱眙县政府正在重点开展国家级生态乡镇创建工作。

表 4-1 盱眙县省级、国家级生态乡镇汇总表

序号	乡镇名	通过考核时间	创建成果	批准文号	备注
1	盱城镇	2011 年 5 月	国家级生态镇	生态环境部公告 2012 年第 75 号	
2	马坝镇	2011 年 5 月	国家级生态镇	生态环境部公告 2012 年第 75 号	
3	管镇镇	2011 年 12 月	国家级生态镇	生态环境部公告 2013 年第 22 号	
4	旧铺镇	2011 年 12 月	国家级生态镇	生态环境部公告 2013 年第 22 号	
5	观音寺镇	2011 年 12 月	国家级生态镇	生态环境部公告 2013 年第 22 号	
6	古桑乡	2011 年 12 月	国家级生态镇	生态环境部公告 2013 年第 22 号	
7	河桥镇	2011 年 12 月	省级生态镇	苏环办〔2011〕399 号	2012 年 5 月通过国家级生态乡镇验收，待生态环境部命名
8	黄花塘镇	2011 年 12 月	省级生态镇	苏环办〔2011〕399 号	2012 年 5 月通过国家级生态乡镇验收，待生态环境部命名
9	王店乡	2011 年 12 月	省级生态镇	苏环办〔2011〕399 号	2012 年 5 月通过国家级生态乡镇验收，待生态环境部命名
10	明祖陵镇	2012 年 12 月	省级生态镇	苏环办〔2012〕136 号	2013 年 5 月通过国家级生态乡镇省级初验收
11	铁佛镇	2012 年 12 月	省级生态镇	苏环办〔2012〕136 号	2013 年 5 月通过国家级生态乡镇省级初验收
12	淮河镇	2012 年 12 月	省级生态镇	苏环办〔2012〕136 号	2013 年 5 月通过国家级生态乡镇省级初验收
13	桂五镇	2012 年 12 月	省级生态镇	苏环办〔2012〕136 号	2013 年 5 月通过国家级生态乡镇省级初验收

续表

序号	乡镇名	通过考核时间	创建成果	批准文号	备注
14	官滩镇	2012 年 12 月	省级生态镇	苏环办〔2012〕136 号	2013 年 5 月通过国家级生态乡镇省级初验收
15	维桥乡	2012 年 12 月	省级生态镇	苏环办〔2012〕136 号	2013 年 5 月通过国家级生态乡镇省级初验收
16	兴隆乡	2012 年 12 月	省级生态镇	苏环办〔2012〕136 号	2013 年 5 月通过国家级生态乡镇省级初验收
17	鲍集镇	2012 年 12 月	省级生态镇	苏环办〔2012〕136 号	
18	仇集镇	2012 年 12 月	省级生态镇	苏环办〔2012〕136 号	
19	穆店乡	2012 年 12 月	省级生态镇	苏环办〔2012〕136 号	

资料来源：生态环境部相关公告、苏环办相关文件

突出重点，集中力量攻坚。污水处理工程、生态农业工程及农村环境综合整治工程是各乡镇生态创建中的难点。因此，盱眙将其作为工作的重点，集中力量攻坚，各职能部门围绕各自分工，积极配合各乡镇开展重点工程的推进工作，确保重点工程的建设进度。同时，成立县生态办，县委、县政府督查室，以环保局、水利局为主要成员的创建生态镇督查组，坚持定期深入各乡镇进行督查，每月对督查情况进行汇总，对督查发现的问题及时通报，督促整改，有力推动了各乡镇的创建工作，优化了乡镇生态环境。

3. 实施“环境立县”战略，严格执行环保政策

多年来，盱眙县一直坚持“环保优先、生态立县”理念，认真贯彻国家各项环保法律法规。

严格项目审批，控制新污染源的产生。盱眙县为建设项目设置了“绿色门槛”，取得通行证的方可进入。在审批过程中，始终坚持做到“六个坚决不批”。一是国家明令淘汰的落后生产工艺项目，包括“十五小”和新“五小”重污染项目；二是国家发展和改革委员会发布的《产业结构调整指导目录》中禁止类和限制类项目；三是耗水大、耗能大、原材料消耗大的项目；四是不符合规划，如选址在居民区、饮用水源保护区、景观区等的项目；五是根据走新型工业化道路的

要求，不符合清洁生产的项目；六是扩建项目污染物总量不消减的项目。杜绝越权审批，违法审批现象。通过这些措施的实施，自2010年以来，先后否决了多个不符合项目审批要求的新建项目，既保障了项目审批的严肃性，又有效控制了新污染源，实现了经济增长与环境保护的双赢。

落实环境影响评价和"三同时"制度，规范建设项目管理。建设项目的审批严格按照《中华人民共和国环境影响评价法》《建设项目环境保护管理条例》等法律法规要求，认真执行环境影响评价制度，坚持集体研究，定期会审，严把项目建设的环评、审批、"三同时"及验收关，避免了项目审批的随意性和盲目性。2010年到2012年底，盱眙县建设项目的审批严格执行环境影响评价法、《建设项目环境保护管理条例》和《建设项目环境影响评价分类管理名录》，建设项目环保审批率100%，环境影响评价制度执行率100%，"三同时"制度执行率100%。

表4-2 盱眙县2010—2012年建设项目"三同时"执行率汇总表

类别	2010年	2011年	2012年
应执行"三同时"的项目数/个	30	64	65
"三同时"实际执行项目数/个	30	64	65
建设项目"三同时"执行率/%	100	100	100

资料来源：盱眙县环保局相关统计数据

执行排污许可证制度。认真推行排污许可证制度，做到依证管理、按证排污、违证处罚，规范排污单位的排污行为和环保部门的管理行为，保障环境安全。排污许可证管理工作推动了盱眙县环保工作向精细化、定量化、动态化管理方面转化，同时为完成主要污染物减排目标，推行总量控制，并提供制度上的保障。2010年到2013年，累计核发排污许可证121家，排污许可证工作已步入制度化、规范化和法治化轨道。

严格执法监管，规范企业环境行为。近年来，盱眙县严格执法监管，通过开展化工企业专项执法检查、涉重企业专项执法检查等行动与日常监管相结合，形成了长效监管机制。2010年到2013年，依法对5家企业进行了限期补办，14家企业进行了限期治理，4家企业进行了停产整改。

4. 改善生态环境质量，有效提升环保能力

盱眙县始终把改善生态环境质量、保护重要生态功能区的生态功能基本稳定、提高人民群众幸福指数作为创建生态县的出发点和落脚点，切实加大污染减

排、环境整治和生态保护力度，全县环境质量逐年提升。

深入推进节能减排。近年来，盱眙县严格坚持把建设项目审批与污染物总量控制相结合，与发展循环经济相结合，与污染治理提标改造相结合。环评执行率和“三同时”执行合格率均为100%。严格限制高耗能、高污染行业，积极淘汰落后产能，不断优化产业结构。大力推进污水处理、垃圾收集转运等环境基础设施建设，提高污染减排能力。

加大环境整治力度。盱眙县按照“净化、绿化、美化、硬化”要求，突出抓好“六整治”“六提升”，重点整治生活垃圾、生活污水、乱堆乱放、工业污染源、农业废弃物、河道沟塘，着力提升公共设施配套、绿化美化、饮用水安全保障、道路通达、建筑风貌特色化、村庄环境提升的管理水平。加快公共基础设施向农村延伸，推进乡村道路、给水排水、绿化环卫、网络通信等基础设施达村到户，真正做到整治范围全覆盖，整治标准全方位。

实施生态功能区保护。盱眙县委贯彻科学发展观，树立生态文明理念，运用生态学原理，以协调人与自然的关系、协调生态保护与经济社会发展的关系、促进经济社会可持续发展为目标，在充分认识区域生态系统结构、过程及生态服务功能空间分异规律的基础上，划分重要生态功能保护区，并对其实行有效的保护。明确对保障全县生态安全有重要意义的区域，以指导生态保护与建设、自然资源有序开发和产业合理布局，重点发展生态农业，推动全县经济与环境保护协调、健康发展。《江苏省重要生态功能保护区区域规划》出台后，盱眙县针对被列入规划的重要生态功能区，专门编制了《盱眙县重点生态功能区保护方案》，更好地对生态功能区实施有效保护。

表4-3　盱眙县重要生态功能区统计表

序号	名称	主导生态功能
1	铁山寺国家森林公园	生物多样性保护、自然与人文景观保护
2	陡湖自然保护区	生物多样性保护
3	盱眙县八仙台风景名胜区	生物多样性保护、自然与人文景观保护
4	盱眙县第一山风景名胜区	生物多样性保护、自然与人文景观保护
5	龙王山水源涵养区	水源涵养
6	龙王山水库饮用水源保护区	水源水质保护
7	盱眙县马坝镇地下水饮用水源保护区	水源水质保护

续表

序号	名称	主导生态功能
8	洪泽湖(盱眙县)重要湿地	生物多样性保护、洪水调蓄

资料来源：盱眙县环保局相关资料

(四)盱眙县“美丽乡村”建设收到实效

近年来，盱眙县认真贯彻落实科学发展观，确立生态立县发展战略，以转变经济发展方式为核心，以节能减排为抓手，以污染防治和生态建设为重点，大力推进生态文明建设，切实解决影响人民群众生产生活的突出环境问题，完成了一大批生态示范工程项目，盱眙县的生态环境质量得到了明显改善，探索出了一条生产发展、生活富裕和生态良好的文明发展道路。

1. 生态经济持续发展

生态建设营造出优美的城乡环境，也造就了良好的市场氛围和投资环境，为盱眙县的经济发展奠定了坚实的基础。

2012年，盱眙县国民经济稳步增长，产业结构得到优化。全年实现地区生产总值221.88亿元，比上年增长13.5%(不变价)。第一产业增加值40.49亿元，增长4.1%；第二产业增加值96.50亿元，增长17%；第三产业增加值84.89亿元，增长13.6%。人均地区生产总值34 267元(按常住人口计算)，比上年增长17.5%。经济结构调整优化。三次产业增加值比例由上年的18.7∶44∶37.3调整为18.2∶43.5∶38.3，产业结构排序呈二三一。

农村经济持续发展。全年实现农林牧副渔总产值75.26亿元，比上年同期增长13%。全年粮食种植面积14.11万公顷，比上年增长1.9%，粮食总产量达到97.2万吨，比上年增长1.5%。

工业生产继续保持较快增长。全县规模以上企业337家，实现销售收入498.8亿元，比上年增长61.0%，实现利润总额25.95亿元，比上年增长59.2%。

财政收入增长较快，支出结构进一步调整。全县财政总收入37.47亿元，比上年增长14.7%。其中用于教育、医疗、社会保障等民生方面的支出占总支出的比重有较大幅度提高，支出结构得到进一步优化。

2. 基础设施全面推进

近年来，盱眙县不断加大投资力度，全面推进基础设施建设。

大力推进污水处理设施建设。污水处理设施等环境设施建设是生态创建的重点，但由于投入大、运行成本高，是生态文明建设工作的难点所在。盱眙县相继建成县第一、第二污水处理厂后，在财力相对紧张情况下，2011 年又投入 4 000 多万元，按照“四统一”(统一规划、统一设计、统一施工、统一管理)的原则，一次性建设 16 个乡镇污水处理厂，投入 240 万元建设 18 个农民集中居住区小型污水处理设施。同时投入近 5 000 万元对全县城区及各乡镇的污水管网进行了改造完善，到 2012 年底累计建成管网 180 多公里，保证了污水收集率，提高了污水处理率。

表 4－4　盱眙县城乡污水处理厂 2010—2012 年处理污水汇总表

年份	城镇人口/人	用水量/万吨	污水产生量/万吨	污水处理量/万吨	污水处理率/%
2010	203 534	1 529.54	1 233.73	845.34	68.52
2011	211 853	1 999.03	1 599.23	1 217.28	76.12
2012	242 507	2 130.8	1 704.02	1 454.62	85.36

(2012 年数据计算过程：城镇生活污水集中处理率＝(1454.62÷1704.02)×100%＝85.36%)

资料来源：盱眙县住房和城乡建设局、水务局、环保局、统计局相关数据

2008 年，盱眙率先在淮安市实现“组保洁、村收集、乡转运、县处理”垃圾收运体系，全县 19 个乡镇建立高标准的压缩式垃圾中转站 19 个，256 个村居垃圾收集点全覆盖。乡镇镇区主要干道、商业繁华地段配置数量足够的垃圾桶，自然村庄、乡村道路两侧建设垃圾房，做好垃圾池的改造，做到垃圾无暴露，配备足额的保洁人员。

3. 环境整治成效显著

以清理河道为着力点，实施农村河道疏浚整治工程。在完成 2009—2011 年农村河道疏浚整治任务基础上，对 2006 年以来实施的村庄河塘，在周边环境、淤积情况、水质等方面进行复查，对整体情况未达要求的河塘进行重新整治。全面建成县乡村三级河塘“河长制”，严格按照“河水清、无杂草、无垃圾、无秸秆、无漂浮物”标准，逐层分解目标任务，逐级落实工作责任，逐项严格考核奖惩。几年来，共疏浚县乡河道 219 条 949 公里，整治村庄河塘 3 324 面，完成土方 979 万方。通过一系列的环境整治，全县水质显著改善。

实施秸秆“两禁一用”工程。始终把秸秆禁烧、禁抛和综合利用工作作为一项政治任务来抓，实行部门协作，发挥乡镇的主导作用，创新工作方法，上下协调，多方配合，使监管横向到边，纵向到底，成效突出。重点推广秸秆综合利

用，通过推广农作物秸秆收获粉碎还田技术，充分利用秸秆沼气、秸秆栽培食用菌以及秸秆固化等科技手段，提高秸秆利用率，2012 年秸秆综合利用率达 95%以上。

表 4-5 盱眙县 2010—2012 年秸秆综合利用率汇总表

类别	2010 年	2011 年	2012 年
秸秆产生量/万吨	90.6	90.08	100.9
综合利用量/万吨	83.35	83.41	97.36
综合利用率/%	92	92.6	96.5

资料来源：盱眙县农委相关统计数据

全力实施城乡面貌提升工程。围绕淮安市村庄整治的整体部署，以清理农村乱搭、乱建为突破口，拆除影响环境和市容的建筑物、构筑物 2 500 余处，清理卫生死角 1.8 万余处。同时建立健全城乡环境管理长效机制，按照“日督查、月考评、季观摩、半年小结、全年奖惩”考核办法，实行城乡环境整治全天候、全覆盖，实现城乡环境管理常态化、一体化。

持续开展农村绿化建设。每年冬季对全县各乡镇村组绿化建设进行部署，以“四旁树”为重点加强农村绿化。要求村庄道路两侧、水系沿岸绿化覆盖率达 95%以上。鼓励栽植高大乔木，村民家前屋后空地补绿，引进优良果树品种，发展特色林业产业，建立林木管护责任制。春节期间组织召开农村绿化建设观摩活动，表彰先进，查找不足，大力推进村庄整体绿化。绿化造林面积连年递增，2013 年全县城市绿化率达 47.28%，均位居全省前列，连续五年被评为全省植树造林先进县。

规范施工行为，提高改厕质量。不断加强工程质量管理，严格按照江苏省《农村无害化卫生户厕技术规范》的要求，对乡镇分管领导、村干部、工程队进行技术培训，并逐步形成了“四个统一”，即统一培训、统一规格、统一放样、统一验收，严格做到建一个合格一个。化粪池合格率、坐便器符合率、新厕使用率、旧厕拆除率等质量指标明显提高，保证了改厕质量，保障了群众利益。2013 年全县改建卫生厕所 12.9 万座，卫生厕所普及率达 95.65%。

4. 生态意识逐步提高

各乡镇采用了耳熟能详、通俗易懂的宣传内容，做到“墙面有标语、橱窗有内容、展牌有特色、城乡有横幅、电视有字幕、广播有声音、报纸有报道”，形成强大的宣传声势，营造出浓厚的生态创建氛围，使全县创建工作既深入又扎实，做到家喻户晓、老少皆知。在《生态淮安美丽家园》征文活动中，盱眙县获得2个三等奖、4个优秀奖，并取得优秀组织奖，同时还组织3人参加了创建生态市主题演讲活动，其中1人获得三等奖。通过不断加强宣传，提高了群众对环保工作的知晓率和支持率，同时也增强了群众的生态意识。

绿色创建深入人心。经过多年努力，盱眙县生态创建取得了一定成绩，先后获得全国生态示范县、全国水土保持与生态环境建设示范县、中国最佳生态旅游县、江苏省园林城市等殊荣。19个乡镇全部建成省级生态乡镇，县政府正重点开展国家级生态乡镇创建。通过各个层次的绿色创建活动，充分调动了社会各界参与生态建设的积极性和主动性，有力促进了人们的生活方式、消费方式和社会生产方式向节能、环保、低碳的方向转变。

5. 环境管理得到加强

盱眙县委、县政府高度重视生态文明建设。明确生态文明建设是“一把手”工程，成立了由县委主要领导为组长，县委、县政府相关领导为副组长，乡镇和相关部门负责人为成员的领导小组，领导小组下设办公室，由县环保局局长兼任办公室主任，具体负责全县生态文明建设工作。各乡镇根据开展生态文明建设的目标任务，理清工作思路，制定工作方案，安排工作进度，采取切实可行的措施，建立有效的推进机制，稳步推进生态文明建设工作的深入开展，为生态文明建设提供了有力的组织保障。

建立生态文明建设考核奖惩制度。出台了《盱眙县生态文明建设工作指导手册》《盱眙县生态文明建设考核奖惩办法》和《生态文明建设目标任务书》等指导性文件。乡镇党政主要领导和相关部门主要负责人向县委、县政府递交了“两书”（承诺书和辞职书），为创建工作提供了制度保障。

环境保护能力得到加强。加快环境监测能力建设，保证在对各类重要环境要素、饮用水源各项目以及工业污染源各特征因子进行监测的基础上，逐步开展生物、生态监测。加快环境监督执法能力建设，提高环境监督执法装备水平，重点提高现场执法能力和应对突发性污染事件的能力，建设重点污染源在线监测系统，对全县重点污染源进行动态监控。通过以上措施，全县监察、监测、应急等环保能力得到了加强，为污染防治和生态建设提供了有力支撑。

表 4-6 盱眙已获得的与“美丽乡村”建设有关的荣誉

级别	荣誉
国家级	中国旅游强县
	中国优秀旅游名县
	全国生态建设示范县
	全国水土保持与生态环境建设示范县
	全国粮食生产先进县
	中国最佳生态旅游县
	中国龙虾之都
	全国经济林建设先进县
	全国科技进步先进县
	全国休闲农业与乡村旅游示范县
省级	省级文明城市
	省级卫生城市
	省科技进步先进县
	省高效农业规模化先进县
	省科普示范县
	省畜牧工作先进县
	省园林城市
	省土地执法模范县创建工作先进县

资料来源：盱眙政府门户网站资料

二、盱眙县“美丽乡村”建设中存在的问题及原因

盱眙县“美丽乡村”建设，通过全县人民的共同努力，取得了一定的成效，但还存在一些问题。

1. 县乡财力不足，难以支持建设后期长效管理运行费用

盱眙县财力薄弱，需要投入的民生建设项目众多。盱眙县“美丽乡村”建设以县乡财力投入为主体，辅以市级的引导资金，短期内突击规划完成乡镇垃圾中转站和污水处理厂设施等硬性基本条件，其他软性的创建要求则由于资金问题建设相对滞后。

由于生态创建工作的需要，将有限的财力短期内向生态创建工作倾斜，一旦通过生态创建工作，所建基础设施工程的后期维护运行费用一定程度上将受到较大影响，后期长效管理工作将面临一定困境。

财力不足导致一些基础设施未能完全发挥应有作用，比如说污水处理设施不能长期良性运行。污水处理系统不仅仅是污水处理设施，还包括其配套管网，污水处理设施费用仅仅在污水处理体系费用中占据一定比例，污水管网建设费用占据较大比例。不少乡镇由于资金问题，污水管网铺设率较低，导致污水收集率低，污水处理厂的进水水量和进水浓度等在一些情况下还不能满足污水处理设施正常运行所需要的条件，导致污水处理设施不能有效运行。即使有些乡镇能够保证污水收集率和浓度，由于缺少有效运行管理经验，缺乏相关的技术人才或者运行费用难以保障，污水处理设施不能长期良性运行。

2. 生态环境保护机制不健全，环境建设滞后于经济社会发展

近年来，盱眙县的环境保护基础设施建设虽然得到加强，但仍然滞后于经济社会的发展。环境保护基础设施服务的收费偏低，环境保护基础设施得不到应有的经济补偿，社会公众参与环境保护基础设施建设的统筹机制还不够完善。此外，城市化进程加快与城市环境综合整治缓慢的矛盾，工业化累积的生态破坏、环境污染对社会经济发展制约的矛盾，一些现行政策法规与生态建设实际之间的矛盾，环保执法体制缺失等，制约了生态环境与建设的快速发展。

3. 群众作用未能充分发挥

群众是“美丽乡村”建设的直接受益者，但在建设过程中，群众未能参与进来，参与建设的积极性、主动性和创造性没有激发出来，存在“干部干、群众看”的现象。每一个公民都应当为“美丽乡村”建设作出自己应有的贡献，以实际行动和智慧创建“美丽乡村”。

4. 长效管理机制不健全

“美丽乡村”建设是一项民生工程，更是一项长期而艰巨的工程。盱眙县的部分乡镇、村居把“美丽乡村”建设当作一项阶段性的工作任务，重整治、轻管理，没有建立和健全长效管理机制。在建设过程中，不同程度出现“脏、乱、差”反弹现象，使建设工作陷入“整治—反弹—整治”困境，急需建立和健全配套的长效管理机制。

5. 乡村旅游品牌不足，配套设施不健全

盱眙乡村旅游景点的发展及“农家乐”的兴起，实现了当地富余劳动力的转

移，增加了农民收入。乡村旅游已成为当地居民收入新的增长点和县域经济发展的有力支撑。虽然乡村旅游取得了一定的成绩，但与丰富的旅游资源相比，与乡村旅游先进地区相比，还存在一些不足。一是乡村旅游缺乏精品、品牌产品，2013 年底盱眙县仅有 2 家省四星级乡村旅游点。二是乡村旅游配套设施不健全，投入资金少，建设步伐缓慢，乡村旅游点接待能力不强，无法满足大型旅游团队餐饮、住宿等需求。

三、盱眙县“美丽乡村”建设的对策建议

要实现美丽中国目标，“美丽乡村”建设不可或缺。而“美丽乡村”建设是一项复杂的系统工程，不可能一蹴而就，需要深入调研分析，积极探索“美丽乡村”建设新途径，凝聚强大工作合力，共同推进。

（一）加强生态文明教育，培育生态文明意识

培育生态文明意识是国家一直强调的。受教育者首先要形成一定的生态意识，在此基础上形成一个价值判断，最后内化为自己的一种精神力量。通过生态文明教育，可以有效增强公民的环保意识、绿色意识、节约意识，促使社会不同群体在实践中真正做到爱护环境、尊重自然。

1. 健全完善的生态伦理教育体系

中国传统的儒家、道家的生态思想等生态伦理体系对于今天的社会主义生态文明建设依然有着重要意义。用传统文化中的生态伦理思想精华，引导、培育和提升人们的生态意识与生态素养是进行生态伦理教育的指导思想之一。必须强化对全社会的生态伦理教育，增强公民的生态道德责任感，使公众形成良好的生态行为习惯，最终让人类与自然和谐相处，让尊重自然、保护生态成为全民的自觉行动。

生态伦理教育要从家庭教育、学校教育等方面开展。家庭教育要从娃娃抓起，父母要时刻言传身教，树立有利于生态环境的生活方式，为孩子做榜样。学校可以通过橱窗、板报、主题班会、征文及课堂教学等方式加强学生生态科学知识的普及，定期组织学生到生态教育基地接受教育，培育和深化学生热爱自然、保护生态的理念，使保护生态成为青少年的自觉行为和道德规范。在村居(社区)，可以通过刷墙标语、印发宣传资料等方式加强生态普及教育的力度。

2. 加强生态法治教育

建立生态的社会约束机制，首先是生态法治意识教育。通过法治培训课、法

治“送戏下乡”、法治公园、法治墙等方式加强生态法律和法规的普及教育，提高公众的生态法律意识，使人人懂法、守法、护法。这样有利于规范人们生产和生活中的生态行为，也有利于预防和打击破坏生态环境的违法犯罪行为，杜绝各种破坏生态的行为发生。其次是生态维权教育。通过广播、电视对生态维权典型案例进行举案说法，增强大众的生态维权意识。生态文明事业本质是公众的事业，这在生态的法律法规中体现为承认和支持公众在环保方面的知情权、参与权和监督权。如《中华人民共和国环境保护法》第六条规定，“一切单位和个人都有保护环境的义务”，有权对污染和破坏环境的单位和个人进行检举和控告。增强公众的生态维权意识有助于促进公众参与生态的立法和执法。

（二）制定环保规范性文件，加大环保执法力度

1989 年颁布的《中华人民共和国环境保护法》，已经与经济社会发展和新理念明显不相适应，存在操作性不强、环保执法疲软等问题。

1. 制定和完善环境保护相关规范性文件

环保立法存在结构性缺陷，环保立法多原则性和倡导性条款，缺少具体可操作的条款，使立法目的和法律的固有功能难以外化和实现。现行的环保法律制度对环境违法行为的处罚许多都是象征性的，主要表现为罚款额度过低，污染者的违法成本远低于预期利润和违法收益。违法成本低的同时欠缺激励机制并由此造成守法成本高。

环保法修订案已于 2014 年 4 月 24 日经十二届全国人大常委会第八次会议表决通过，于 2015 年 1 月 1 日施行。修订后的环保法，进一步明确了政府对环境保护的监督管理职责，完善了生态保护红线、污染物总量控制、环境监测和环境影响评价、跨行政区域联合防治等环境保护基本制度，强化了企业污染防治责任，加大了对环境违法行为的法律制裁力度。同时，就政府、企业公开环境信息与公众参与、监督环境保护作出了系统规定，法律条文也从原来的 47 条增加到 70 条，增强了法律的可执行性和可操作性。

盱眙县通过建设“美丽乡村”，生态环境得到了有效的改善和改变，农村“脏、乱、差”现象得到了一定程度的治理，但是良好生态环境的持久性维护却缺乏支撑。生态环境保护，除了靠乡(镇)政府、村(居)民委员会与村民们共同努力外，还应该在外部条件上打造更为客观的保障。应结合盱眙实际情况和国家新出台的环保法律法规，制定出台一系列比较完善的农村环保方面的规范性文件，细化操作细则，便于从法律上预防和惩治破坏生态环境的行为。

2. 加大环境保护执法监督力度

盱眙县在“美丽乡村”建设生态环境保护执法过程中，存在“执法不严，监督不力”和“执法刚性不足，处罚弹性有余，执法主体形象不佳，行政处罚、责任追究不到位”等问题。在环保执法监督工作中，要运用法律、行政、经济的手段，既要抓环境污染违法违纪行为的查处，又要追究当事人和有关领导的行政责任；要加强同监察、纪检、法院和行政部门的联系，建立起依靠法律、行政和经济等行之有效的执法和处罚运行机制，提高环保执法效能。

现行法律中的一些相关规定针对性和可操作性不强，给农村环保执法和环境问题的解决造成了很大困难。一些县、乡(镇)工业园区的企业出现环境污染问题后，县、乡(镇)往往出于经济利益考虑，不加过问，听之任之。企业以追求利润最大化为目的，而低成本违法、高成本守法的法律环境，无异于变相鼓励环境违法行为。所以环保部门要加大对违规排污企业的执法、监督力度，对建设项目的环境管理要严格，坚决禁止不合规项目立项，针对已造成农村生态环境破坏和污染的行为要严肃查处，绝不姑息。

中国环保法律体系包括30多部相关法律和90多部行政法规，作为主心骨的环境保护法，未来势必与随之做出修改的相关专门法律一起，形成中国生态文明保护的“制度笼子”，护航美丽中国，护航“美丽乡村”。

（三）加强生态环境保护

1. 加大环境保护宣传力度

盱眙县农村基层环保机构不健全，乡镇一级还没有专门的环保机构和队伍，环境监测和环境监察工作尚未覆盖到村组。由于人力、资金条件限制，加上农村传统意识影响，大多数农民的环保意识不强，环境道德意识较弱，对生产、生活污染的环境危害认识不足。因此，加大环境保护的宣传力度，使环保观念深入人心显得尤为迫切。

2. 加强农业生态环境保护

盱眙县在“美丽乡村”建设过程中，应大力发展生态农业、循环农业，引导农民采用减量化、再利用、资源化的农业生产方式。实施农村清洁工程，推进人畜粪便、生活垃圾、污水等农村废弃物资源化利用，探索农村废弃物资源循环利用的新型农村清洁模式。加强农产品产地土壤污染综合防治，强化农业清洁生产示范，推广一批节肥、节药、节水、节能的绿色农业生产技术，突出抓好畜禽养殖污染减排，加强农业生态环境保护。

3. 加大生态环境保护资金投入力度

加大环保投入力度、加强投资导向和进行规范管理是关系生态环境保护工作落到实处的关键。国际上通常将环保投入占 GDP 的百分比作为衡量环保力度的指标，并认为只有这个比例高于 2.5%时，环境质量才有望得到改善。“美丽乡村”建设涉及发展绿色经济、培育绿色文化、加强生态保护与建设等多方面的工程和项目，这些工程和项目都必须以资金的投入作为保证。因此必须千方百计增加投资力度，扩大融资渠道，提高资金利用效率，建立环保投资多元化体系。

4. 建立并完善农村环境保护监管体系

要建设农村环境监测预警体系。县、乡(镇)政府、企业应该制定环境突发事件应急预案，配备应急救援设施，提高应急处理能力。要建设农村环境执法的监督体系。农村污染的分散性、随机性、不易监测性等特点决定了农村环境管理的难度。县级环境监察机构的标准化建设应加快，机动性执法能力需提高，环境的安全监测、检查工作要加强。要进一步改善农村环境管理条件。对于农村的环境保护工作，县环保部门应实行专人负责制，对农村环保干部和技术人员加强培训，以增强其监管能力。

5. 积极探索环境保护新路

习近平同志强调，绝不以牺牲环境为代价去换取一时的经济增长。用生态文明的理念来看环境问题，其本质是经济结构、生产方式和消费模式问题，决不能走先污染后治理、牺牲环境换取经济增长的老路，要探索走出一条环境保护新路。盱眙县既要借鉴国内其他地区“美丽乡村”建设经验，又要结合盱眙实际，用新理念新思路新办法进行综合治理，发挥资源优势，尽量缩短污染治理过程，以最小的资源环境代价支撑县域经济持续健康发展。

（四）完善生态文明建设制度体系

1. 建立健全长效管理机制

“美丽乡村”建设是一项系统工程，不仅要立足于较快改变村容村貌，更要致力于建立相应的维护管理机制，不仅需要全社会的广泛参与，更需要全社会的后续维护。能否构建良好的维护管理机制，不仅涉及“美丽乡村”建设前一时期所取得成效的巩固，还涉及接下来的工作该如何更好地推进。盱眙县在“美丽乡村”建设中，建立健全长效维护管理机制显得尤为迫切和重要，特别是要保证基础设施维护运行的后续资金充足。有了经费保障，才能做好大量基础设施的保养和维护工作。

目前，第二批党的群众路线教育实践活动正在开展，其中要求着力解决市、县领导班子和领导干部政绩观不正确，换一任领导、变一套思路，有令不行、有禁不止，“上有政策、下有对策”等问题。建立健全“美丽乡村”长效管理机制，还要发挥党政部门的主导作用，不仅要规划好，更需要规划的延续性，不能因为领导换了，规划就执行不下去了，要保证“美丽乡村”建设的科学性、连续性和严肃性。

2. 健全农村环境保护规章制度

目前农村已经出现了有关环境保护的政策、法规，但标准体系不健全。在县政府规划指导下，各乡(镇)政府、村居(社区)委员会应积极推动编制村庄环境整治规划；建立健全各项规章制度；赋予村居(社区)委员会一定的环保职权，以村居(社区)为单位制定环境保护村规民约，对乱倒垃圾、违反有关规定者给予警告或经济处罚，约束村民的日常行为，促使村民养成良好的环境保护习惯，更好地推进“美丽乡村”建设工作。

3. 建立健全“绿色 GDP”考核和环保问责机制

所谓“绿色 GDP”是指一个国家或地区在考虑了自然资源与环境因素影响之后经济活动的最终成果，即将经济活动中所付出的资源耗减成本和环境降级成本从 DGP 中扣除后的计算结果。

正在开展的第二批党的群众路线教育实践活动，要求着力解决市、县领导班子和领导干部搞“形象工程”“政绩工程”等问题。当前，盱眙县(包括上级政府)还是注重用财税、招商、外资、工业开票销售、工业用电量、固定资产进项税、服务业入库税收等经济指标考核乡镇和部门党政领导班子和领导干部，同时问责机制不健全，部分领导对环保的重视程度不够。单纯以 DGP 增长速度作为考核地方党政领导干部的重要指标，带来的后果是虽然经济指标高了，环境却污染了，导致地方负债累累，社会矛盾激化，政府公信力下降。

习近平同志指出，只有实行最严格的制度、最严密的法治，才能为生态文明建设提供可靠保障。再也不能简单以国内生产总值增长率来论英雄，要把资源消耗、环境损害、生态效益等体现生态文明建设状况的指标纳入经济社会发展评价体系，增加其考核权重，使之成为生态文明建设的重要导向和约束。建立责任追究制度，对那些不顾生态环境盲目决策，造成严重后果的人，必须追究其责任，而且应该终身追究。

十八届三中全会通过的《关于全面深化改革若干重大问题的决定》中，在提到“四风”问题的同时，提出改革政绩考核机制，着力解决“形象工程”“政绩工程”等问题。中组部也印发了《关于改进地方党政领导班子和领导干部政绩考核工作的通知》，纠正单纯以经济增长速度评定政绩的偏向。盱眙县也应顺应新形势要求，深化和培育领导干部树立“既要金山银山，也要绿水青山”“绿水青山也是政绩”的观念，有效避免过去一味追求GDP增长的政绩观，减轻资源和环境承载压力，建立健全“绿色GDP”考核和环保问责机制。

4. 构建生态文明约束激励机制，规范企业环境行为

盱眙县应在加强对企业日常环境监管基础上，结合上级部署的专项行动，对重点企业、环境敏感区域实施重点监管，加强对企业的例行监测和监督性监测，严惩违法排污企业。同时，要加大环保违法成本，引入激励机制，以最小的执法成本实现立法目的。

加大环保违法成本。企业作为市场经济下理性经济人，以追求利润最大化为根本目标。违法者会比较成本收益而决定是否违法，违法者不会主动放弃经济利益而选择保护环境。因此应通过提高对污染者的处罚力度，加大违法者的违法成本，让污染者的违法成本随着污染物的多少而变化，使环境污染者感到环境违法无利可图，从而迫使其守法，才会起到法律应有的震慑作用。

构建激励机制。在加大环保违法成本的同时，应确立环保激励机制，通过利益诱导机制，以政府补贴的方式，促使企业采取利于环境保护的守法行为。激励机制所需要的资金，可来源于对违法者的处罚。这样，可以增强守法企业的竞争力，推动经济发展方式的转变，实现环境与经济的双赢。

（五）以人为本，凝聚群众力量

目前，第二批党的群众路线教育实践活动正在开展，其中要求重点解决乡镇、街道领导班子和领导干部不关心群众冷暖、责任心不强、落实惠民政策缩水走样、工作方式简单粗暴、弄虚作假等问题。村、社区等基层组织主要解决软弱无力，服务群众意识和能力不强，办事不公等问题。

习近平同志指出，要把立党为公、执政为民落实到全部工作中，认真贯彻党的群众路线，坚持人民主体地位，发挥人民首创精神，着力解决好人民群众最关心最直接最现实的利益问题，不断让人民群众得到实实在在的利益，充分调动人民群众的积极性、主动性和创造性。

1. 依靠群众，强化主体

当前，群众对良好生态环境、优质生态产品的需求大幅增长，搞好环境保

护，建设“美丽乡村”已是民意所在、民心所向。党的十八大以来，全党上下扎实推进党的群众路线教育实践活动，坚决反对“四风”，凝聚群众力量，为推进“美丽乡村”建设提供了坚强的政治保证。

在具体操作中，盱眙县要加快引导群众转变观念，尤其要增强群众服从规划管理的自觉性、维护环境卫生的责任感以及参与建设的积极性，为“美丽乡村”建设做出最大贡献。在村庄环境卫生保洁长效机制的落实上，要发挥广大群众的自觉性。同时要重视群众文化知识、群众素质等方面的教育。

2. 服务群众，解决反映突出问题

开展党的群众路线教育实践活动，是党的十八大提出的战略任务，以为民、务实、清廉为主题，体现了党的人本理念、为民情怀。习近平同志指出，要以解决损害群众健康的突出环境问题为重点，坚持预防为主，综合治理。盱眙县在“美丽乡村”建设过程中，要深入群众，加强调查研究，了解民情民意，把群众反映强烈的突出环境问题摆在重要位置，集中力量办一批群众看得见、摸得着的环保实事，切实维护群众的生态利益。

3. 相信群众，听取群众意见和建议

深入开展党的群众路线教育实践活动，对于赢得人民群众的信任和拥护具有深远意义。党的群众路线的基本内容是：一切为了群众，一切依靠群众，从群众中来，到群众中去。盱眙县党员干部必须坚持群众观点，正确处理与群众之间的关系，把最广大人民群众的力量团结在自己周围，引导、教育、组织群众参与“美丽乡村”建设。要广泛听取群众意见和建议，对于那些涉及群众重大利益的问题，要请群众来监督和评议，请群众当好环保行风监督员，切实转变工作作风，改进服务方式。

（六）加大资金投入力度

“美丽乡村”建设是一项系统工程，涉及方方面面，需要投入大量资金。在建设过程中，除了省、市政府给予部分引导资金外，主要靠县、乡(镇)、村居(社区)投入。盱眙县由于县乡财力不足，村级集体经济有限，难以保证在“美丽乡村”建设中有较大投入。这就需要在加大财政投入的同时，多措并举拓宽筹资渠道，加大“美丽乡村”建设资金的投入力度。

1. 积极争取国家直接投资

国家为进一步改善农村环境，提高农民居住水平，出台了一系列扶持政策，如环保系统的农村连片整治项目和环境保护治理引导资金；住建系统的村庄综合整治项目和农村小型污水处理设施项目补助等多种措施。盱眙县应充分利用现有的政策优势，抓住机遇，积极向上争取项目资金支持，利用国家和省级相关配套项目资金，统筹保障“美丽乡村”建设经费。

除常规性财政拨款外，重点争取国家在基本建设、农林水、专项环保等方面的政策资金扶持；在积极争取中央和地方的日常环保经费、基本建设经费、专项经费、财政性补贴等各种财政补助基础上，争取土地、金融、税收、社保等政策性资源的引入。

2. 鼓励企事业单位增加环保投入

当前很多地方政府负债累累，负债之风更有向县、乡基层转移的趋势，盱眙县县乡财力也同样严重不足。

“美丽乡村”建设涉及基础设施建设、环境保护、卫生设施改造等各个方面，所需要的资金金额巨大，依靠政府财力远远不够，依靠农民自己筹资难度也大。盱眙县应该强化政策导向，鼓励县域内企、事业单位增加环保投入。适度调整“以奖代补”等政策，同时可尝试争取银行贷款支持。

3. 重视利用社会资源

农村税费改革以后，我国政府从制度上规范了农民的税负，但这种制度变迁使基层政府尤其是县与乡(镇)一级政府在财力方面面临更大困境。在基层政府税源萎缩的同时，中央财政以及地方财政的上级财政对基层财政的转移支付规模小，不透明，而且缺乏规范，难以弥补县乡(镇)财政在农村税费改革后的财政资金缺口，基层财政状况日益恶化成为一种普遍现象。

面对“美丽乡村”建设资金缺口问题，盱眙县应多元化筹集资金，从建立市场化投资机制入手，努力把环境资源作为资本来经营，引导社会力量参与，吸收外地资本和社会资金，建立多方筹资、共建共享的投入机制。

（七）依托资源优势，发展精品乡村旅游

发展乡村旅游是建设生态文明、“美丽乡村”建设的强有力抓手。盱眙境内山地、丘陵、平原、河湖兼备，淮河穿境而过，123 座水库点缀其间，形成“山湖一线牵，平水聚两边”的独特地形地貌，乡村旅游资源禀赋在江苏不可多得，具有发展乡村旅游的天然优势。为了把乡村旅游做大做强做精做优，盱眙需要确立把全县作为一个大景区整体打造的发展理念，变山水资源优势为旅游产品优势，深度挖掘和拓展文化内涵，不断完善配套服务功能，塑造属于盱眙特色，独有的乡村旅游品牌。

1. 发挥资源优势，注重品牌塑造

目前，盱眙虽然已建成乡村旅游点10多家，但丰富的山水资源还有待深度开发和挖掘，缺乏特色和品牌塑造。盱眙县应在充分发挥自身山水资源特色优势上下功夫，用特色招揽游客、留住游客、服务和娱乐游客。在此基础上，按照“景区建设精品化、旅游服务专业化、投入机制多元化”的要求，扩大有效投入，重抓乡村旅游项目建设，打造乡村旅游品牌。加快推进以玉皇山、中澳乐博园为代表的休闲农业项目建设；加快推进以满江红龙虾产业园为代表的水上观光项目建设；加快推进以月亮山为代表的生态农业项目建设；加快推进以红楼梦世界为代表的乡村休闲项目建设。打造新型旅游综合体，塑造乡村旅游特色品牌，推动乡村旅游向复合新业态转变。

2. 加快配套设施建设，优化管理与服务

旅游服务设施的数量与质量决定接待游客的能力。盱眙应进一步完善通往各个乡村旅游点的道路建设，增设旅游交通标牌标识，整治沿途乡镇环境卫生，加快包括住宿、餐饮、购物等在内的配套设施建设。同时，旅游主管部门要加强监管，提高乡村旅游从业人员的经营管理与服务质量，营造道路通畅、环境优雅、服务热情、旅途安全的旅游环境，吸引更多游客拉动消费，促进乡村旅游业健康快速发展，为县域经济发展做出更大贡献。

做优做强淮安休闲农业

（本文撰写于2019年）

随着经济社会快速发展，城市化进程加速，越来越多的城里人喜欢到农村“吃农家饭、品农家菜、住农家屋、干农家活、娱农家乐、购农家品”，以回归田园、农耕体验、休闲度假为特色的休闲农业应运而生。淮安市休闲农业2011年后进入快速发展阶段，2013年盱眙县成为全国第二批、全省第三个全国休闲农业与乡村旅游示范县。2015年淮安市委、市政府出台《关于加快“4＋1”现代农业产业转型升级提质增效发展的意见》，首次正式将休闲农业作为淮安市现代农业的新业态，淮安休闲农业发展正面临难得的重要机遇。

一、淮安休闲农业产业快速发展

近年来，淮安市依托良好的生态环境、特色农业资源，积极引导农业结构调整，突出培育休闲农业园区、农家乐等各类主体。特别是自2015年以来，淮安市大力实施“4+1”品牌打造工程，品牌农业所创造的产值已占全市农业总产值的80%。通过顶层制度设计、完善新机制、培育新动能，推进品牌建设，淮安走出了一条发展转型升级提质增效的现代农业之路。

产业规模提速迅猛。截至目前，淮安已建成农业观光采摘园50个、休闲生态农庄32个、现代农业示范园74个、主题公园12个、农家乐276个，国家级、省级森林公园和湿地公园6个。淮安市休闲农业经营企业总数达450个，其中年营业收入500万元以上的规模休闲观光农业企业29个。淮安市年实现农业旅游收入7.06亿元，其中门票收入达1.01亿元、游客购买农产品及加工品收入2.03亿元、餐饮及其他收入3.93亿元。淮安市休闲观光农业从业人员共计约1.55万人，其中农民1.33万人，占87%。

产业结构有序升级。目前，淮安市休闲经营项目主要是农业观光、果蔬采摘、垂钓餐饮、农产品及其加工品销售等。各地休闲农业产业已形成五类产业布局：

第一类是生态观光型，以绿色、自然、生态的区域环境为主体，为游客提供田园景观欣赏、农事体验、瓜果采摘等服务。第二类是休闲度假型，依托自然生态景观和生态农业园区，配以休闲娱乐设施，为游客提供度假、娱乐、餐饮、住宿、休闲垂钓等服务。第三类是特色体验型，依托富有地域特色的农副产品生产、加工与销售，让游客在饱览自然美景、体验农业生产、享受农副产品的同时增进对特色农副产品的了解和体验。第四类是农业科普园区型，以高效设施农业为载体，依托现代农业园区，集中示范现代农业生产的新品种、新技术和新模式，把现代农业科技成果示范推广与休闲观光、科普教育相结合。第五类是民俗文化型，以农耕文化、农村习俗和农业文明为载体吸引游客，让游客体验浓郁乡土风情和传统文化。

产业特色日益凸显。依托好水、好土、好气候等资源禀赋，着力推进优质稻米、高效园艺、规模畜禽、特色水产和休闲农业“4+1”特色产业发展，先后创成全国首个国家级稻米产业融合发展示范区，首批盱眙小龙虾特色农产品优势区，同时红椒、黄瓜、黑猪等蜚声海内外。依托“红色、生态、皇家、美食”四大特色旅游资源，盱眙县实施“旅游兴县”战略，出台发展旅游业的31条政策，倾力打造“特色休闲之都”。通过丘陵山区开发，先后成功打造铁山寺国家森林公园、八仙台生态观光园、玉皇山、中澳乐博园等一批农业旅游基地。金湖县以荷文化节为依托，大力发展休闲旅游与旅游产品开发，形成汽艇水上观光、垂钓、岛屿度假、品渔宴等休闲农业旅游项目，积极打造出以赏湖景、品湖鲜为主题的“渔家乐”旅游。洪泽区在开发洪泽湖旅游资源和大闸蟹等特色品牌农产品的同时，也开始打造瓜果、花卉及生态观光农业品牌。清江浦区以桃和柳树为特色主题的古黄河生态民俗园成为全国农业旅游示范点。

通过调查发现，淮安市各地休闲农业发展势头较猛，但总体上看，发展水平参差不齐，无论在休闲农业总量，还是在农业园区规模、开发形式等方面，与先进国家和地区相比还是有较大差距。

二、发展现代都市型休闲农业

淮安市“十三五”规划将休闲农业作为现代农业的新兴产业重点扶持和打造，休闲农业发展面临良好的发展机遇。淮安应紧紧抓住这个目标，积极发展现代都市型的农业旅游和休闲农业。

强化组织领导，理顺管理体制。各地要进一步提高对发展休闲农业的认识，理顺管理体制，县(市、区)建立多部门共同参与的休闲农业工作协调推进机制，将休闲农业的项目审批、可行性论证、政策统计体系建立和日常监督管理纳入相关职能部门的主要工作范畴，加强对发展休闲农业的统筹规划和引导。将休闲观光农业规划纳入县(市、区)经济社会发展总体规划中，并与土地利用总体规划、农业发展规划、城镇发展规划、城市旅游规划等相衔接。把休闲观光农业与农业优势特色产业发展结合起来，与小城镇、新农村和其他旅游景点建设相结合，与现代农业科技结合起来，与生态环境治理结合起来，与农业文化遗产发掘结合起来，与农产品生产基地、加工企业发展结合起来，促进淮安市农业现代化建设与城乡一体化发展。

强化规划引领，优化产业布局。科学划定休闲农业优先开发区，加强对休闲农业项目的环境影响评价，达到自然景观、人文景观和农业生产、园林景观在整体上的和谐与统一，确保规划的整体性、前瞻性和延续性。休闲农业项目规划应根据市场需求，在体现地方特色基础上不断创新，遵循奇趣性、参与性、益智性、多功能性，体现对农业资源的充分整合功能。深入分析区域资源特色和发展潜力，立足现代农业发展优势，依托现有旅游景点，重点打造休闲农业产业集群。

强化政策扶持，破解发展难题。各地要进一步整合各类支农政策扶持休闲农业发展，研究设立休闲农业发展基金。扶持基金重点用于编制规划、开展业务培训、建立信息服务体系、加大宣传推介力度和示范创建等，整合涉农资金适当向休闲农业项目倾斜。科学合理解决用地问题，对租用面积较大且发展农业规模经营较好的休闲农庄，应采用整合闲置宅基地、滩涂荒坡废弃地等形式，提供一定的土地让其发展加工、餐饮等配套设施；农产品加工确需新增建设用地的，可通过城乡建设用地增减挂钩试点优先安排用地指标。

鼓励利用“四荒地”、闲置宅基地、村内集体建设用地发展休闲农业和乡村旅游(农家乐)。加大金融信贷支持，建议协调金融机构加大对休闲农业信贷扶持力度，加快组建涉农担保公司，适当扩大担保物范围，满足休闲农业企业的融资需求；县(市、区)在所得税、农产品销售等方面要对休闲农业项目实行优惠政策，用电享受农业用电政策，鼓励并支持休闲农业健康快速发展。

强化市场运作，转变发展方式。要积极探索并逐步建立以政府投入为引导、以企业为主体、市场化运作、群众参与的发展机制。要充分发挥农民主体作用，鼓励和引导农民以土地股份合作、农家资产合作、金融股份合作、农村土地托管等方式参与休闲观光农业项目开发或创业经营，提高休闲观光农业可持续发展能力。要高度重视休闲观光农业招商引资工作，积极引导境内外投资者和大型旅游企业采取多种方式投资建设休闲农业设施，参与休闲农业的开发和经营，通过注入资金、引入先进的经营模式和共享经营网络等途径，带动休闲农业向专业化、集约化、规模化方向发展。

通过共同开发、经营大型综合性的休闲农业园区，或者以承租的方式、以股份制的方式整合发展。强化“农旅文”三业融合发展，进一步发掘农耕文化、农业文明、民间技艺等，不断创新发展方式，创意设计一批休闲观光农业园区、景点、产品，提升休闲观光农业产品附加值和经济社会效益。要大力提升休闲观光农业经营管理水平，开展休闲观光农业从业人员与管理人员职业技能培训，将其纳入新型职业农民培训工程。

强化创意设计，注重品牌培育。要围绕提升产业影响力和竞争力，培育一批叫得响、传得开、留得住的知名品牌。强化创意农业理念和规划设计引领，让农业与文化、科技、生态、旅游有机结合。同时，深度挖掘农耕文化，保护农业文化遗产，设立农耕民俗文化、现代农业科技、农事体验等展示场所。充分发挥休闲农业在转方式、调结构中的重要作用，围绕特色产业发展，构建生态循环农业技术体系，增加观光度假和体验功能，重点推进省级农业产业园区、淮安有机稻米基地、淮安黑猪生态养殖、紫山食用菌产业园等发展，让游客既能体验到优质特色农产品从农田到餐桌的全过程，又能体验到深厚的农耕文化。依托淮金线和古黄河沿线田园风光，通过集中连片改造提升，实现农田景观化、农居宾馆化、农业现代化、农活体验化，为游客提供定制图案、婚纱摄影等创意化服务，向游客展示“无公害绿色稻米”和“虾稻轮作”生产流程，扩大稻米、稻田品牌效应，在销售稻米产品的同时销售稻田文化创意产品。

对于沿河、沿湖和水库周边的行政村，将休闲观光业态融入渔业生产过程中，集中打造一批休闲渔业旅游乡村。在现代农业园区、基地基础上，培育创意休闲农业精品，增加农业观赏、教育研学、度假体验、健康养生功能，重点推进淮安国家农业科技园、白马湖四季花海、李庄渔耕驿站、菊花园等项目建设。在农产品加工、农村手工艺品加工等基础上，结合传统农耕文化展示，建设休闲农业主题公园，重点推进白马湖苏北农耕文化体验园、掼蛋文化园、淮香食用菌产业园、省级农产品加工集中区等项目建设，让游客能够参与体验，还能为游客多开发“想带走、用得着、还要来买”的农副产品、工艺品、艺术品和旅游纪念品。在自然资源丰富、生态环境优美的古村落和新农村，鼓励发展农家乐、民宿等服务设施，重点推进“码头镇太山村、老子山镇龟山村、王店乡陡山村、岔河镇王骆店村”等古村落发展。

要积极参与中国最美休闲乡村、中国美丽田园推介、全国全省休闲农业星级评定、特色景观旅游名镇名村、省级农家乐集聚示范村的示范创建活动，以创建达标为抓手加快推进休闲农业项目提档升级、提质增效发展，积极培育休闲农业景区、休闲农庄、乡村文化生态博物馆和农业主题公园，打造一批“鱼米之乡”舌尖美食之旅、“古村镇乡村湿地”民俗文化之旅、“自然河湖湿地”生态之旅等特色精品休闲文化旅游线路。

淮安市绿色食品产业集群发展对策

（本文撰写于2021年）

绿色食品产业是关系国计民生的基础性产业，也是引领消费升级的朝阳产业。近两年来，淮安市聚焦“绿色高地，枢纽新城”发展定位，明晰“绿色食品、新一代信息技术、新型装备制造”三大主导产业发展蓝图，着力培育壮大百亿级企业，重点打造绿色食品产业集群，奋力开创高质量发展新局面。目前，绿色食品产业已成为淮安市唯一列入省重点打造的“13+1”重点产业集群，位列全市“3+N”现代产业体系三大主导产业之首。

一、产业体系较为完整，但产业结构层次偏低

作为淮安市的工业优势特色产业，目前食品产业已形成以烟酒、食盐、糖果、畜禽肉品等为重点的食品工业体系，具备了年产300万吨大米、260万吨饲料、100万箱卷烟、75万吨食盐、30万吨油脂、25万吨肉、20万吨糖、5.5万吨白酒的能力，初步形成了以粮油、肉制品、酿酒饮料、烟草、食盐与调味品等为主，果蔬、水产品、功能性食品为辅，集食品原料、加工、装备、冷链物流服务等于一体的全产业链发展体系，成为全国主要的绿色农副产品产加销基地和全省主要粮油、水产和肉制品生产加工基地。但同时，也应深刻认识到全市食品产业精深加工普遍不足，果蔬等农产品加工率和综合利用率偏低；新技术、新产业改造提升食品产业水平有待提高；加工环节利用率不高，食品产业绿色生态发展压力较大。面对环境、资源约束日益加剧的情况，部分中小食品加工企业仍然存在装备水平相对落后、产业技术基础不牢不厚、产业层次不高、行业粗放低效的现状，要清晰认识到区域竞争优势并不明显。

二、产业规模稳步增长，但产业发展后劲不足

近年来，淮安坚持做大做强特色食品产业，涌现出今世缘、百斯特、双汇等一批行业领军企业。截至2020年底，全市共有规上食品企业193户，占全市工业规上企业总数的12.9%，绿色食品产业产值已突破千亿元。其中，主板上市

企业3家，开票销售超亿元、10亿元、50亿元、100亿元的企业分别为67户、7户、2户、1户。放眼省内，淮安市食品工业营业收入占到全省的12%左右，是唯一在全省有位置的工业产业。今年上半年，全市绿色食品产业应税开票突破260亿元，同比增幅达20%以上。但从整体上看，全市食品企业仍然呈现“两多两少”现象，即“农业初加工和老面孔技改项目多、食品制造业和龙头带动型项目少”，缺乏带动力大、辐射力强的超大体量项目。部分企业还面临土地指标不足、环保压力大、人才难留和技术创新能力不足等制约性阻碍。

三、市场竞争优势扩大，但品牌效应亟待强化

近年来，淮安紧扣市场需求，坚持内培外引，创新“淮味千年”，借助中国(淮安)国际食品博览会、中国盱眙国际龙虾节等活动载体，着眼提升食品产业能级，放大食品产业竞争优势，以创新赋能千亿级食品产业生态。截至2020年底，淮阴卷烟厂实现开票销售收入117.8亿元；今世缘实现开票销售收入51亿元，位列中国白酒行业上市公司前10名；苏盐井神实现开票销售收入50亿元，多年位居全国制盐行业前10强；双汇食品、苏食肉品分别实现开票销售收入30亿元、20亿元，均名列全国生猪屠宰行业前30强；白玫糖业实现开票销售收入10亿元，成为全省唯一绵白糖生产企业。目前全市已获绿色食品认证企业150多家、产品258个；地理标志和农产品注册商标逾万件，其中地理标志商标127件，占全省近一半，居全国前列。

虽然市场的优势不断扩大，但不可否认的是，全市绿色食品品牌化发展还存在“小、散、弱”现象，区域公用品牌知名度不高，企业品牌、产品品牌过多过杂，难以形成“拳头”优势。例如，丁集黄瓜、南马厂西瓜、金湖藕汁等，由于品牌宣传、推介不够，品牌知名度不高，品牌效益没有完全发挥，市场竞争力不强，依然存在“质优价不优”“墙内开花墙内香”的问题。

在新一轮的消费升级和“双循环”发展背景下，消费将成为未来中国经济增长的主要动力之一，食品行业迎来了新一轮的变革机遇期，食品工业也进入最好的发展时代。在新发展阶段下，淮安市要紧紧抓住有利时机，将全市资源、政策、环境等各方面优势有机整合，有效转化为绿色食品产业先发优势，积极打造具有比较优势的区域地标性产业集群。

四、培育壮大淮安绿色食品产业集群的几点建议

（一）做好“源头提升”，健全原料供给、高效物流体系

目前，河南省正在助推双汇、大用、华英、科迪、正龙食品、好想你等20家企业建设“市场—制造—种植养殖”一体化的全产业链企业集团，不仅带动了当地“三农”发展，也促进了绿色低碳发展、循环再利用和清洁生产。淮安作为农业大市，要素禀赋优势同样突出，为一、二、三产业三大链条融合发展提供了原料保障。同时，近年来淮安区位优势愈发凸显，也为大力发展多式联运，降低全产业链物流成本提供了条件。淮安市要借鉴河南等地先进做法，聚焦三链融合，制定统一产业发展规划，推进原料专业化、标准化、规模化、优质化生产，建立稳定的绿色食品原料生产基地。要建设覆盖全省、服务全国、全程“无断链”的食品物流中心和特色骨干物流基地，加快园区内企业信息互通互联，促进仓储物流与信息化融合发展。建立“互联网＋”电商新型食品物流系统，助推食品直销、预售等产业新模式和新业态，进而实现从农业大市向农业强市迈进。

（二）着力“存量优化”，加快传统食品产业工业化进程

作为世界“美食之都”，淮安食品老字号产品丰富，如鼓楼岳家茶馓、蟹黄汤包、周三包子、高沟捆蹄等数不胜数。但这些食品企业工业化程度偏低，生产技术落后，规模偏小，方便性和功能性较差，食品存在的文化价值开发有限，并且缺乏完善的法律保护。而有些区域传统食品工业化不断加快，例如扬州五亭包子日产50余万只，已成为国内速冻行业国家标准的制定者之一。还有湖南辣条、广西螺蛳粉……都在加快发展食品工业化、标准化建设，积极抢占市场。淮安市要顺势而为，鼓励食品企业引进转化智能装备、绿色包装、立体仓储、线上检测仪器等先进装备和质检技术，提升企业高端装备水平。要经常性开展行业交流、实地考察等学习交流活动，加快提升传统食品企业主的现代商业思维能力。鼓励龙头企业依托自身核心竞争力优势通过兼并、收购、联合、参股等多种形式，实现集团化发展和产业链延伸，做大、做强企业规模。

（三）坚持“内培外引”，大力培育现代食品新兴产业

当前，为满足不同消费需求，市场细分正在不断深化，新兴食品产业呈现蓬勃发展态势。淮安市要乘势而上，加强新兴食品产业发展研究和政策扶持力度，把握食品饮料行业消费者细分化发展趋势，聚焦“人口老龄化＋Z时代＋城乡”

消费新趋向，结合淮安自身的要素禀赋优势和已经梳理出的淮安食品产业六大产业链，加快布局淮安新兴食品产业链。围绕食品产业定位，招大引强、强中选优，大力引进建设高端食品及配套企业，不断完善食品产业链。聚焦食品产业发展前沿，探索实施“政府＋风险投资基金＋企业家”三方共同投资的投资模式，大力培育符合现代消费趋势的新兴食品产业。

（四）依靠“创新驱动”，实施产业“创新赋能”工程

任何一个产业要发展壮大，关键在于创新。无论是新产品的研发、新的商业模式，还是新的生产与组织形式，都能进一步提升产业的竞争优势。近年来，宿迁不断深化食品行业创新驱动发展理念，促进食品行业加快质量变革、效率变革、动力变革。洋河酒厂成功创建省级工业互联网平台，获批省级服务型制造示范企业，品牌价值荣登“2020中国品牌价值”轻工业榜单第三名；海天(江苏)调味食品和正大食品成功建成省级、市级技术中心；百威(啤酒)、双沟酒业等3家企业入选2020年全省绿色工厂拟入围名单。淮安市要借鉴宿迁经验，打造食品产业创新平台，鼓励食品产业规模以上重点企业加大研发投入，培育更多省级乃至国家级创新平台。要强化科技资源共享，通过深化跨区域合作共建，打破创新要素流动壁垒，搭建区域科技资源共享服务平台。加快中央厨房、农商直供、垂直电商平台等新业态和新模式发展，推进食品产业与休闲、旅游、文化等深度融合。利用淮扬菜IP效应，提升食品博览会、盱眙龙虾节等地标性展会能级，持续扩大“淮味千年”等区域公共品牌影响力，实现区域品牌与企业品牌同频共振、相得益彰。

（五）提升“智力支撑”，打造产业高层次人才队伍

想要更大程度激发创新主体活力，构建全市食品产业良好创新生态，除了企业链、政策链、资金链、服务链，构建人才链也是其中关键一环。淮安市要围绕食品产业布局，积极制定出台全市人才培养和引进优惠政策措施，加大食品产业高层次人才招引力度，鼓励食品产业人才参与选拔国家人才工程人选以及享受政府特殊津贴、有突出贡献的中青年专家、产业领军人才、首席技师等。要积极支持食品企业建立院士工作站、博士后科研工作站和创新实践基地。以江苏食品药品职业技术学院为依托，培养一大批与淮安食品产业发展相衔接的高层次、技能型人才队伍。

新时代淮安农村人居环境整治现状及对策

——基于乡村生态振兴视角

（本文撰写于2020年）

农村人居环境整治是实施乡村振兴战略的一项重要任务，事关全面建成小康社会，事关广大农民根本福祉，事关农村社会文明和谐。党的十九大指出，农业农村农民问题是关系国计民生的根本性问题，必须始终把解决好“三农”问题作为全党工作的重中之重。要坚持农业农村优先发展，按照产业兴旺、生态宜居、乡风文明、治理有效、生活富裕总要求，建立健全城乡融合发展体制机制和政策体系，加快推进农业农村现代化。

党的十九届四中全会审议通过的《中共中央关于坚持和完善中国特色社会主义制度、推进国家治理体系和治理能力现代化若干重大问题的决定》再次指出，实施乡村振兴战略，要完善农业农村优先发展的制度政策，健全城乡融合发展体制机制。整治农村人居环境，建设美丽宜居乡村，是高水平全面建成小康社会必须迈出的关键一步，是实施乡村振兴战略的开篇之作，是必须打赢的第一场硬仗。

2018年，全国农村人居环境整治行动启动，各地积极推进农村垃圾治理、污水处理、“厕所革命”、村庄清洁等行动，让良好生态成为乡村振兴支撑点，以绿色发展引领乡村振兴，构建人与自然和谐共生的乡村发展新格局。一年来，淮安农村面貌发生了巨大改变，农民生活方式开始“绿”起来、农村生态环境开始美起来。但在农村人居环境整治的过程中，还存在长效整治管护责任不够扎实、全面整治氛围不浓、技术空间适应性相对较差等突出问题。新时代要实现乡村生态宜居，应当从强化顶层设计入手，制定科学合理的规划，同时加大资金投入，完善基础设施，实现技术与模式的创新，为农村人居环境整治提供有力保障。

一、淮安市农村人居环境整治基本情况

（一）强化组织保障，高位推动统筹谋划

近年来淮安市委、市政府高度重视农村人居环境整治工作，成立了由市长任组长、市委副书记和分管副市长任副组长，市直有关部门和县区政府主要负责同志为

成员的农村人居环境整治工作领导小组，各县区也相应成立了工作机构。将农村人居环境整治与生态建设、脱贫攻坚、移民搬迁和美丽乡村建设相结合，建立“市级统筹、部门包联、县区推动、镇村实施”的网格化管理机制，逐项分解任务，层层夯实责任，市级领导及市直部门(单位)包抓联建 100 个市级示范村，形成了市、县、镇、村四级联动、分级负责、齐抓共管的农村人居环境整治工作格局。淮安制定了农村人居环境整治三年行动实施方案，及时细化落实部门任务分工，明确“四治理、四提升”具体牵头部门和各项任务责任部门，做到职责清、任务明。将农村人居环境整治工作和美丽乡村建设纳入县(市、区)年度目标责任考核，将环境整治重点任务细化为 31 项指标，量化分解到各县区。实行一月一检查、一年一考核，对综合优胜的县区和镇村给予奖补，并依据得分结果折算成全市高质量跨越发展考核相应分值，确保整治工作上台阶、创亮点、出成效。

（二）实施三项行动，扎实推进全面整治

一是扎实开展拉网式排查行动。组织全市 1 506 个行政村开展拉网式排查，根据村庄不同发展类型，排查整治工作中急需解决的突出问题。二是扎实开展人居环境整治“十百千万”行动。学习借鉴浙江“千万工程”经验，落实县级党委和政府主体责任，共有 24 个镇(街道)、197 个村居参与示范打造建设。三是扎实开展“百日攻坚”行动。围绕“三清一治一改”集中整治行动，共清理各类生活垃圾 61.8 万吨，清理村内河塘沟渠、排水沟 1.87 万座，秸秆综合利用率、农膜回收利用率分别达 95.9%和 76.8%，畜禽粪污综合利用率提高到 90%。

（三）主攻关键环节，着力提高整治效果

一是完善镇村布局。按照“多规合一”的要求和因地制宜、实事求是的原则，迅速推动各县区开展镇村布局规划(2019 版)编制工作。截至目前，全市镇村布局规划优化完善工作完成率和村庄规划管理覆盖率均已达 100%。二是注重污水治理。积极落实新修编农村污水处理排放标准，7 个涉农县区生活污水治理规划 100%覆盖，403 个村建有污水处理设施，233 个村纳入城镇污水管网，共有 1 107 个村生活污水乱排乱放得到管控，累计铺设污水处理管网 1 809 公里，规划发展村庄污水处理覆盖率达 60%；市县两级筹措资金 8 050 万元，疏浚农村河道 1 091 万立方。大力推广金湖县 EPCO 模式，由第三方设计、采购、施工、运营、维护，切实解决“建设容易、运行维护难”的问题，确保到 2020 年底全市 60%以上的行政村建有污水处理设施。三是提升垃圾处理水平。积极推进农村生活垃圾集中收运处置，集中收集转运处理率达 100%，探索开展垃圾分类试

点，试点乡镇扩大到19个，其中有4个镇被列入省级垃圾分类试点。四是推进厕所革命。积极指导各地结合农房改善、规划保留村庄分布状况、人口集中程度，合理规划厕所选址，投入6 130万元，新建改建农村公共厕所590座、乡村旅游公共厕所21座；累计投入5 707万元，新改建农村无害化户厕23 990座，农村无害化卫生户厕普及率达到94.21%。

（四）建立长效机制，认真强化跟踪督查

探索建立农村公共服务"五位一体"管理和运行模式，全市创建85个村庄环境长效管护市级示范乡镇，覆盖率达100%。坚持联动督查、一体督查，整合环境整治涉及部门力量，建立以抽调人员为主要力量、各县区及相关部门人员参与的日常督查队伍，采取明察暗访形式，每月对各县区开展一次督查。督查结果通报到县区党政主要负责人，并以问题清单的形式进行交办整改，仅2019年就交办各类问题近300件。在广大基层干部群众的努力下，全市农村人居环境有了明显改观，农村居民满意率稳步提升。2019年8月，国家统计局淮安调查队（简称国统队）就淮安农村环境提升情况在全市7个县33个村作了调研。调研结果显示，通过农村人居环境整治提升行动，农村环境变化明显。农村生活垃圾得到有效处理，卫生厕所逐渐普及，农村道路变好变宽，河塘水质日益改善，农村环境整治满意率较高，96.5%的受访群众感到比较满意或很满意。

二、淮安市农村人居环境整治存在的问题

淮安市农村人居环境整治工作取得了一定成效，但也存在一些薄弱环节，表现在农村人居环境整治满意度较高，但还存在一些不足和困难。国统队的调查显示，在调查对象中还有3.5%的村民感觉人居环境整治成果一般；认为当前人居环境整治存在的不足，主要有垃圾池太少，扔垃圾不方便；生活污水处理不到位；改厕进度慢；垃圾清运、处理不及时等（见图4－1）。

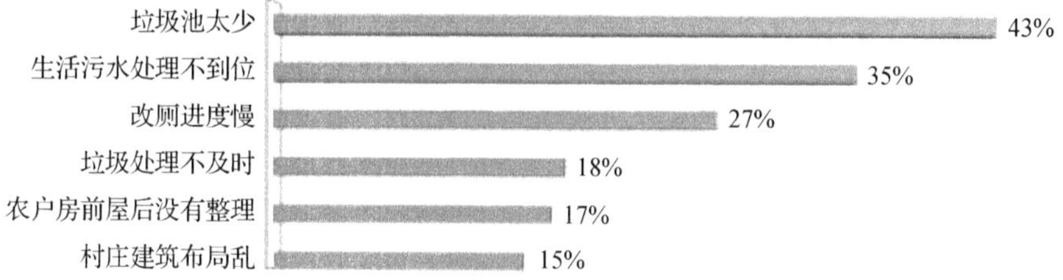

图4－1　当前人居环境整治存在的不足

认为当前人居环境整治中存在的困难主要有：村民卫生意识不够、习惯不好，政府财政投入不够、缺钱，村内设施建好后无人维护，不能长期使用(见图4－2)。

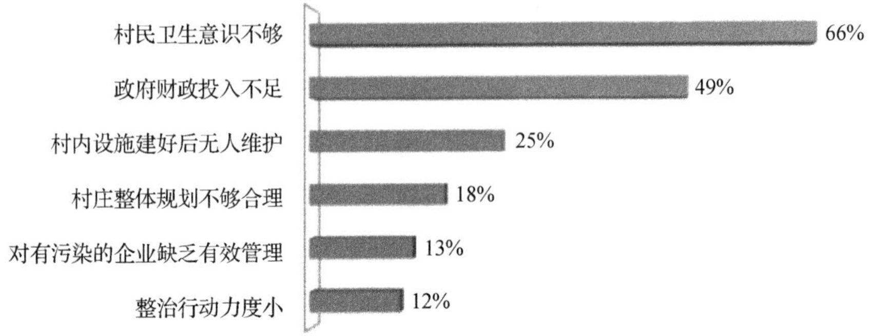

图4－2　人居环境整治存在的困难

问卷调查结果显示，有53%的调查对象最希望生活垃圾处理更及时、干净，然后是生活污水处理更及时、干净，村民可以使用卫生厕所等(见图4－3)。调查受访人员全部愿意为改变村里的环境改善出力，有90%受访人员愿意为清理生活垃圾、打扫公共区域卫生等改善村里的环境措施而付费。

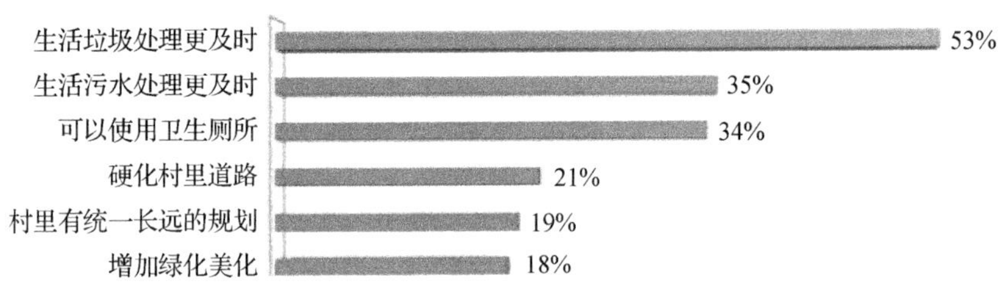

图4－3　人居环境整治希望改善的方面

出现以上问题，主要原因为：一是主体责任的落实还不到位。部分县区领导对当前环境整治提升工作的认识不到位，未能把人居环境整治放在应有的位置来抓，突击整治的意识还占有较大比重，长效整治、长效管护还需进一步压紧压实。二是全面整治的氛围还不浓。注重对交通要道、示范培植镇村、城郊附近地方的整治，而对其他地方的整治明显偏弱，尚未形成全域整治、全员参与的良好氛围，离干净整洁有序的要求还有一定差距。三是重点重抓的力度还不大。列入高质量发展考核的农村厕所革命工作前期的推进速度缓慢，农村公共厕所建设需要进一步加大力度；农村生活污水治理、规划保留村庄提升改造进度还需加快。

三、对淮安市农村人居环境整治工作的几点建议

（一）提高思想认识，夯实主体责任

改善农村人居环境，建设美丽宜居乡村，是实施乡村振兴战略的一项重要任务，事关全面建成小康社会，事关广大农民根本福祉，事关农村社会文明和谐。要提高政治站位，充分认识农村人居环境整治的重大意义和迫切要求，聚焦重点问题和关键环节，精准发力，综合施策。要认真抓好农村环境垃圾治理、改厕、污水处理“三大革命”，加快补齐短板，按照履职必尽责的要求，严格落实“五级书记”抓整治的要求，建立全面的考核评价指标，进行全面的考核评价，以考核为抓手推动责任落实，积极推动农村人居环境整治工作。

（二）整合项目资源，加大资金投入

积极争取财政专项资金，整合各类涉农资金和涉农环保资金，统筹安排、形成合力，继续建立健全政府主导、集体补充、村民参与、社会支持的投入机制，科学合理运用财政补助资金，加强项目管理和资金使用的监督，提高资金使用效率，满足整治工作的资金需求，进一步规范用活村级公益事业“一事一议”财政奖补政策，采取以奖代补、先建后补、以工代赈等多种方式，促进广大群众筹资筹劳，引导社会组织、村民个人通过捐资捐物、结对帮扶、缴纳维护管理费用等形式，支持农村人居环境设施建设和正常的运行管护，运用市场机制吸引社会资金参与农村环境综合整治，保证环境整治的可持续发展。

（三）做好规划服务，突出示范引领

根据农村不同区位条件、村庄人口聚集程度、污水产生规模，因地制宜推广低成本、低能耗、易维护、高效率的污水处理技术。加强垃圾处理基础建设，健全生活垃圾收运处置体系，确保农村垃圾收得拢、运得出、消得毁，保障正常运转。加快推进户用卫生厕所建设和改造，引导农村新建住房配套建设无害化卫生厕所。有序推进通组道路、入户道路硬化建设，整治公共空间和庭院环境。加强示范村建设，强化示范、重引领，各包抓牵头单位要按照打造精品的要求，制定包抓联建方案，在全市形成示范引领效应，以点带面，全面推进农村人居环境整治的进程。

（四）实现技术与模式的创新，提供技术保障

要加快已有技术的推广应用。对农村人居环境整治，已经探索出了一些有效

的技术，需要加快推广应用，在更大范围内服务于农村人居环境整治。同时，探讨将个体企业成熟的农村生活污水处理技术及设施纳入国家相关部门推广体系的途径，发挥个体企业参与污水治理的作用。要加快新技术研发。根据规划所划分的区域，研发农村人居环境整治所需要的技术，提高技术的区域适应性，提升农村人居环境整治的效果。要加强相关技术整合。农村人居环境整治所需的技术具有综合性特点，因此，需要加强各种相关技术的整合，更好地服务于农村人居环境的整治。

淮安生态产品价值实现机制探究

（本文撰写于 2024 年）

建立健全生态产品价值的实现机制，是贯彻落实习近平生态文明思想的重大战略举措，是践行“绿水青山就是金山银山”理念的关键路径，是满足人民群众日益增长的优美生态环境需要的必然要求。2021 年 2 月，中共中央办公厅、国务院办公厅印发的《关于建立健全生态产品价值实现机制的意见》，首次对“生态产品价值实现”这一重大命题通过文件形式进行了制度化的表述。生态产品价值总体部署已经基本形成，生态补偿相关机制建设正逐步完善，顶层设计和建章立制取得了重要进展。但现阶段对生态产品价值实现的研究尚停留在理论探索阶段，实证研究还比较少。因此，本研究以淮安市白马湖流域生态产品价值实现为例，分析生态产品价值实现在实践中的难点，并从机制上提出优化策略。

一、生态产品的概念、价值内涵和价值实现机制

（一）生态产品的概念

物质产品、文化产品、生态产品并列称为支撑人类生存与发展的三大类产品。具体而言，包括清洁空气和水、生态农林产品、森林康养、温泉养生、林业碳汇等多种形式。2022 年，国家发展改革委、国家统计局印发的《生态产品总值核算规范(试行)》将“生态产品”定义为：生态系统为经济活动和其他人类活动提供且被使用的货物与服务贡献。包括物质供给，如粮食、油料、蔬菜、水果、木材、生物质能、水产品、中草药、牧草、花卉等物质产品；调节服务，如

水源涵养、土壤保持、防风固沙、海岸带防护、洪水调蓄、空气净化、水质净化、固碳、局部气候调节、噪声消减等；文化服务，如精神享受、灵感激发、旅游观光、休闲娱乐和美学体验等。

（二）生态产品的价值及其实现机制

生态产品价值即一定区域内的生态系统为人类社会普惠民生福祉和经济社会可持续发展提供的最终产品与服务的价值总和。大体上，其价值实现机制主要包括市场主导、政府主导以及政府与市场混合型三种。其中政府与市场混合型机制又可分为两种形式，一种是在政府的监管下通过直接经营或委托经营的方式再由市场交易来实现其价值，如生态资源产业化经营、生态产业开发等；另一种是在政府的监管下制定资源有偿使用制度再由市场交易来实现其价值，如水权交易、碳排放权交易、排污权交易等。

二、白马湖流域调研情况

（一）白马湖流域现状

白马湖东贯大运河，南接淮河入江水道，西倚洪泽湖，北衔淮河入海水道，是南水北调工程东线过境输水湖泊；江苏省十大湖泊之一，全国 15 个生态良好重点保护湖泊之一，获批国家湿地公园、国际重要湿地、省级水利风景区，获评江苏省首批生态文明建设典型。白马湖已成为多种珍稀物种栖息地。据统计，白马湖湿地公园目前分布有国家重点保护野生动植物 39 种，其中动物 36 种、二级保护植物 3 种；分布世界自然保护联盟(IUCN)发布的《濒危物种红色名录》中的极危物种 2 种、濒危物种 4 种、易危物种 6 种；分布鸟类 210 种，包括国家一级野生保护动物青头潜鸭、黄胸鹀，国家二级野生保护动物小天鹅、震旦鸦雀等。近年来，淮安市坚持走生态优先、绿色发展之路，聚焦培育生态农业、文化创意、休闲度假、康体养生“四种业态”，白马湖生态旅游景区是国家湿地公园、江苏省水利风景区和国家 4A 级旅游景区，通过积极探索生态价值实现路径，成为湖泊治理、绿色发展的“淮安样板”。

（二）白马湖生态价值恢复举措(四湖工程)

在 20 世纪 80 年代末，白马湖由于沿湖乡村过度围养，开发利用面积占到了湖区总面积的 92%，原有 150 平方公里水域面积因随意圈圩减少近四分之一，加上周边城镇和乡村的污水排入，湖体的水质日趋恶化，湖区生态环境遭受严重破坏。2009年，国家南水北调工程东线从白马湖过境补水，为确保调水水质安全，2010年，白马湖生态环境保护工程正式启动。

一是实施退渔(圩)还湖。自启动白马湖生态保护工作以来，全域共清退养殖面积约12万亩，转移安置3 319名专业渔民，并将其全部纳入社会保障体系，消除渔民退休后的后顾之忧。对退渔后的湖区圩埂、淤泥等进行清理并集中堆放，使湖区水面面积由原来的42.1平方千米扩大到了86.7平方千米，极大提高了湖泊的防洪能力。

二是实施清水入湖。对白马湖上游的草泽河、花河、浔河等10条入湖河道进行全面整治，采取控源截污、河道清淤、驳岸防护、生态修复等多项措施，实现河道清水入湖。

三是实施清淤净湖。通过退圩还湖和景区建设，累计清淤量达到4 000多万立方米；通过实施白马湖南闸水源地取水口周边湖区清淤等措施，实现水源地达标建设。

四是实施生态养湖。在上述几项措施基础上，对沿湖岸边采用绿化及种植挺水、沉水植物等生态修复措施，共实施湖岸生态修复约100公里，增加湖滨绿化面积200多万平方米、生态涵养林8 000亩。同时在相关部门、县区共同努力下，对沿湖餐饮船、住家船、生产船进行整治，减少了湖区生产生活污染物排放，使湖泊水质稳定在Ⅲ类水标准。

（三）白马湖生态价值实现机制(四新业态)

在习近平生态文明思想及乡村振兴战略引领下，淮安市积极探索生态价值实现机制，奋力将白马湖打造成为“绿色高地”建设的重要载体和标志性项目，成为带动周边地区发展和群众生活改善的“致富湖”。

一是秉持绿色发展理念。坚持生态优先、绿色发展，以打造“绿色高地”为统揽，举全市之力开展白马湖生态的治理和修复，实现了从“白马大沟”到“一湖碧水”的美丽嬗变。

二是建强核心景区业态。以创建国家4A级旅游景区及国家级旅游度假区为牵引，围绕“一见清心”品牌形象定位，精心打造湿地公园、生态旅游景区和向日葵的故事景区，先后推出三岛奇遇记、渔乐湾等精品文旅项目。打造出一批品牌主题酒店、特色民宿客栈，形成了集休闲公园、度假酒店、餐饮娱乐、健身养生于一体的综合性旅游度假区。特别值得一提的是，秉持政府引导、市场运作理念，创新运用“公司＋合作社”模式，成立了10个渔业合作社，引导上岸渔民创业、就业，解决了上岸渔民的生产生活问题。景区绿化养护、水面保洁、安保等岗位向沿湖农民、渔民倾斜，菊花、葵花采收季节用工最高达 1 000 人次，鼓励引导农民、渔民从事农家乐、渔家乐等产业，帮扶他们共同致富。

三是举办特色节庆活动。围绕白马湖的特色传统文化，开展景点、美食、购物、休闲相融合的特色活动，推出一系列季节性品牌活动项目，如开展亲子马拉松、星空音乐节等节庆活动。连续八年成功举办主题菊花展，建成长三角地区面积最大、品种最全的向日葵示范种植区，打造“南葵北菊”特色展会，年接待游客量和旅游收入逐年增长。

四是延伸农业链条新业态。依托向日葵的故事景区种植葵花规模优势，开发葵花系列衍生产品。依托白马湖优质土地资源，种植药用价值高的金丝皇菊和徽州皇菊，开发菊香白马、葵香白马等系列产品，生产菊花酥、菊花茶、菊花酒等产品。管好、用好白马湖弃土区资源，建设白马湖油菜种植基地、白马湖牧场等项目，形成较好的景观效益和经济效益。

五是以湖滨康养新业态带动乡村振兴。以白马湖 73 ℃温泉口农旅示范项目为着力点，致力发展白马湖康养产业，打造乡村康养、滨湖康养等新型业态，逐步形成既养生又养心的康养旅游新模式，以温泉康养带动乡村转型，同步发展民宿、温泉、田园三者叠加等具有行业示范意义的民宿产品。以“淮扬菜”为品牌核心，整合白马湖特色农业产品，培育高附加值白马湖的乡村特色产品，打造白马湖主题品牌和记忆乡村商业发展区。

三、白马湖流域生态产品价值实现存在的问题

（一）生态型产业引进不足，难以解决再就业问题

沿白马湖周边划定 320 平方公里为控制区生态保护红线，实行环境管制，禁止工业开发，杜绝污染项目入区。为实现退渔还湖，淮安市将湖区内所有渔民纳入社会保障，全部退出水面养殖，扩大生态空间，白马湖养殖面积由 13 万亩缩减到 0.57 万亩。白马湖全流域禁止新建、改建、扩建各类化工以及其他排放含磷、氮等污染物的企业和项目。禁养、禁捕、退出一般工业等改善了白马湖流域的生态环境，转型的渔民获得相应的补偿，但未引进足够的生态型产业，不能完全解决当地居民的再就业问题，年轻人大多只能外出打工。

（二）生态资源资产权属不够明确，不利于市场化补偿机制的形成

白马湖流域的水文调节，气体、气候调节，环境净化等功能具有流动性，总

体上是由高能量的地方流向低能量的地区，其范围、数量、权属及供求双方等难以清晰界定。湖区生态产品价值评估体系还没有完全建立，资产核算标准和规范不够统一，缺乏统一统计口径及规范核算结果。并且各种生产要素产权主体间的权利、义务不够明确，补偿与被补偿间的关系难以确立，降低了市场提供这类功能服务的积极主动性，不利于交易市场的培育和建立。

（三）区域间横向生态补偿意愿不强，缺乏科学的补偿激励方法

白马湖流域横跨两市四个区县（淮安市金湖县、洪泽区、淮安区和扬州市宝应县）。流域内地市间横向、纵向及上下游的生态补偿处罚缺乏强有力的法律依据。四区县所在流域内都是生态保护区，流域内的经济水平偏低，本身都应是要被补偿的地区，相互之间补偿不合理，使得区域间横向补偿意愿不强，补偿协议难以达成。同时缺乏科学的、有激励的生态补偿办法，如优质水源、良好气候等具有公共产品特征，其提供者难以从中获利，人们对生态补偿的支付意愿较低，缺少科学的补偿激励方法。

四、对策建议

（一）进行生态修复并探索发展生态产业，提升生态价值

对白马湖流域周边需要进行改造的浅水湖区、老旧鱼塘、废弃工厂及荒田荒地等区域，要进行修复重建工作，积极扩大生态种养模式，发展生态产业。如“莲虾共作”模式，种植湘莲的同时产出优质小龙虾、莲籽、藕带等特色农产品，形成种养一体化的立体生态农业系统；再如由荒地改造而来的特种水果基地，按照“基地＋加工＋旅游”的发展模式，实现产品深加工和生态旅游融合互动发展。在进行生态修复的同时探索发展生态产业，带动地方经济发展。

（二）在编制流域内国土空间规划基础上，开展生态产品功能调查和价值核算

一是以流域为单位编制国土空间规划，对相关国土空间分区分类实施用途管控。城镇开发边界内实行“详细规划＋规划许可”的管制方式；城镇开发边界外，按照主导用途分区原则，实行“详细规划＋规划许可”和“约束指标＋分区准入”的管制方式。对自然保护地、重要水源地等严格实行特殊保护。二是开展流域内生态产品功能调查工作，建立生态产品清单数据库，以准确掌握流域内生

态产品的数量和质量、功能类型、空间分布等信息。三是委托相关专业机构或单位，根据生态产品的功能属性，对流域内生态产品分类进行价值核算，特别是生态产品潜在价值的核算，并将其纳入生态产品价值核算数据库。

（三）以成立流域综合管理机构为指导，建立流域内协调联动工作机制

一是赋予河湖流域管理部门一定的政府公共权力，同时又给予其企业性质的灵活性，负责流域内所有自然资源综合规划、开发利用和生态保护，保证了河湖流域开发和治理的高度统一和长期稳定。淮安市及临近地市江河湖泊众多、水系发达，更需要打破行政区划限制和条块分割制约，以流域为单位设立跨行政区划的流域综合管理机构，对流域内生态产品进行统一的规划利用和经营管理。二是建立流域内协调联动工作机制，流域内成员代表举行定期会议，如举办论坛、召开座谈会等，构建起政府、居民、企业和社会机构的合作伙伴关系，使流域管理更加顺畅协调。

（四）以构建生态产品市场运行机制为抓手，优化基础设施和资源配置方式

一是生态产品的功能类型不同，其市场供给主体也不尽相同。无论是直接市场交易的生态产品，还是合同承包或特许经营的生态产品，其运行所需的资金主要来源于企业。因此，为提高生态产品供给者的积极性，优化资源配置，政府需要加强引导，激励各类企业资金对生态产品的投资。同时，生态产品具有较强的公共性，营利的企业或组织也必须承担相应的责任，遵守市场运行规则并接受公开监督。二是以大数据为支撑，以建立生态产品交易平台为载体，拓展生态产品市场交易方式，加快发展生态产品互联网技术和生态产品价值开发相融合的新业态，让供需双方在透明公开法治的环境中通过线上或线下进行交易。三是要加强生态产品价值实现机制的顶层设计，充分挖掘不同类型生态产品的价值，延伸生态产品产业链，促进健康、生态、旅游等产业的深度融合发展。

（五）以完善生态产品法律政策体系为导向，明确生态产品产权归属

一是要有鲜明的流域立法，既包括流域管理的专门法规，如《流域资源管理法》，也包括《水资源法》中有关流域管理的条款，其中均应明确流域管理机构的地位、职责以及与地方的关系。建议国家及有关地方出台针对流域保护与管理的专门法律，同时修订完善相关管理条例。二是生态产品价值市场化的最大障碍其实在于产权不明晰。要想实现生态产品市场化经营，应根据自然资源及其他生

态要素特征，建立多元化、可交易的产权体系。对于产权界限相对清晰的生态要素，诸如河湖、滩涂、森林、植被等，根据其经营管理的公共性、社会影响程度等，将产权划分给政府、企业、个人等不同的权利主体；对于产权边界比较模糊，直接界定存在困难的生态产品，如空气、水资源等，产权归属国家。

第五章　开放篇

淮安市农产品出口调查研究

（本文撰写于2014年）

淮安市是鱼米之乡、农业大市，长期以来依靠土地资源和劳动力优势，在农业增效、农民增收、农村发展中取得了显著成绩。然而，在新一轮工业化、城市化、国际化进程中，淮安市农产品加工跟进转型滞后，农产品加工层次低，农业龙头企业国际化经营意识淡薄，全市外向型农业发展缓慢，农产品进出口规模小、载体少，出口产品附加值低，产品单一。与国际接轨、融入全球化水平偏低，表现在对外贸易上，全市的农产品出口在全省、在苏北都处于后进位置。

一、全省及淮安市农产品出口情况

2013年，全省农产品累计出口31.6亿美元，同比增长3.12%。苏北五市出口9.89亿美元，增长3.3%。其中：徐州出口3.17亿美元，下降0.4%，占苏北五市出口总额的32%；连云港4.06亿美元，下降1.41%，占总额的41.1%；盐城1.69亿美元，下降1.35%，占总额的17.1%；宿迁5 345万美元，增长57.8%，占总额的5.4%；淮安4 354万美元，增长96.6%，占总额的4.4%。

2014年1—8月，全省农产品累计出口24.8亿美元，同比增长16.3%。苏北五市出口7.78亿美元，增长18.2%。其中：徐州出口2.33亿美元，增长4.3%，占苏北五市出口总额的30%；连云港出口3.46亿美元，增长33.5%，占总额的44.5%；盐城1.22亿美元，增长10.47%，占总额的15.7%；宿迁4 219万美元，增长18.1%，占总额的5.4%；淮安3 384万美元，增长17.7%，占总额的4.4%，增幅在全省排第七位。

二、淮安市农产品出口概况

（一）主要出口产品

从农产品出口的结构看，2014年1—8月份全市初级农产品出口986.35万美元，占农产品出口总额的29%；农产品加工品出口2 397.77万美元，同比增长47%，占农产品出口总额的71%。从产品类型看，全市农产品出口以植物提取油类、宠物食品、棉花、水产品等为主，分别出口563.81万美元、926万美元、346万美元、348万美元，除棉花外其他同比分别增长191%、8.61%、96.85%（去年同期棉花没有出口）。从农产品出口市场看，主要集中在美国、东盟（印尼、马来西亚、越南等）、欧盟（荷、德、英等）、韩国、日本等，分别出口1 189万美元、978万美元、594万美元、269万美元、165万美元，同比分别增长12.57%、308.4%、84.1%、269%、-20.68%。

（二）农产品出口主要市场

全市农产品主要出口地从大的区域来说，主要出口到亚洲其他国家、北美洲和欧盟。1—8月份，累计向亚洲其他国家出口1 539.8万美元，同比增长7.15%；向北美洲出口1 228.9万美元，增长12.3%；向欧盟出口598.6万美元，增长80.4%。从具体国家、地区来说，主要超100万美元的分别是美国1 189.28万美元、越南346.98万美元、韩国269.69万美元、马来西亚241.27万美元、荷兰232.31万美元、印度尼西亚204.44万美元、日本165.03万美元、德国131.11万美元、英国122.12万美元、柬埔寨100.8万美元。

（三）农产品出口主要企业

2014年1—8月份，全市有农产品出口实绩的企业总共25家，其中出口超100万美元的企业11家，累计出口总额3 113万美元，占全市出口总额的91.99%。主要出口企业中，金湖县的江苏阜丰生物科技有限公司出口595.5万美元，主要出口农产品为生物保健品，居全市第一；市经济技术开发区的大华药业有限公司出口554万美元，列全市第二，主要出口农产品为植物提取油类；盱眙县的江苏卡帕特宠物用品有限公司出口541.41万美元，主要出口农产品为宠物食品；市开发区的新国纺织出口346.98万美元，主要出口农产品为已梳的棉花。

2014年一批农产品新增长点企业发展良好。金湖的华兴实业逐步实现了供货转自营，1—8月份出口59万美元，预计全年出口达300万美元；刚投产的盱眙丰禾食品有限公司，以泡菜出口为主，预计全年出口达600万美元以上。

三、淮安市农产品出口存在的主要问题

全市农产品出口总额近年来在全省一直排名最后，除了受政策、贸易壁垒以

及国内农产品价格上涨等共性因素影响外，也与自身存在的一些问题有关。

（一）出口载体少，企业规模小

2013年全市农产品出口实绩企业仅有22家，出口额达百万美元以上企业9家，其中只有盱眙的江苏卡帕特宠物用品有限公司和金湖的江苏阜丰生物科技有限公司两家企业出口超500万美元。上述22家企业中还有6家企业出口额不足10万美元。

（二）出口备案的企业和基地少

我国对农产品出口的把关很严，作为出口农产品必备条件且在淮安检验检疫部门备案的农产品出口企业，截至2014年上半年全市仅有67家，其中绝大部分都是出口供货企业。

我省在检验检疫部门备案的农产品出口基地有420余家，其中徐州市95家，约占全省的23%，总面积达10万亩；连云港市105家，占全省的25%，面积达7万亩。淮安市2012年时还只有4家，面积9 000亩，经过这两年的大力推动，目前增加到8家，但备案的种植基地面积也只有1万亩左右。比较可喜的是，2014年洪泽县的淮安市神州水产品有限公司备案了9 000亩的螃蟹养殖基地，为扩大螃蟹出口打下了很好的基础。

（三）出口品种不多，缺乏规模产品

2014年，淮安市农产品出口仅涉及八大类19个小类，其中只有宠物食品一个品种出口超千万美元，达到1 621.7万美元，占全市农产品出口总额的47.9%；植物提取油出口超500万美元，达到563.81万美元，占全市农产品出口总额的16.7%。理应作为优势出口农产品的鱼类及其他水产品仅出口348.74万美元，占全市农产品出口总额的10.3%；其他如蜂蜜、蔬菜、食用菌、花卉、食品工业用残渣等出口均不大，很多种类出口没有超过100万美元。

反观近邻宿迁市，农产品出口初步形成了一定的产业发展基础。2011年，宿迁市农产品出口涉及十一大类20个小类，其中大闸蟹、其他水产品、蔬菜加工制品、水果加工品、长丝及蚕丝、食品工业用残渣(以宠物食品为主)、羊毛等7种商品小类出口已达百万美元规模，占全市农产品出口总额的85%。徐州的大蒜出口占其农产品出口额的80%以上，连云港的脱水蔬菜和水产品等都是当地农产品出口的传统特色产品。

（四）初级地产农产品出口额少，带动农民增收能力不高

2014年1—8月份，全市初级农产品出口986.35万美元，其中真正是农民种

植出来经过加工出口的地产农产品575.4万美元。大部分出口农产品要么是从外地采购出口的植物提取油、蜂蜜，要么是从外地采购来在淮安加工出口的宠物食品。可以说，全市农产品出口目前对淮安农民增收致富的带动作用非常低。

（五）生产型出口企业发展滞后，新增长点少

2014年1—8月份，全市农产品出口企业中，生产型企业只有18家，出口额2 450.3万美元，占全市农产品出口的72.4%。还有7家企业属于上市流通公司，他们基本是采购外地产品出口。今年新增较有潜力的企业，也只有金湖县华兴实业有限公司和盱眙丰禾食品有限公司两家公司。

四、促进淮安市农产品出口的重点工作及主要措施

（一）优化产业结构，鼓励招引出口型农业项目

加大对淮阴台湾农民创业园内企业帮扶指导，帮助台创园招引更多各类成熟的现代农业项目，进一步做强、做优淮阴台创园。通过“一企一策”“一企一措”等措施，推动李龙食品、润通食品、阜丰生物、卡帕特宠物用品、威鸿宠物用品、永盛宠物用品等企业的发展促使现有农产品出口企业做大做强，使之成为发展外向型农业招商引资的主体，成为连接国际市场、带动农民增收的主体。加大对各县(区)招引外向型农业引资的考核力度，引导各县区注重对农业龙头企业的引进，确保全市2014年度农业利用外资项目数和引资额均不少于2013年度。

（二）优化市场结构，帮助企业扩大出口

通过对参展企业实行展位费全免政策，引导和推动李龙食品、大华药业、润通食品等农产品企业“走出去”，参加马来西亚中国商品展、德国国际食品饮料展等国际知名展会，帮助企业增加展销的渠道，提高外销市场份额，把淮安市“淮安大米”“盱眙龙虾”“洪泽湖大闸蟹”等优质农产品推销到欧美、日本、非洲等市场。力争全市2014年度有农产品出口实绩的企业达到30家，其中出口超100万美元的企业12家。

（三）优化商品结构，培育出口市级基地

针对淮安市蜂蜜等初级农产品品牌发展薄弱、产品附加值低、市场占有率不稳定等劣势，鼓励引导企业加大品牌投入力度，在目标市场开展境外广告宣传和

商标注册，进行管理体系认证和产品认证。同时，大力培育农产品出口基地，力争2014年农产品出口示范基地再增加1个，将盱眙县列为市级宠物食品出口基地加以培育，做大宠物食品产业。加大对阜丰生物科技、李龙食品、大华药业及和润进出口等农产品出口企业的政策引导和扶持，鼓励企业转型升级，提高对水产品、蔬菜、水果等产品的精深加工水平和层次，努力提高产品附加值，不断扩大国际市场供应能力，增强国际竞争力。

（四）加大政策支持，增强载体培育

出台扶持农产品出口的优惠政策措施，鼓励农产品出口。对县(区)农产品出口企业依据其出口额给予一定的补助。2014年出口100万～300万美元企业补助不超过3万元；出口300万～500万美元企业补助不超过6万元；出口500万～1 000万美元企业补助不超过10万元；出口超1 000万美元企业补助不超过20万元。上述政策均已在《市政府办公室关于印发〈淮安市支持外贸稳定增长实施方案的通知》(淮政办发〔2014〕86号)中予以明确，近期正在组织企业申报，以充分发挥政策资金的引导激励作用，增强农产品出口企业加大市场开拓、加大资金科技等投入力度的信心。此外淮安市还在市场开拓、出口信用保险方面制定，政策向农产品出口企业倾斜。

促进淮安中小微企业发展研究

（本文撰写于2014年）

随着我国多种所有制经济共同发展的社会主义市场经济体制的确立，大量民资背景的小型微型企业如雨后春笋般涌现，成为国民经济的重要组成部分和社会发展的活力细胞。当前，小微企业已涵盖产业经济的各个领域，占工商注册企业户数的97%，提供了城乡近80%的就业岗位，形成的最终产品和服务占社会总需求的60%以上，在经济社会发展中具有重要的地位。但近年来，受外部需求萎缩、国内要素成本高等不利因素影响，小微企业面临严峻的发展困境。自2012年以来，中央、省、市出台多项政策措施支持小微企业发展。为此，结合小微企业发展现状，就如何促进淮安市小微企业发展作初步探索。

一、小微企业的优势和劣势

小微企业是“小型企业、微型企业”的简称，源自工信部、统计局、发改委、财政部2011年6月联合出台的《中小企业划型标准规定》（工信部联企业〔2011〕300号文）。根据企业的从业人员、营业收入、资产总额等指标，结合行业特点，将中小企业划分为中型、小型、微型三种类型，小微企业即小型和微型企业。相对于大中型企业，小微企业的基本特征明显，主要劣势有：一是组织形式相对原始。大多表现为独资企业、合伙企业或个体工商户、专业合作组织，能建立起规范现代企业制度的小微企业很少。二是资金来源非常局限。融资市场化程度低，主要借助自有资金或民间借贷等有限的内源性融资方式。三是产业模式普遍低端。小微企业多集中于初次加工业和生产性服务业，其中制造型小微企业多为资源消耗型和劳动密集型，为大中型企业提供零部件配套或为知名品牌提供代工，其产销体系组织水平、工艺流程技术应用水平、成本质量控制能力薄弱，且多采用直销的单一营销方式。小微企业也拥有自己明显的比较优势：通常活跃于门槛最低、市场竞争最为激烈的领域，具有变革成本低、操作便利、社会震荡小、新机制引入快的特点。同时，小微企业的决策落实效率通常较高；小微企业格外注重发挥自身优势进行专业化经营，发明专利推进较多，像微软、苹果、联想、华为等顶级行业巨头都脱胎于小微企业。

二、小微企业面临的主要难题

一是经营成本高。对小微企业经营影响最大的三个成本因素是原材料成本上升、劳动力成本上升和人民币升值。其中劳动力雇佣成本上涨最为突出，其次为原材料上涨，作为出口型小微企业，人民币升值的影响则明显增高。

二是外部订单萎缩。小微企业的订单多来自大型制造商或终端采购商的外包业务。受经济大环境影响，大企业的不景气通过产业链传递至参与协作分工的小微企业。由于缺乏足够的销售预期，小微企业平均开工率走低，甚至在一些行业，企业处于间歇性停产状态。

三是运转资金紧张。资金是小微企业生存的命脉，在银根紧缩背景下，小微企业资金收付不到位的概率明显增加。小微企业的资金回笼周期普遍延长，上游企业因担心结算风险，通过缩短收款期并增加现金收款比例的办法将资金压力传导给下游小微企业。

四是融资难问题突出。小微企业需求资金多为购进原材料、补充流动资金。小微企业营运资金来源大致有商业银行借款、小贷公司放款、关联方调度、职工内部集资、协作企业垫资、亲朋拆借调剂和民间高利拆借七种途径，其中商业银行借款和民间高利拆借比例较高。

五是减负效果有限。在小微企业普遍遭遇困境的形势下，税费负担的轻重对小微企业影响愈发凸显。尽管中央财政出台了一系列结构性减税减负政策，对小微企业实行税制量化宽松管理，但落实效果并不乐观。

六是经济效益不佳。在当前复杂的经济形势下，小微企业“去利润”化趋势尤为明显，小微企业的利润率相当低。

三、国外扶持小微企业发展的政策借鉴

一般而言，财政支持资金一直是小微企业资金的重要来源，财政资金支持主要方式有以下几种。

一是融资支持。日本政府斥巨资建立了当今全球最为庞大的政策性金融机构，为在一般金融机构难以获取贷款的小微企业提供长期低息贷款及免抵押免担保的小额贷款；美国通过财政设立小企业创新活动专项投资基金，为小微企业融资提供风险储备池；德国财政对开展小企业优惠融资业务的银行给予幅度一般为2％～3％的利息补贴，并出资建立信用保证协会，为小微企业提供零成本增信服务；法国推出的小微企业补贴贷款，一般利率补贴为1.5％，并给予必要的贷款补助费。同时，各国针对小微企业贷款的政策性保险制度也非常成熟，有效维护了信贷资产的安全。

二是创新支持。法国对小微企业研究开发经费补贴其实际投入的25％；美国政府设立了“小企业创业研究基金”，用于资助小企业研发创新；德国政府设立了专项科技开发基金，以扩大对小微企业科技开发的资助；日本则对尖端产业培育提供特别贷款，对研究成果产业化及风险技术开发提供补助。

三是市场支持。基于世贸公平贸易原则，发达国家均逐步减少企业直接的市场化补贴，转而通过搭建服务平台方式实现对市场的间接支持。如日本政府建立了中小企业情报网络和信息数据库，向中小企业免费提供国内外市场和技术信息；韩国政府出资设立支援中小企业出口中心，为企业提供包括获得ISO国际认

证在内的免费服务；欧盟信息中心被视为“支持小微企业的脊梁”，促进了小微企业的网络化和集群化。

四是就业支持。法国政府对扩大招工及增聘科技人员的企业按人数的一定标准给予补助；英国政府对自主创业者，每周补贴 40 英镑；德国政府对自主创业者给予不低于 2 万欧元的启动资金。

五是政府采购支持。发达国家都形成了完备的政府采购体系，并以法律形式保障小微企业在符合基准条件下优先获取政府订单。英国推出了全国性公共领域的小额采购网，目前已有 800 名政府采购员和 3 000 多家小微企业参加了政府采购培训项目，每年一半以上的政府采购订单被赋予小微企业。

发达国家小微企业税负比例基本只有一般企业的一半，且为普惠性质，非常有利于小微企业成长。其中韩国的扶持政策很有借鉴价值，其主要内容包括：大企业对纳入协作体系的小微企业提供技术援助的，享受减免 15%的所得税优惠；对向小微企业转移产品生产的大企业提供金融支持，对大企业无偿提供给小微企业的设备仍允许续提折旧费等。

四、促进淮安市小微企业健康稳定发展的几点建议

加大对小微企业发展的保障支持力度，在强化现有财政支出政策执行和效益基础上，整合相关财力，进一步发挥财政支出的微观调节和宏观导向作用，逐步形成有利于小微企业健康发展和转型升级的资源配置和政策保障体系。

一是完善信息共享服务平台。财政通过支持建立政府主导的原材料成本信息发布与预警公共服务平台，为小微企业提供成本控制的信息分享和源头预案。支持小微企业开展集中联合采购或第三方采购，财政对集合平台及外包机构给予扶持；支持小微企业以协作、入股方式与上游供应商建立战略联盟，制定中长期稳定供应合约，支持小微企业利用期货市场进行套期保值操作，对其中涉及的相关费用给予补助。

二是建立差异化用工补贴制度。对小微企业录用并连续缴纳社保费用一定年限的员工，按照人数及服务年限对企业用工成本给予补贴，对达到相应技术等级标准的职工或专业技术人才适当提高标准，以发挥小微企业就业稳定和人才蓄积功能；实行大、中、小、微企业差异化费率，对小微企业社保费用给予一定比例的财政补贴；对承担公益的小微企业或部分残障特殊岗位实行政府定额补助。同

时，巩固社会化培训机制，通过政府扶持中介、中介面向企业的方式提供专业化培训，为小微企业降低劳务定制成本。

三是加快小微企业技术改造。优先支持小微企业实施国家产业政策鼓励类的技术改造项目，提升工艺技术水平，降低生产成本；鼓励小微企业进行生产管理机制革新，财政根据企业投入规模和产出效益给予扶持；落实小企业会计制度，财政通过推进规范管理试点示范，促进小微企业改善财务管理水平，形成成本的有效管控机制。

四是降低交易物流成本。支持小微企业建设门户网站或加入中小企业集合网站，开展低成本线上营销，财政对相关费用支出给予补贴；强化产业集聚，通过加强功能载体建设，实施项目奖补来完善分工协作产业链，减少小微企业要素流转及转移加工的成本；支持第三方第四方物流企业发展，对物流公司针对小微企业设计的甩挂运输服务产品，视其货物周转量规模给予奖励。

五是支持小微企业开拓境外市场，特别是新兴市场。完善现行中小企业国际市场开拓专项扶持政策；在现行企业参加境内外国际展会享受摊位费补助政策的基础上，提高针对小微企业的补助标准；完善现有服务外包扶持政策，引导小微企业逐步进入专业外包或分包市场，降低支持门槛，提高定制补助标准。

六是加大政府采购倾斜力度。政府采购应在严格落实针对中小企业比例采购、价格扣除等政策基础上，探索引入阶梯式招标模式，即对一般性商品、工程或服务，首先在小微企业中开展招标，如未能满足采购要求，则实行广义招标，这样虽然增加了政府采购的运作成本，但能在最大程度上保证小微企业优先获取政府订单。对于大中型企业赢取的政府订单，可根据其分包或配套给小微企业的比例给予价格折让。强化政府采购预算编制管理，第一时间公开发布政府采购信息，给予小微企业采购标的足额定制期，使政府采购真正成为小微企业营销的优先策略。

七是优化企业融资环境。建立融资保障应急周转基金，为小微企业银行贷款偿还和接续提供临时受托代偿服务，同时建立银行续贷资金回流机制，实现周转运营。财政出资支持统一的开放式社会征信平台建设，开展针对小微企业的信用评级，以解决融资双方信息不对称问题，降低融资行为的风险溢价。以财政购买专项服务的方式，建立健全小微企业产权、专属经营权、相关抵质押物件的登记制度，建立规范开放的抵质押物件实体或虚拟物流转市场，为小微企业提供资产信息的基础管理及权属交易等外包服务。

以上财政政策在落实过程中，应按照公开、公平、公正的要求，实行以项目为基础，科学、规范、高效的财政资金管理模式，提高资金分配科学性和有效性。一方面，由于受众面广量大，个体素质参差不齐，需要投入大量的信息流转和甄别成本，完全由政府机构操盘并不现实。可参照惠农政策的兑现经验，充分发挥调动基层力量；或借助第三方机构定制专业服务，将触角间接延伸至小微企业。另一方面，完善财政资金绩效考评制度，坚持社会效益和经济效益并重，制定各专项资金绩效考评的量化指标体系。财政政策的制定应遵循科学发展观要求，依据小微企业特征，量体裁衣，为小微企业提供源源不断的正能量。充分挖掘小微企业在增加就业、促进经济增长、提升创新能力与保持和谐稳定等方面的优势作用，实现优势战略的转移，从而推动全市经济健康快速发展。

落实支持民营企业发展“新 28 条”研究

——基于优化公平竞争市场环境视角

（本文撰写于 2020 年）

改革开放以来，民营经济快速发展，在经济、社会建设领域发挥了重要作用。党中央、国务院对民营企业高度重视，营造更好发展环境支持民营企业改革发展的制度措施日益完善。针对当前民营企业在发展过程中面临的一些困难和制约，为进一步支持和引导民营经济健康高质量发展，国家在 2019 年 12 月颁布了民营企业“新 28 条”。如何在新形势下领会公平市场竞争深刻内涵，着力优化公平竞争的市场环境，聚焦完善精准有效的政策环境，真正推动支持民营企业各项具体政策落地见效，是摆在我们面前的重大理论及现实课题。

一、民营企业“新 28 条”政策建构基础及内在经济学逻辑

改革开放 40 多年来，民营企业在推动发展、促进创新、增加就业、改善民生和扩大开放等方面发挥了不可替代的作用。当前民营经济税收贡献超过 50%，国内生产总值占比超过 60%、技术创新和新产品占比超过 70%、城镇就业占比超过 80%、对新增就业贡献率超过 90%。习近平总书记曾指出：“我国民营经济只能壮大，不能弱化，不仅不能‘离场’，而且要走向更加广阔的舞台。”民营经

济已经成为我国国民经济的重要组成部分，无论是在经济建设领域还是在社会建设领域，民营经济都占据着举足轻重的地位。营造更好发展环境，支持民营企业改革发展，对于进一步激发民营企业活力和创造力、推进供给侧结构性改革、推动高质量发展、建设现代化经济体系具有重要意义。

为进一步鼓励、支持和引导民营经济健康高质量发展，2019 年 12 月中共中央、国务院颁发《关于营造更好发展环境支持民营企业改革发展的意见》（简称“新 28 条”），围绕营造市场化、法治化营商环境，出台了一系列的长期支持政策和改革举措。这体现了中央一以贯之的坚定不移发展壮大民营经济的战略决心，也体现出中央致力于为民营经济发展提供长期制度保障、增强民营企业改革发展信心的深刻用意与战略定位。

当今世界正在经历百年未有之大变局，而新冠感染疫情全球大流行使这个大变局加速演进，给众多民营企业带来严重冲击。同时，由于我国目前正处于“三期叠加”的改革攻坚期，民营经济也面临产业结构调整升级的阵痛。民营企业在现实发展中既迎来了新的机遇，又面临各种有形无形的发展障碍，比如信用问题、融资问题、市场准入问题、审批障碍问题、税赋问题、成本问题等。

对于“新 28 条”长效政策的细化与落实，需要对不利于民营经济做大做强的制度因素进行有效改革，释放出强大的制度红利，才能为营造公平竞争的良好市场环境保驾护航。因此，现阶段深刻领会“新 28 条”核心要义，通过精细落实政策及环境重构，进一步激发民营企业活力和创造力，提升民营经济发展质量，是新时期必须面临的重要议题。

现代经济学认为，市场经济是通过公平竞争实现资源有效配置的。公平竞争的市场环境的形成方式有自然发育与人为培育，影响市场公平竞争的“各种原因”部分来自政府的制度性障碍。如果市场本应有的资源高效配置功能和公平竞争环境受到损害和削弱，那么有限的资源不再按照效率、公开、公正、公平的原则配置，而按照垄断市场力量的“权力网”来配置，它的力量可以击败市场上的任何竞争对手。恰恰是行政性垄断，限制了中国经济的健康成长，阻碍了竞争力的普遍提高，成为市场公平竞争的最大障碍。政府应建立起规范社会各方行为利益关系、符合市场经济要求、具有开放性的市场制度体系。这是一项长期、根本性的工作，也是逐步形成以国内大循环为主体，国内国际双循环相互促进的新发展格局的客观要求。

二、民营企业“新 28 条”公平竞争元素核心要义与内涵

公平竞争是指坚持公平公正原则，加强对市场主体的保护，以竞争中平等对待市场主体为重点，坚决破除市场准入壁垒、准入不准营、妨碍统一市场和公平竞争的各种规定和做法，针对民营企业的各种歧视和隐性障碍等一切不合理体制机制障碍，依法保障各类市场主体在各个方面(如政府采购、招标投标、税收优惠等)的公平待遇，充分发挥市场在资源配置中的决定性作用，实现市场准入畅通、开放有序、竞争充分、秩序规范，从而激发市场主体活力和社会创造力。

民营经济作为我国经济制度的内在要素，始终是坚持和发展中国特色社会主义的重要经济基础，是发展社会主义的长久之策，与社会主义社会共始终，与党和国家共始终。需要党和政府在政策上进一步赋予民营企业与国有企业平等的市场地位，实行平等的法律保护。

“新 28 条”是中共中央、国务院关于支持民营企业发展的重要文件，以坚持优化公平竞争的市场环境为原则，从纠正对民营企业本身的歧视性做法以及完善对民营企业的特殊保护政策、法律和司法制度等方面入手，促进社会主义市场经济进一步开放和发展。例如，进一步放开民营企业市场准入标准、实施公平统一的市场监管制度、强化公平竞争审查制度刚性约束和破除招投标隐性壁垒；进一步减轻企业税费负担，健全银行业金融机构服务民营企业体系，完善民营企业直接融资支持制度，健全民营企业融资增信支持体系，建立清理和防止拖欠账款长效机制等。

三、优化民营企业“新 28 条”的政策实践

在做好与现有政策体系衔接的基础上，结合我国经济面临的新形势、高质量发展对民营企业的新要求，兼顾管用、有效和长期制度建设，“新 28 条”中提出的一系列有分量的政策措施能否转化为民营企业真正的获得感，关键在于落实。围绕“新 28 条”政策措施落地，还应进一步做好以下几方面工作：

一是提高政策一致性，补充配套措施和细化实施细则，确保政策落地实现。对相关法律重新审视，结合实际情况从内容和逻辑上认真推敲，修订和完善。

二是加强政策精准性，分类分行业精准施策，对于不同类型的企业给予不同的政策支持，提升政策措施的精准度。

三是促进政策协调性，统一和协调不同区域与部门之间的政策制定与实施。从宏观层面审视和把握，结合微观层面的统筹、规划与执行，避免部分政策在不同部门之间和不同区域之间有时存在一致性欠佳问题。

四是加大政策公开性，开展宣传解读与培训教育工作。促进民营企业发展，不仅需要政策，更需要政策的服务对象对政策的理解、掌握和使用。

五是加快政策便捷性，简化流程和程序，使服务更便捷。应从服务管理的流程管理方面反思和整改，尽量简化烦琐的政策程序，提升服务效率。

六是以解决问题为导向，提高沟通服务效果。提高政策落实效果应围绕如何解决现实困难和问题开展，否则政策便无的放矢，失去意义。相关部门应主动加强与企业的沟通和交流，了解民营企业对政策的需求和评价，将行动对准目标，将执行对接战略，“不断反馈、不断反思、不断修正、再不断加强管理”，使其真正落地生根发挥作用。

七是强化政策跟踪和评估优化，加大对文件落实情况的监测，及时针对执行中的问题，完善政策链条，让“有效性”政策实实在在见效果，促进实施政策各个环节之间的良性互动、内在协同、相互支撑，不断提高民营企业对整个政策体系的获得感和满意度。

淮安保护和激发市场主体活力的关键举措研究

（本文撰写于 2021 年）

淮安市实施“放管服”改革，在推动政府职能转变和政府治理能力提升上，使市场在资源配置中起到决定性的作用，同时更好地发挥政府作用。本文根据对淮安市建设现代化经济体系的调研，总结淮安市持续推进“放管服”改革中政府放权、激发市场主体活力、完善监管体系、营造公平竞争环境、提升政府服务水平、健全人才引进服务和激励机制等方面的具体举措。分析在实地调研中反映出来的部门协同监管、市场公平竞争、信用管理以及吸引和留住人才等各方面的问题，并据此提出淮安市相应的对策建议。

党的十九大指出，要充分发挥市场配置资源的决定性作用，更好地发挥政府作用。作为壮丽东南第一州的淮安，如何正确处理好政府与市场关系、确保市场机制有效，在充分激活市场主体活力方面有哪些经验和做法……围绕这些问题，对淮安市通过深化改革的关键举措、保护和激发市场主体活力的有关情况进行调查和研究。

一、基本情况

市场主体是经济的力量载体，是经济发展内生动力的源泉。习近平总书记在2020年7月21日主持召开企业家座谈会时强调："要千方百计把市场主体保护好，激发市场主体活力，弘扬企业家精神，推动企业发挥更大作用实现更大发展，为经济发展积蓄基本力量。""要加大政策支持力度，激发市场主体活力，使广大市场主体不仅能够正常生存，而且能够实现更大发展。"这为淮安市更大力度激发市场主体活力指明了方向、提供了根本遵循，就是要着眼于打造全国一流营商环境，不断强化"顶层设计"，着手体制破题，多措并举，激发和释放市场活力，推动市场主体发挥更大作用，实现更高质量发展。

淮安市始终以市场主体需求为价值导向、以企业家口碑为工作尺度、以"101％服务"为核心理念，坚持战略引领、改革推动、服务加温、法治护航，着力打造一流营商环境，保护和激发市场主体活力，助力经济社会高质量发展。在深入落实全国全省"放管服"改革优化营商环境部署的同时，充分发挥改革首创精神，聚焦市场主体难点堵点痛点问题，谋划开展了一系列改革探索，用政策"加法"持续为项目落地、企业经营"加速"。

保护和激发市场主体活力，关键在于政策落实。近些年来，淮安市不断致力于保护和激发市场主体活力，特别是对于贡献巨大的中小微企业，出台了一系列政策文件激发民间活力和创造力，解决企业发展面临的突出困难和难题。比如出台年度《全市优化营商环境重点任务清单》《淮安市进一步深化"放管服"改革为市场主体创造更优营商环境若干措施》《淮安市2021年度优化营商环境评价办法》《淮安市违反营商环境"十个严禁"问责办法(试行)》等政策措施加以规范指导，从融资创新、财税政策、营商环境等诸多方面支持和促进中小微企业发展。这些保障市场主体的政策性条件有效促进了小微企业的发展、生产要素的改革和数据的保护。

综合运用各项政策措施给淮安带来了一系列综合效应，激发了市场主体活力、增强了经济发展内生动力、释放了内需潜力，为人民群众办事创业提供了便利，有力支撑了经济社会持续健康发展。"十三五"期间，淮安全市地区生产总值迈上 4 000 亿元台阶，年均增长 6.5%，人均地区生产总值达 1.2 万美元，在全国百强市排名逐年攀升。

二、关键举措和经验

（一）优化资源要素配置，坚持走市场化之路

一是发挥好政府“有形之手”作用。充分发挥改革创新精神，聚焦市场主体难点堵点痛点问题，谋划开展了一系列改革探索，用政策纵深推进“放管服”改革，激发和调动市场主体活力。通过“负面清单”限定政府权限，进一步改革行政审批制度，取消和下放一批能够激发市场主体活力的行政审批事项。优化“先照后证”改革，大幅削减前置审批。通过削减前置审批，大部分企业可以直接登记注册，大幅缩短了开办企业的周期。进一步放宽商事登记条件，在全国率先实行企业名称自主申报，除法律法规、规章和规范性文件禁止、限制使用的名称（字号、商号）外，申请人可以通过“企业名称自主申报系统”进行名称自主查询、比对、申报，并与设立登记环节合并办理，这一改革大幅缩短了企业办事链条，节省了时间和成本。探索启动全国首个设区市全市域、全事项、全流程财政奖补集成服务改革。2020 年，淮安市将权限内财政奖补事项、各类政策解析、申报指南整合集成，实现“一个平台、一窗受理、一表申请、一网通办”，让财政资金直达企业，快速惠及市场主体。全面推进包容审慎监管模式。市相关执法部门全面落实“双随机、一公开”监管，进一步减少对企业正常生产经营活动的干扰。在城市管理、文化市场、环境保护、市场监管等领域推行轻微违法行为免予处罚事项清单，对市场主体的轻微违法行为依法实施免罚。在工程建设等领域探索开展保函替代涉企保证金工作，已替代担保金额超两亿元，企业经营环境进一步宽松，市场活力进一步释放。

二是发挥好市场“无形之手”作用。围绕激活市场主体活力推进相关重点领域改革，从而提升“市场选手”活力，比如利用市场优胜劣汰机制除去过剩产能等，减少政府对资源的直接配置。不断完善“市场规则”，建立健全市场准入负面清单制度，使各类市场主体依法平等进入清单以外的领域；建立健全统一的市场监管机制，清理和废除妨碍公平竞争的各种规定和做法，构建竞争有序的现代市场体系。对“市场信号”反应更灵敏，完善主要由市场决定价格的机制，进一步放开适宜实行市场调节的商品和服务价格，促进交通、医药、医疗服务等价格

改革。

三是实行各类资源要素差别化配置。针对不同类别企业，从财政扶持、融资、用地用水用电价格、排污处理收费、产能利用等方面入手，实施差别化政策，比如推动各县(市)实施差别化信贷政策等，推动资源要素向优势产业、优质企业集聚，倒逼企业转型升级。针对小微企业，特别是在疫情防控期间，继续加大减税降费、减租降息力度，并大力发展普惠金融，有效缓解融资难、融资贵的问题，为小微企业发展降压减负。针对个体工商户，帮助解决租金、税费、社保、融资等难题，为其提供更直接更有效的政策帮扶。

（二）深化国企国资改革，提高国有经济质量

一是加快完善公司治理结构。逐步建立健全现代企业制度，严格规范股东会、董事会、监事会、经理层等权责，特别是把董事会“议大事、把方向、防风险”的基本职责落到实处，并健全职业经理人制度。推动国企发展混合所有制经济，推进市属企业的二级及以下企业混合所有制改革，实现投资主体多元化。重点实施市属国有企业改组，以发挥市属企业集群优势，破解企业发展制约，激发企业发展活力，增强拓展能力，推动国有资本做大做优做强。淮安市国联集团、淮投控股集团、交通集团、文旅集团和金发集团正式揭牌，标志着淮安市推进国资国企改革重组实现重大突破。

二是着力培育优秀企业家。弘扬新时代企业家精神，着力营造良好的社会文化生态，培育企业创新文化，厚植企业家精神的土壤，并引导企业家践行好敬业、诚信、服务、创新等价值理念。大力培育地区龙头企业，从规模型、科技型、创新型企业中挑选具有发展潜力的企业进行重点扶持，提升扶持企业市场核心竞争力，培育出行业领跑者。把企业家培育作为一个系统工程，通过学历与非学历教育、企业内部与外部培育、引进来与走出去等措施，培养一批讲政治、善经营、敢担当的企业家队伍，并健全高层次人才引进机制，储备企业家后备人才。

三是突出抓好实业做强主业。剥离包袱，以解散、资产处置、股权退出等方式压减企业户数，清理退出非主业、亏损及“僵尸”企业，并新设属地化、新业务板块，拓展产业链条。要聚焦主业，培育主业新盈利增长点，推动主业向上游、下游延伸，完善主业产业链条，并推动技术、人才、资金等各类资源要素向主业集中。突出实业，推进战略性重组和资产专业化整合，提高国有资本配置效率。

（三）加快民营企业发展，推动民营经济提档

一是推动特色产业集群发展。以各县域特色和资源为优势，全面优化特色产业布局，因地制宜发展好绿优稻米、林果、中药材、烟叶、畜禽养殖、乡村旅游、农产品加工等产业板块。牢固树立发展理念，在保护好绿水青山的同时，推动产城深度融合，完善好道路、排污、供水、供电、绿化、照明等园区配套设施，发展具有地方特色的产业集群。推动特色小镇高质量发展，聚焦细分市场产业需求，培育强有力的产业增长极和聚合点，着力打造专业性强的产业精华区域。

二是大力培育“专精特新”企业。要把“专业化、精细化、特色化、新颖化”发展作为推动中小企业高质量发展的主要抓手，加快推动新旧动能转换、核心产品技术改造，打造自主品牌，不断壮大中小企业市场竞争新优势。要培育“专精特新”企业，围绕产业提升、产业链发展和抢占未来产业制高点分层分类发展培育，打造一批具有核心技术、创新能力强、质量效益优、市场占有率高的“专精特新”企业。要支持“专精特新”中小企业发展，从技术改造、融资服务、市场开拓等方面给予支持，优先推荐“专精特新”中小企业争取国家、省级政策支持。

三是不断强化服务平台建设。要加大对公共服务平台建设的政策扶持，设立专项资金用于平台建设，改革财政资金使用方式，探索“以拨改投”方式对平台进行直接投资，实行市场化运作。要加强民营企业融资平台建设，着力构建民企信贷服务平台，推动政银企之间合作，加强金融机构对民企信贷的支持；着力拓宽民企直接融资渠道，引导民企到“新三板”“新四板”等市场挂牌，鼓励民企通过债券市场和资本市场融资。要建立部门共建共管长效机制，牵头部门发挥统筹作用，加强与其他相关部门沟通、协调与合作，解决平台建设中遇到的问题。

（四）推动营商环境创优，打开市场活力之门

一是持续推进“放管服”改革。增强“放”的效果，推动更多服务事项一网通办，做到企业开办全程网上办理，特别是在常态化疫情防控条件下，对涉及疫情防控物资和重要生活必需品的企业及重点工程建设企业，开辟审批绿色通道，提供“优先受理、一站式办理、限时办结”审批服务。要提升“管”的效能，实施好相关法律法规，依法保护企业家合法权益、企业产权和自主经营权，在新技术、新产业等方面的监管要出真招、实招。要提高“服”的质量，了解企业发展所面临的困境，涉企政策制定要多听企业家意见和建议，以便提供更多优质公共

服务。

二是打通政务服务最后一公里。要以标准服务为核心，树“马上就办”新典范，推动市、县、乡、村四级行政(便民)服务平台上下联动，推进人才保障、持续提升、信息化与标准化融合三大机制创新。以简政放权为抓手，树立“最多跑一趟”和“一趟不用跑”理念，加快取消重复审批、不必要审批，探索推出“市县同权、多点办理”新机制，把“串联审批”改成“并联审批”，并全面推行“清单之外无证明”审批服务。要以便民服务为目标，建立窗口动态增减机制，减少排队等候时间，确保各类申请“当日取号、当日受理”，并建立实施好窗口无否决权机制。

三是携手共建亲清型政商关系。做到政商关系“亲”，各级领导干部要敢于担当，主动为各类企业提供服务，了解企业家的所思所想、所困所惑，为企业发展排忧解难。做到政商关系“清”，各级领导干部要光明磊落地与企业家打交道，同所有企业划清公私界限，坚决杜绝权钱交易、商业贿赂等问题的发生，与企业建立坦荡互信、清白纯洁、良性互动的关系。畅通政企沟通渠道，搭建政企制度化协商平台，建立倾听企业家意见和建议的长效机制，健全深入企业走访调研的工作机制，以便更好地为企业纾困解难。

三、主要问题及相关建议

尽管淮安在保护和激发市场活力改革中取得了积极成效，市场主体的活跃度和企业的创新活力位居全国第一方阵，但实地调研中特别是与企业家座谈中，发现仍有一些普遍关注的问题，需要引起重视并切实加以解决。

（一）主要问题探析

1. 政策执行机制不畅，企业获得感偏低

(1) 政策宣传存在“最后一公里”问题。调研发现，超过60%的小微企业主对市级层面的惠企政策知晓度不足，主要通过非官方渠道碎片化获取政策信息，缺乏系统性和权威性。部分行业商会反映，政策文件专业术语过多、表述复杂，企业理解成本高，难以准确把握政策核心内容和申请要点。

(2) 政策兑现存在“玻璃门”现象，企业看得见却难享受。典型案例如某区2020年科技创新补贴申报过程中，高达30%的企业因提交的材料不符合格式要求等非实质性原因被退回，平均每家企业需重复提交材料达3.2次，耗费大量时

间精力。此外，部分惠企资金存在拨付延迟现象，个别案例显示资金到位最长延迟达 11 个月，严重影响了政策红利的及时释放和企业资金周转。

(3) 政策协同性不足，部门间合力有待加强。市场监管、税务、人社等不同部门的政策在制定和执行过程中存在交叉重叠现象，未能形成有效协同。某食品加工企业具体反映，其同时要应对来自 7 个不同政府部门的 12 项检查或审查，内容多有重复，消耗企业大量管理精力和运营成本。

2. 融资供给结构性失衡，中小企业生存压力大

(1) 信贷资源配置失衡，银行风险偏好保守。根据 2020 年淮安银行业数据显示，新增贷款中仅 18%流向小微企业，且其中 80%又集中投向了处于成熟期的企业，覆盖面严重不均。与之形成鲜明对比的是，处于初创期的小微企业贷款申请拒绝率高达 67%，显著高于苏南地区同期的平均水平，融资可得性极差。

(2) 融资成本居高不下，综合负担沉重。抽样调查显示，当地小微企业的综合融资成本(含利息及各类费用) 平均达 8.9%，其中仅担保费一项就占比达 2.3 个百分点，大幅抬升了企业负担。具体案例中，某机械制造企业一笔 500 万元贷款的实际支付利息水平，较央行公布的基准利率上浮幅度达到 45%，成本压力巨大。

(3) 应急融资渠道缺失，风险缓冲能力弱。疫情期间政府虽设立了应急转贷资金，但规模仅 5 亿元，相对于庞大的小微企业群体需求而言杯水车薪，未能有效覆盖。某纺织企业面临续贷需求时，急需 300 万元过桥资金填补缺口，却因缺乏官方应急支持渠道，最终被迫转向月息 3 分(年化 36%) 的高成本民间借贷，经营风险陡增。

3. 市场竞争环境有待优化

(1) 隐性壁垒仍然存在，市场准入不够公平。在建筑工程、政府采购等关键领域，本地企业中标率高达 78%，表面数据之下，有 32%的中标企业承认在招投标过程中存在不同程度的"关系门槛"或隐形壁垒。某新进入淮安市场的环保企业反映，其资质审核所需时间比本地同类型企业平均长 20 个工作日，市场进入明显受阻。

(2) 监管执法标准不一，"以罚代管"倾向显现。针对同一性质的违法行为，在不同辖区或由不同执法单位处理时，处罚金额差异最高可达 3 倍，公平性受质疑。2020 年，当地 12345 政务服务热线收到的涉企执法相关投诉量同比增加 27%，主要集中反映部分执法部门存在"以罚代管"、简单粗暴处理的问题。

(3) 信用修复机制缺失，纠错成本高昂。某企业因一次非主观故意的轻微违法被列入经营异常名录，尽管企业迅速整改完毕并符合移出条件，但因缺乏有效的信用修复机制和渠道，在随后 2 年内仍因此失去多达 12 次重要的投标资格，造成直接经济损失超过 200 万元，对企业声誉和发展造成长期负面影响。

4. 创新发展动能不足

(1) 研发投入强度偏低，创新基础薄弱。当地规模以上工业企业研发经费支出占营业收入的比例仅为 1.2%，低于全省平均水平 0.8 个百分点，投入严重不足。高新技术企业数量仅占全省总数的 3.1%，且其中 70%高度集中在各类开发区内，区域分布极不均衡。

(2) 人才结构性短缺，高端人才流失严重。在智能制造等关键新兴领域，技术研发和技能人才缺口高达 1.2 万人。人才保留亦面临挑战，某重点企业新引进的 5 名博士层次高端人才，因配偶就业等配套问题在 3 年内全部流失，人才引进成效难以巩固。

(3) 创新载体效能不高，成果转化不畅。已有的 3 家省级重点实验室研究方向与本地主导产业的契合度不足，未能有效支撑产业升级。技术市场合同成交额中，真正在本地实现转化落地的比例仅 29%，成果外流现象明显。创新协同机制亦有缺陷，某校企共建的联合实验室因知识产权归属等产权纠纷，导致已产出的 3 项具有应用价值的专利长期闲置，无法产业化。

5. 政务服务效能存在短板

(1) 数据共享不充分，企业需重复提交。企业办理建筑许可等复杂事项时，平均需重复提交材料多达 17 份，其中至少有 9 份材料属于政府部门间本可通过信息共享获取的数据，人为增加了企业负担。电子证照的推广应用率仅为 43%，远低于省定标准 65%的要求，差距达 22 个百分点，数字赋能作用未充分发挥。

(2) 中介服务不规范，监管存在缺位。在涉及环评等需第三方服务的领域，存在不规范现象。某企业办理环评手续时，被变相指定到特定中介机构，其收费水平比市场公允价格高出 40%，且实际服务周期超出其最初承诺时限 15 天，增加了企业制度性交易成本和时间成本。

(3) 诉求响应机制待完善，问题解决效率不高。企业服务中心受理的复杂涉企诉求，平均解决周期长达 23 天，超出其对外公开承诺的 16 天时限达 7 天之多，响应速度有待提升。具体案例中，某企业反映的厂房产权历史遗留问题，虽经多次沟通，历时 2 个月仍未得到实质性解决，企业正常经营受到影响。

（二）相关对策建议

1. 建立部门协同监管机制

有效整合市场和质量监督管理委内部各业务部门的监管制度，形成覆盖登记监管、广告、市场规范、商标、电子商务、质量、特设、商品交易市场规范管理等各项职能监管制度的信用信息归集、共享和联合惩戒机制。建立跨部门、跨领域的协同监管和失信惩戒机制，联合实施失信企业协同监管和惩戒，同时以电子政务资源信息共享平台作为各部门信息互通和共享的“中转站”，有效解决制约联合惩戒发挥作用的“信息孤岛”问题。

2. 建立以信用为核心的市场监管体系

信用，对于个人、企业、社会而言，都十分重要，它是人的“第二身份证”，也逐渐成为市场经济的“硬通货”。监管政策措施往往放在简化程序、缩短时间等便利化上，但这只是解决了营商环境的浅层次问题，基本出发点还是基于门槛管理的固定模式，尚未形成有力、规范、长效、透明的信用管理模式。

要加强信用监管为着力点，创新监管理念、监管制度和监管方式，大力推进行政管理由“门槛管理”向“信用管理”转变，建立覆盖事前、事中和事后全流程监管环节的新型监管机制，助推淮安市高质量跨越发展。加快推进智慧信用监管，建立起企业、社会组织、事业单位及个人的信用信息数据库和全市统一的公共信用信息管理系统，归集各类涉及法人和自然人的信用信息。运用大数据建立企业信用合规评价模型，搭建企业信用风险分类及预警平台。

3. 探索建立开放政府数据资源共享服务机制

目前，淮安市政府部门的信息化项目建设过程呈现出独立、分散和随机的现象，由于缺少宏观层面的统筹规划，各个部门的信息化系统往往只根据自身的业务需求开发建设，而对与其他部门实现信息资源共享和业务协同考虑不足，政务数据资源呈现“纵强横弱”现象，即只能在本部门条线内上下贯通，却无法与其他部门的信息资源实现横向共享，导致数据重复采集、一数多源、数据打架的情况十分普遍。调研中企业反映，如果政务数据能够实现资源化流通，例如政府建好城市管理大数据系统，无论住房、医疗、入学及教育，民众都能够实现“一证走淮安”，即民众办理业务时只要出示身份证，系统便会根据汇聚整理好的信息自动生成表格，则可以大大提高办事效率。

要整合淮安市政府部门的公共数据资源，促进政府部门公共数据资源互联互通，提升政府数据的一致性、准确性及有效利用率，进一步提高淮安市政府的服务能力。

4. 更加注重市场公平竞争

公平竞争是保障市场机制有效的关键，也是创新监管理念和方式的首要任务，不仅国有企业和民营企业等不同所有制的企业在市场竞争中要公平，大中小企业在市场竞争中同样应该公平。但地方政府在对待不同类型的所有制企业时往往更加青睐国有企业，在对待不同规模的企业时往往更加青睐大型企业。调研中发现，淮安市存在着同样的问题，相关产业政策强调支持企业做大做强，鼓励龙头企业开拓国际市场，而对中小企业关注不够。不少企业抱怨，行业内的龙头是政府关注和支持的重点，排名稍微靠后点的企业就难以享受同等的待遇，这样往往会带来巨头垄断，而垄断的结果就是抑制创新。

政府产业政策要加快向竞争政策转型，强调普惠性，突出公平性，少用选择性。应参照市场经济国家的普遍做法，对大型企业加强垄断性审查，对中小企业加强政策性扶持，促进各种类型、各种规模企业协调互动发展。

5. 采取切实措施留住各类人才

对企业发展和竞争力提升而言，人才是最重要的资源，如何吸引人才和留住人才，是企业发展必须面对的首要问题。目前，淮安市人才流失严重，很多公司中即使是高薪引入的高技术人才和重金聘请的高级技术工程师的流失现象也非常严重。导致这个问题的原因，一是苏北地区(包括淮安)房价持续走高，人才承受不了房价带来的压力，会选择回到家乡工作和生活。二是出台的人才政策更多向最高端人才倾斜，大量位于中间阶层的人才享受不到政策的福利，而这些人恰恰是淮安产业发展中最宝贵的人力资源基础。

要加大保障性住房的供给，从根本上缓解购房压力。在存量上系统管理好小产权房和农民自建房，在增量上可采取“借地发展”等多种方式供给更多房源；在住房政策上更多向中高级人才、夹心层人才、普通人才倾斜。在保留核心和骨干人才方面支持企业建设员工安居房；给企业人才提供定向配租的公租房；提供安居房配售名额；加大租房补贴支持。对刚落户淮安的大学生推出“公共租赁房”，通过政府、企业、个人三方力量解决住房问题。

第六章　共享篇

经济欠发达地区失地农民再就业问题的现状及对策
——以淮安为例

（本文撰写于 2016 年）

20 世纪末以来，随着经济欠发达地区城市化进程的不断加快，社会发展对土地的需求越来越大，开发区建设、道路运输建设、厂房集中建设等都征占了大量土地。失地农民是经济欠发达地区城市化进程中的弱势群体，面临安置补偿、转移就业、社会保障等诸多问题。其中，实现失地农民转移就业是解决失地农民生存发展的关键环节，也是我国城市化进程中亟待解决的重大问题。党的十八大提出："加强社会建设，必须以保障和改善民生为重点。提高人民物质文化生活水平，是改革开放和社会主义现代化建设的根本目的。要多谋民生之利，多解民生之忧，解决好人民最关心最直接最现实的利益问题，在学有所教、劳有所得、病有所医、老有所养、住有所居上持续取得新进展，努力让人民过上更好生活。"各级政府对失地农民再就业问题非常重视。失地农民作为失去生存资本的弱势群体，其就业在表现形式和解决方法上与一般农村劳动力转移有着诸多不同。

一、淮安失地农民现状

截至 2014 年底，淮安各县区失地农民数量近 5 万人，经省级以上人民政府批准征收土地 3 847.24 公顷。在失去赖以生存的土地之前，淮安各县区农民的传统收入来源主要有以下几种：一是年龄较大的男性和绝大多数女性农民在家务农，获得以种植水稻、小麦、蔬菜、棉花等农作物为主的土地经营收入；二是就近务工，即进入城区各类企业劳动获得收入；三是外出务工，即进入苏南及邻近省份从事工业或第三产业劳动获取收入；四是自由职业收入，主要为小商贩、临时工等。据淮安市统计局资料显示，2014 年务农、务工渠道就业收入占淮安市县区农村农民收入的 60%以上。然而，随着淮安城市化进程的不断推进和大规模征地拆迁，务农和就近务工收入渠道的就业容量大幅降低，主要有以下几方面原因：一是土地被征用，使务农收入减少甚至不再存在；二是受城市功能规划影响，企业集中入驻工业新区或者撤销，导致就业岗位减少或因交通不便使农民只能放弃就业。虽然通过“土地换社保”和拆迁补偿金等措施，失地农民的基本生活得到了保障，但是失去务农、就近务工机会所带来的收入减少和集中在安置区居住所带来生活成本的增加，逐渐形成了经济上的巨大反差，给提升失地农民生活水平带来巨大障碍。同时，由于受企业市场化用人标准以及农民自身素质的制约，农民所应聘岗位大都限制为保洁、保安等，所以目前失地农民中劳动力就业率很低。大量的失地农民处于失业状态，不仅是劳动力的极大浪费，而且单纯依靠土地补偿款生活，也不利于现代新市民的成长，对淮安城乡社会和谐建设也产生了不利影响。

据对淮安市淮安区 1 500 名失地农民的抽样调查统计，目前淮安市失地农民的再就业状况大致可以分为以下几种：第一种是脑子比较灵活，有一技之长的农民，离开了土地，能够实现自由就业，他们的生活质量较土地被征用以前有所提高，但这部分人只占总数的 12%左右。第二种是接受政府安置，主要从事保安、保洁等工作，或进入工业新区工作，这部分人员生活质量与土地被征用前基本持平，占到 38%左右。第三种是无一技之长，获得补偿款后不愿参加工作，或者是女性劳动力和年纪大的男性劳动力，这部分人基本无业，赋闲在家，这类失地农民所占比为 47%。其他类基本以打短工为主，处于有活就干、无活就闲的状况。这样的就业现状对失地农民心理及行为等方面产生了极大的负面影响。

二、淮安失地农民再就业的影响因素分析

淮安失地农民再就业的影响因素包括外界客观因素和失地农民自身主观因素。从外界客观因素来看，失地农民再就业时面临以下几方面困难：一是就业信息不对称。一方面，2013 年底前，淮安各用人单位尚缺劳动力 3 万人，2014 年约 5 万人(其中对农民工的需求占 90%)。招工难的问题已成为制约企业快速发展的瓶颈。另一方面，大量失地农民因为信息不畅而无法及时就业，很大程度上制约了失地农民的再就业。二是针对失地农民的技能培训与市场需求不相适应。全市劳动力培训工种虽然达 30 多项，但多数集中在电脑、电动缝纫、美容美发、厨师等专业，实用技能培训面较窄。而淮安本地制造企业急需的，如车工、焊工、钳工等专业实用技术工种培训容量较小，远不能满足劳动力市场的需求。同时，劳动力培训工作存在短期行为，各培训机构缺乏长远规划，培训形式单一，

以引导性培训和短期培训为主，在劳动力市场上还没有形成劳动力培训的品牌效应。地方财政受本身实力限制，投入不足，加之有限的资源分散在不同部门，形成多头管理，导致对农村劳动力技能培训支出的收益率不高。这些都影响了失地农民再就业的质量。三是企业原因导致失地农民缺乏长远保障。淮安在承接发达地区产业转移过程中，引进了一大批以生产加工业为主的劳动密集型企业。部分企业把欠发达地区丰富的劳动力资源作为企业低成本扩张的生产要素，采取降低工资、延长工作时间、加大工作强度等不正当方式，降低用工成本，忽略了劳动者的基本权益。就企业用工环境来看，部分企业没有为职工缴纳各项保险，部分企业的劳动合同签订率和社会保险参保率不足六成。同时，一些企业无故拖欠和克扣劳动者工资的情况仍时有发生，导致劳资双方关系紧张，从而在一定程度上影响了失地农民再就业的心理意愿。

从失地农民自身主观因素来看，首先淮安失地农民的文化程度普遍不高，符合用工条件的文化程度以初中及以下为主，占 73.57%。从技能培训情况看，35%左右的失地农民没有接受过专门的技能培训。从性别结构看，女性所占比例稍大。因此，虽然不少企业需要的只是普通工，但受文化水平的限制和职业技能缺乏等因素的制约，相当一部分待转移的失地农民只能“望工兴叹”。其次是年龄需求错位。作为以往的劳务输出大市，由于长期以来本地劳动力供给充裕，许多企业习惯于选用年龄在 18～35 岁的年轻劳动力，形成低工资招进，“黄金期”使用后不断轮换的用工格局。然而，失地农民中的年轻劳动力大都希望通过外出打工开阔视野，目前滞留在本地的失地农民平均年龄 41 岁，18～35 岁的仅占 3%。再次是就业观念的错位。部分失业农民就业观念存在偏差，还无法适应市场经济条件下的合同制就业方式；有的找不到理想工作就不就业，宁愿依靠土地征用补偿款等待观望；有的对企业缺乏归属感，没有把企业的长远发展与自己的稳定就业紧密相连，稍有不满就跳槽走人。

三、经济欠发达地区失地农民再就业问题的应对措施

针对以上影响因素，对于经济欠发达地区的失地农民再就业问题，应从政府、社区和失地农民三方面考虑。

一是政府层面。首先应加强信息宣传。如淮安市政府就可以通过“政府网站、公共就业服务平台、报刊、12333 服务热线”等现有媒介，重点对县区失地

农民及时宣传就业政策，发布各工业园区企业岗位信息，将招工信息送到失地农民手中。其次，应对失地农民进行有针对性的培训，提升其就业技能。围绕本地企业用工需求和失地农民就业需求，大力开展技能就业培训、新成长劳动力技能储备培训，提升其技能水平，增强其就业能力，满足企业用工需求。再次，政府部门在加大招商引资力度的同时，要对投资企业全程跟进劳动保障权益维护工作，决不能把牺牲劳动者基本权益作为引资的筹码。要鼓励企业建设“以人为本”的企业文化，自觉遵守劳动保障法律法规，加强劳动保护，改善生产生活环境。同时，要规范企业劳动用工，严格执行《中华人民共和国劳动合同法》和《中华人民共和国就业促进法》，用工单位要与失地农民工依法订立劳动合同，建立权责明确的劳动关系，依法为农民工缴纳社会保险，并到劳动保障部门办理用工登记和备案手续。要逐步提高工资水平，督促企业严格执行最低工资标准和法定休假制度，依法支付加班工资，规范工资支付行为，从而吸引更多的失地农民加入就业行列。

二是社区角度。通过组建民间社团，吸引目前尚未就业的失地农民参加一些积极向上的活动，丰富失地农民的闲暇生活，避免过多空闲时间所引发的负面社会现象，如聚众赌博、心理障碍等。此外，也可以多种方式吸收安置富余的土地补偿金，为失地农民创业提供资金支持。

三是失地农民角度。首先要调整心态，增强自我生存和发展的能力。失地农民要正视现实，转变观念。改变当前消极的就业心理，要认识到想在激烈的城市生活中获得成功，唯一的办法就是勤奋努力，增强自己的竞争实力。其次要积极接受就业培训，提高就业能力。失地农民需要重视教育培训的作用，通过教育培训来提高自身的文化素质和科学技术能力，改变保守、自满、抱怨、依赖他人的思想。同时失地农民在参加就业培训时，应立足企业，以企业的需求为自身的培训方向，避免眼高手低，逐步形成关注自身可持续发展和积极的创业意识。

十八大以来淮安市新型城镇化建设回顾与思考

（本文撰写于 2017 年）

党的十八大以来，面对错综复杂的国际形势和艰巨繁重的国内改革发展稳定任务，在以习近平同志为核心的党中央正确领导下，淮安市按照“五位一体”总体布局和“四个全面”战略布局，创新思路和方式，树立创新、协调、绿色、开放、共享的新发展理念，向改革要活力，向创新要动力，新型城镇化建设取得辉煌成就。

一、城镇人口规模不断增长

随着新型城镇化的快速推进，淮安市城镇人口绝对量急速增加，城镇化率由2012年的41.4%增加至2015年的58.2%，年均提高2.4%。以城镇人口和常住人口来看，2012年淮安市城镇人口221.1万，常住人口534.06万；2015年淮安市城镇人口283.31万，常住人口487.20万。城镇人口累计增长62.21万人，人口净流出77.25万人。以从事农业的劳动人口比重计算，2012年淮安市从事农业的劳动人口比重为71.53%，2009年为68.3%，2010年为67.43%，2011年为59.81%，2012年为42.97%，2013年为41.94%，2014年为40.28%，2015年从事农业的劳动人口为203.89万人，比重占36.12%。由此可以看出，滞留在农村的劳动力无论在数量上还是比重上都呈递减趋势，越来越多的农村劳动力从农业当中释放出来。

二、居民生产生活环境持续改善

近年来，淮安市民生工程的积极成果效用正不断显现，城乡居民的生产生活环境持续改善。城镇人均住房面积由2012年的33.2平方米增长到2015年的43.8平方米，年均增长率达4.56%；每万人拥有医院和卫生院病床数由21.76张增加至50.91张、卫生技术人员数由44.03人增至59.7人；农村有线电视入户率93%，用户由61.3万户增加至151.89万户；全市自然保护区面积截至2015年达7.09万公顷。

三、经济集聚能力显著增强

淮安市的新型城镇化建设进程是各类经济要素集聚的发展过程，其体现在以下几个方面：一是经济总量显著增长。2012—2015年，淮安市生产总值由915.83亿元增至2745.09亿元，年均增长12.5%，增长2.997倍；人均GDP由18 900元增长至56 460元，增长了2.987倍，年均增长率为17.04%。二是经济要素集聚能力显著上升。2012—2015年，伴随新型城镇化进程加快，人力资本、资金、土地等生产要素资源不断向城镇集中。农村劳动力不断向城镇转移，2012—2015年农村人口由384.07万人减少至203.89万人，减少了46.91%，年均减少6.7%；城镇固定资产投资由563.25亿元增加至2 203.24亿元，增长3.91倍，年均增长24.04%；普通高校在校生由6.77万人增至7.5万人；小学、初中毕业生升学率由97.2%、95.9%增至100%、98.2%；城区面积由100平方公里增至140平方公里；建设用地面积由120.77平方公里增至213平方公里，增长了56.7%。高中阶段教育毛入学率截至2015年为98.1%。三是基础设施建设显著加快。2012—2015年，淮安市基础设施建设步伐明显加快，各种要素配置效率得到了进一步提高。在交通设施方面，公路发展速度最快，里程由11 064公里增加到13 272.8公里，其中高速公路里程由380公里增加至403.44公里。截至2015年，港口集装箱年吞吐量达13.5万标箱；航空旅客吞吐量50.5万人次，货邮吞吐量达3754吨。在城镇基础设施方面，互联网用户由21.93万户增长到57.64万户，移动电话用户由133.81万户增加至368.57万户。四是消费集聚效应不断提升。2012—2015年，社会零售商品总额由335.9亿元增长至814.81亿元，增长2.43倍，年均增长率为20.37%，其中批发零售贸易业总额由286.1亿元增长至736.5亿元，增长2.57倍，年均增长率为22.49%；城镇居民人均消费支出由9 058元增长至15 867元，增长1.75倍，年均增长率为8.76%；农村居民人均消费性支出由3 760元增长至8 651元，增长2.3倍，年均增长率为14.69%。

四、优势特色产业地位凸显

新型城镇化建设加快了淮安产业结构优化升级的进程，特别是在工业经济及优势特色产业、企业等效益有了质的飞跃。一是工业经济效益显著。淮安市规模以上工业增加值由2012年的324.21亿元增至2015年的1483.25亿元，增长4.58倍，年均增长率为15.17%；增加值占GDP比重从2012年的35.4%增长至2015年的54.03%；工业企业经济效益综合指数由2012年的235.01%增长至2015年的394.82%，年均增长率为9.75%。二是主导产业地位日益突出。淮安市逐渐形成了“4+2”优势特色产业，盐化新材料、特钢、电子信息、食品四大主导产业以及高端装备制造业、新能源汽车及零部件产业两大战略性新兴产业，已经成为淮安工业发展的主推动力。2012—2015 年，“4＋2”优势特色产业工业总产值占全市规模以上工业企业总产值比例保持在 55％以上，工业增加值占全市比例保持在 60％以上，最高达到 70.69％，对全市工业增加值的拉动达 15％以上。淮安市“4＋2”优势特色产业发展迅猛，产业总量不断扩大。2012—2015 年，淮安“4＋2”优势特色产业产品产值由 777.94 亿元增长至 3 902.8 亿元，占全市规模以上工业企业总产值的 58％，年均增长率达 28.51％。截至 2015 年，淮安市“4＋2”优势特色产业共有企业 1 155 户，占工业企业数总数的 47.04％。其中，盐化工企业 186 户，特钢企业 202 户，电子信息企业 205 户，食品企业 293 户，高端装备制造、新能源汽车及零部件两大战略性新兴企业 269 户。

五、结构转型效果突出

淮安新型城镇化建设也进一步促进了淮安市城镇结构的优化，主要体现在以下几个方面：一是城镇空间发展格局逐步优化。淮安的中心城区与各县城不断发展壮大。中心城区常住人口已突破 140 万人，建成区面积超过 155 平方公里；涟水、盱眙县城建成区面积超过 30 平方公里，常住人口超过 20 万人；洪泽、金湖县城常住人口突破 10 万人。全市新增 14 个国家级生态乡镇和 286 个市级以上生态村，9 135 个村庄的环境得到了有效整治，三星级康居乡村增加了 16 个，特别是码头镇码头村和塔集镇陆河村已经被列入全国美丽乡村创建试点村。市域城镇体系逐步完善，已经培育形成 1 个中心城市引领、4 个县域支撑、若干省级重点中心镇节点联动的城镇体系结构。二是就业结构日趋合理。2012—2015 年，淮安市农村劳动力转移成效明显，转移累计量达到 180.87 万人，平均每年转移 25.84 万农村劳动力。当前，淮安市三次产业的就业结构也在不断趋于合理。具体体现在，第一产业就业人口比重呈逐年下降趋势，由 2009 年的 31.1％下降为 2015 年的 28.3％；第二产业就业人口比重逐年增加，由 2012 年的 30.2％上升为 2015 年的 31.5％；第三产业就业人口比重逐年增加，由 2012 年的 38.7％上升为 2015 年的 40.2％。三是产业结构进一步优化。2012—2015 年，淮安非农产业在整个产业中的比重逐年上升，三次产业结构发展日趋合理。2012—2015 年，淮安市产业结构逐年发生转变。第一产业在国内总产值中的比重不断下降，由 15.5％下降为 11.7％，下降率为 30.25％；第二产业的比重亦逐年缓慢下降，从 49.5％下降到 44.2％，下降率为 10.49％；第三产业的产值比重由 35％上升到

44.1%，上升率为23.73%。从产值构成来看，第一产业所占比重日益缩小，虽然第二产业比重缓慢下降但其仍然是淮安经济的主要产业，第三产业稳步增长，已经成为淮安市最主要的产业。

六、思考与建议

新型城镇化重在促使城镇建设更加优化、区域发展更加协调、城乡差距进一步缩小，县域新型城镇化是促进城乡融合发展的重要载体。应加快以县城为重要载体的城镇化建设。根据乡村振兴和新型城镇化目标下的城乡空间格局关系，针对淮安市县域城镇化建设具有发展类型多样化等特点进行分类引导，持续增强县城对县域经济的支撑作用。引导县域特色经济及农村二、三产业在县城集聚，补齐医疗机构、职业教育、物流配送等短板，提升公共服务供给配置能力。引导县城就近接受都市圈中心城市辐射，加强与重要枢纽城市的交通信息联系，进一步分享服务功能，提升资源获取能力。

推进新型城镇化发展，更需要从省域范围着手顶层政策设计的创新，具体来看，全省乡村振兴和新型城镇化需要突破的政策障碍主要聚焦在“人、地、财”三个方面。针对人口要素政策创新，一方面要围绕提高以农业转移人口为重点的常住人口市民化质量，全面深化户籍制度改革；另一方面要鼓励村集体经济组织运用创新股份转让、赋予“新村民”资格及相应权能等多种方式，吸引各类人才返乡就业创业，破除城乡人口双向自由流动的体制机制障碍。针对土地要素政策创新，要统筹国有建设用地和集体建设用地，按照“统一规划、统一管理、统一供应”原则，积极推进集体经营性建设用地入市，加快建立城乡统一的建设用地市场，深入挖掘激活乡村各类资源要素的价值。关于资本要素政策创新，要积极吸引社会资本下乡，以工商资本、城市资本投资农业、农村，推动农业规模化经营，建立起现代农业经营体系，更好地为社会资本进入乡村搭桥铺路。

淮安市现代服务业发展研究

（本文撰写于2018年）

当前世界经济中，服务业是国民经济的重要组成部分，其发展水平成为衡量地区综合竞争力和现代化水平的重要标志，尤其现代服务业是全球产业竞争的战略制高点，是价值链“微笑曲线”的高端环节。

一、淮安发展现代服务业的战略意义

根据西方资本主义国家的发展经验，在后工业化时期，现代服务业对国民经济与社会发展的贡献度会超过其他产业，成为推动经济发展、促进社会进步和提高生活质量的重要力量。“十三五”时期是我国经济社会发展由量到质飞跃的关键时期，加快现代服务业发展，形成以服务业为主导的经济格局，是这种飞跃的必要条件，也是立足新常态转变发展方式，进而保持经济持续健康发展的基本要点。全国各省市相继把加快服务业发展作为推动当地经济发展的重要途径，服务业发展状况和发展水平已成为衡量一个国家和地区经济发展水平的主要标志。

现代服务业跨越发展对于淮安意义重大。一方面，能有效破解要素制约从而增加城市综合竞争力；另一方面，能带动产业结构优化，提高产业层级及加快转型升级步伐；此外，能加快淮安从苏北地理位置上的中心，向创新型经济发展及区域功能中心的转变，成为对内集聚和对外辐射的区域性功能中心。

二、淮安现代服务业发展现状分析

近年来，淮安坚持把加快发展现代服务业作为推动经济转型升级的重要力量，提出“4＋3”特色服务业(即物流、金融、旅游、商贸等四大基础服务业，电子商务、健康养生、文化创意三大新兴服务业)，全力推动现代服务业发展提速、比重提高、质态提升，为全市经济健康快速发展做出了积极贡献。

第一，总量持续扩大。横向来看，淮安市服务业保持平稳较快增长。2016年，全年实现服务业增加值1 455.24亿元，同比增长10.6%，在三次产业中占比达47.74%，较上年提高1.8个百分点。服务业增加值于2015年已超过第二产业，实现了三次产业比重由“二三一”到“三二一”的历史性转变，“4＋3”服务业特色产业占全市服务业增加值比重超过76％。纵向比较，服务业占比在苏北苏中较高。淮安市服务业增加值连续多年保持两位数增长，增速位居全省前列。“十二五”时期，服务业增加值年均增速占GDP比重与提升百分点在苏北苏中8个城市中排第三，在苏北5市中排第一。2015年，全市服务业增加值占GDP的比重在苏中苏北8个城市中排第二。

第二，贡献份额不断提升。“十二五”期间，淮安市服务业对GDP的贡献率达到43.9％，比“十一五”时期提高7.2个百分点。而第一产业、第二产业对GDP的贡献率均为下降趋势，服务业支撑GDP增长的优势不断显现，在全市经济中的地位不断上升。此外，服务业成为吸纳就业主要渠道。2015年末，服务业从业人数114.7万人，占当年全部从业人员的40.6％，与2010年末相比，提升了1.41个百分点。而同时期第二产业比重为31.36％，与2010年末相比，减少0.54％，服务业吸纳劳动力的作用进一步增强。

第三，内部结构逐步优化。全市传统服务业保持平稳发展的同时，现代服务业迅速发展，服务业内部结构不断优化。从2015年与2010年各行业增加值占服务业增加值的比重比较看，传统服务业中，批发零售业、住宿和餐饮业的增加值占比都得到提升；现代服务业中，租赁和商务服务业占比提升了2.1％，居民服务、修理和其他服务业占比提升了1.6％，金融业占比提升了0.6％。

第四，集群化发展日益明显。在技术创新、制度创新和管理创新基础上，服务业的经营模式、发展理念创新不断深化，服务业重点集聚区、重点项目、重点企业三大核心支撑载体加快培育，服务业集群化发展态势越来越明显。推动产业集中集聚，发展提升宁淮现代服务业集聚区、宁淮新型产业科技园、淮安软件园等载体，打造现代服务业优势特色产业集群。2016年，全市29家省、市级现代服务业集聚区完成累计入驻企业超过1.3万家，营业收入376.5亿元，营业收入增长13％，实现税收23.2亿元。2016年全市200个5 000万元以上“4＋3”服务业特色产业项目完成投资603.2亿元，较去年同期增长14.9％。

第五，人才支撑不断强化。全市连续多年组织重点企业、重点集聚区管理人员参加在北大、浙大等知名院校举办的现代服务业管理人员培训班，帮助服务业企业管理人员开拓思路、提高业务能力。积极调研现代服务业领域高层次人才需求情况，帮助服务业企业切实解决人才瓶颈等问题。清城创意谷产业园围绕园区发展，大力引进高层次服务业人才，成为苏北地区唯一一个“国家级众创空间”，孵化创客团队和众创型企业已达 52 家，涵盖教育培训、电子商务、动漫创作、文化传媒、软件开发等近 20 种新兴业态。

第六，组织保障日益增强。淮安市服务业发展领导小组建立了全市服务业部门联席会议制度，积极履行相关职能，根据规划统筹好全市“4＋3”服务业特色产业发展方向和功能布局。此外，加快建立“4＋3”服务业特色产业统计监测分析体系，市发改委和市统计局开展合作，围绕服务业特色产业、集聚区、项目等要素定期采集数据，形成从宏观产业层面到微观企业层面的数据覆盖，并对数据进行分析梳理，系统量化全市服务业规模、增速、分布等指标，为全市重大事项的相关决策提供科学依据。编制出台了全市服务业招商引资绩效考评办法，优化“服务业入库税收”考核指标，确保服务业目标考核的科学性和可操作性。

三、淮安现代服务业发展对策

淮安市现代服务业虽然取得了不错的成绩和较快发展，但有些方面仍需进一步提升，服务业企业竞争力需继续增强，创新性有待提高，且品牌意识、现代经营意识有待增强，处于全省领先地位的服务业大企业和企业集团数量有待提升。具体来说，应围绕以下几个着力点：

把握好发展思路。一是发挥市场配置资源的决定性作用。要尊重市场，进一步放宽市场准入，使社会资本成为服务业发展的主体；建立健全服务领域市场规则，形成统一透明、有序规范的市场环境，充分发挥市场机制对现代服务供求关系的调节；理顺服务业价格形成机制和定价机制，善于运用价格机制支持和促进服务业关键领域、薄弱环节、新兴产业和新型业态的发展。二是处理好服务业和制造业的关系。20 世纪末、21 世纪初，一些发达国家过度侧重金融和房地产业发展，出现了产业空心化问题，主要表现为服务业脱离制造业发展的基础，离开服务实体经济和民众生活的根本点，导致经济结构严重失衡和金融危机。因此，必须注意的是，在加快发展服务业的过程中，制造业绝不能空心化，这是一条底线，要实现先进制造业与现代服务业互动并进、融合发展。

明确重点发展领域。依据淮安市相关文件的战略定位，提升物流、金融、旅游、商贸等四大基础服务业，提升电子商务、健康养生、文化创意三大新兴服务业，加快构建以“4＋3”服务业特色产业为主体的现代服务体系。积极培育现代服务业集聚区。按照产业集聚、布局集中、资源节约原则，科学确定集聚区分布、功能定位、发展目标、产业导向和空间布局，建设布局合理的现代服务业集聚区。加快金融中心、宁淮现代服务业集聚区、宁淮新兴产业科技园、头溪河综合物流园等项目和平台建设，推动淮安电商物流园争创全国跨境电商示范集聚区，打造商务商贸、现代物流、综合市场、文化旅游等产业集群。

提供优质政策保障。从政策体制方面来看，美国、日本、德国、韩国的政府通过颁布一系列相关法规和发展战略，鼓励和刺激全社会注重和发展现代服务业，营造出很好的现代服务业发展环境。对于淮安市来说、要进一步优化现代服务业发展的“环境力”。把浪费在过剩产能中的资源和市场空间，通过供给侧结构性改革，逐步市场化地转移到现代服务业。要加大资金支持，服务业属于轻资产行业，可以抵扣所得税的固定资本折旧少，同时，现代服务业属于人力资本、技术资本和知识资本密集行业，它的消耗强度大、“折旧”周期短，因此提升这个产业部门的劳动力服务水平，需要比制造业提取更多用于人力资本培训的费用，可以通过设立市级“4＋3”服务业特色产业发展基金，引导和鼓励金融机构通过信贷资金、直接融资工具等向服务业企业倾斜。此外，还需加大对服务业的土地利用、人才支持和用工保障。

加强城市群之间的政府合作。抓住“一带一路”倡议实施机遇，鼓励优质服务企业以商标、专利等为纽带，通过跨地区跨行业兼并和重组，构建现代服务业的专门行政管理体系，从顶层协调与苏中苏南地区、长三角其他城市的现代服务业区域间管理体制、政策制度、市场规则、基础设施、环境保护和信息网络的一体化建设，从而消除区域之间行政体制的衔接壁垒与障碍，这将有利于淮安市与长三角和省内其他现代服务业城市群的产业联动，推动淮安市现代服务业的快速发展。

解决好这些问题，真正把习近平总书记对江苏提出的“强富美高”新江苏要求在淮安市体现好落实好，从而加快把淮安建设成繁荣之城，成为长三角北部先进制造业基地、现代服务业高地。

新内生式发展理论下农村集体产权制度改革的困境及破解

（本文撰写于2022年）

积极稳妥推进农村集体产权制度改革是以习近平同志为核心的党中央作出的一项重大部署，是我国全面深化农村改革的关键所在，也是实施乡村振兴战略的重要抓手。党的二十大提出，要巩固和完善农村基本经营制度，发展新型农村集体经济；深化农村土地制度改革，赋予农民更加充分的财产权益；保障进城落户农民合法土地权益，鼓励依法自愿有偿转让。然而，农村集体产权制度改革在取得重大成效并进一步推进的同时，也面临一些困境。其中，比较突出的问题是股权配置的封闭性与产权交易开放性之间的张力逐渐增大。在此过程中，农村内生动力不足和外部资本介入的矛盾日益凸显。长此以往，农民与农业、土地之间的关系将渐渐疏远，必然会导致农村可持续发展危机。我国必须着力培育乡村地区的内生动力，增强乡村自主发展的能力，走内生式的乡村振兴道路。在此视角下，基于淮安市农村集体产权制度改革情况的跟踪调查，系统梳理分析改革进程中的重点难点问题，并就淮安市的这些问题的解决提出政策建议，以期为各地改革工作提供参考借鉴。

一、淮安市农村集体产权制度改革的基本情况

2018年，淮安市被纳入农村集体产权制度改革国家试点城市，于2020年完成了全市1 529个村的改革任务。围绕“归属清晰、权责明确、保护严格、流转顺畅”的农村集体产权制度改革总目标，按照“确权、赋能、搞活”思路，扎实推进以社区股份合作制改革为重点的农村集体产权制度改革，取得积极成效，走在全省前列。

农村集体资产清产核资全面完成。按照中央和省市部署，淮安市按照“过程透明、结果公开”原则，全面清查核实农村集体经济组织集体所有的经营性、非经营性和资源性资产，摸清集体家底。已全面完成农村集体资产清产核资工作，

并录入全国农村集体资产清产核资系统，所有数据全部通过审核验收。全市农村集体资产清查核实后资产总额 97.92 亿元，其中经营性资产 34.87 亿元。核实集体土地 1 058.22 万亩，其中农用地 854.23 万亩。

农村社区股份合作制改革整体推进。淮安市从实际出发，积极开展农村社区股份合作制改革试点，因地制宜将农村集体经营性资产折股量化给本集体经济组织成员。全市 1 529 个村(居)全部完成农村社区股份合作制改革，累计界定集体经济组织成员 401.38 万人，折股量化资产总额 24.25 亿元。

农村产权流转交易市场建设成效显著。围绕农村集体产权制度改革总目标，在建立健全市场交易机制基础上，淮安市不断强化交易监管，规范操作程序，拓展交易品种，优化市场服务，形成了市、县、乡三级交易网络。全面推广线上交易，在全省率先实现县区全覆盖。全市通过省农村产权交易信息平台累计交易项目 45 170 笔，成交金额 137.36 亿元，其中农村土地承包经营权流转交易 109.6 亿元，交易面积 193.87 万亩。发放农村土地经营权抵押贷款累计 8.26 亿元。

村级集体经济实力不断增强。按照提升村级经济实力为先的工作思路，淮安市把“有持续稳定的集体收入”作为重中之重来抓。村级集体经营性资产的不断增加，有力提升了村集体的经营能力，带动了农村集体经济发展，有效促进了农民增收。通过农村集体产权制度改革，因地制宜组建社区股份合作社，进一步增加了村集体和农民收入，2020 年有 19 个村级社区股份合作社实现分红，分红总额 829.59 万元，其中集体股分红 245.01 万元，个人股分红 584.58 万元。

二、农村产权制度改革存在的困境及难题

通过农村集体产权制度改革实现可持续发展目标主要面临两大阻碍：一方面股权配置的封闭性是集体所有权这一权利的必然要求，但这种封闭性可能会阻碍农村内部发展潜力的释放。另一方面农村集体产权制度改革中的拓权赋能以及人户分离、人地分离的趋势又需要开放的产权交易。集体资产在交易过程中引入外来资本，致使农村发展目标偏失。内生动力不足和发展目标偏失导致农村“内生式发展”困境，由此破坏了农村可持续发展的基础，主要存在以下问题。

在股权“封闭式”配置的影响下，农村劳动力断层和弱质化现象将更加严重，土地资源难以得到充分利用，直接导致农村内生动力不足。具体而言，股权

固化会增加农村劳动力资源的稀缺性，进而阻碍土地资源的最大化利用。股权退出、继承和收益分配的不完善也导致土地的低效利用。另外，在劳动力、土地等内生资源利用不足的情况下，股权流转的有限性又会阻碍外部资源输入，加剧了资源的匮乏。上述各种资源要素的不足，致使农村发展动力难以得到充分激发。然而，农村内生发展是农民集体利用内部资源实现的自我发展。内生发展的动力主要来自乡村内部的农民主体及其对资源的开发和利用。农村集体产权制度改革过程中，劳动力不足使得农村内生发展缺乏稳定主体。土地资源浪费，且农业生产缺乏人才和技术支撑，致使农村内生发展动力不足。因此，股权配置和管理的封闭性制约了农村可持续发展。

在产权交易背景下，外部主体携带资本进入乡村，多实行短期租赁经营和大规模经营。在此过程中，农村内部力量短时间内难以平衡与外部资本之间的关系。农村内生发展滞后，而外部力量加强对乡村资源的控制，导致农村集体产权制度改革逐渐偏离可持续发展目标。一方面，人们更加注重土地的经济价值，而生态价值、文化价值、社会价值未得到足够重视。其一，追求利润最大化，导致对土壤质量、耕地保护、生态农业的忽视，抑制了土地生态功能的发挥。其二，外来主体与农民之间极易陷入信任危机，传统的稻作文化和村庄共同体精神面临消失的风险。其三，由于资本的介入，农民与土地在距离和情感上逐渐疏离，并且拓权赋能之后的股权不再受制于原有的土地经营权与农民之间的关系，农民与土地的社会联结减弱。另一方面，外来资本支配乡村资源，农民对生产资料的管理和控制权逐渐减弱，最终将导致普通农户在生产过程中缺乏话语权、逐渐弱化其主体性地位。在外来资本控制下，土地的多功能性和农民的主体性遭到忽视，进而破坏农村内生式发展的基础。因此，产权交易的开放性是导致农村可持续发展受限的另一重要原因。

三、进一步深化产权制度改革的对策建议

新内生式发展在超越传统内生发展理论基础上，强调对内部资源的利用，同时注意防范外部资本对农村内生发展的破坏，形成一种“内生＋外助”的发展模式。这对当下农村集体产权制度改革守正创新、有效利用内部资源并应对外来资本冲击，最终朝着农村可持续发展的方向前进，具有现实意义。

以农户利益为核心，有序推进“政经分离”。坚持农民主体性地位，始终以尊重农民意愿为主线，结合实际情况开展集体产权改革创新试点。“政经分离”是一项基层创新试点工作，受干部群众对改革的认知、集体经济发展水平及政府提供公共服务的能力等多方因素影响，应注重结合当地社会经济发展水平，不搞“齐步走”“一刀切”，把选择权交给集体。国家应尽快出台《农村集体经济组织法》，及时修订《农村集体经济组织财务会计制度》，明确村委会、村集体经济组织核算的内容、范围，以适应产权制度改革发展的形势需要。

坚持农业高质量发展，保障粮食安全。要以保障粮食安全为底线，保证农业生产的要素供给，采取精细化、生态化的生产经营方式。坚持数量质量并重，实施分品种保障，在供给总量增加、结构优化、来源拓展、质量提升上发力，加强农产品储备和加工业发展调控，健全农业支持保护制度，努力构建科学合理、安全高效的重要农产品供给保障体系。同时，聚焦高标准农田质量建设和中低产田地力、有机肥用量、耕地质量监测能力提升，多措并举强化耕地综合生产能力，稳固粮食生产安全。

将最关心土地可持续发展的农民留在土地上，实现农村的可持续发展。当前，农民生产生活方式与地点发生了明显变化，“农民工”“外嫁女”“新户籍人口”等情况对传统治理模式形成冲击。应及时调整发展思路，创新服务农民意识，扎实推进改革。启动“优秀农民工回引培养工程”，千方百计把有能力、有觉悟、有志于为家乡服务的优秀农民工吸引回乡，从中物色培养入党积极分子，充实村干部特别是带头人队伍，从而夯实基层组织力量，有助于解决农村青壮年大量外出务工、村党组织带头人后继乏人的问题。

创新搭建多种服务平台。建立贯通市、县、乡三级的优秀农民工数据库，实行动态管理动态更新，确保农民工状况点上能掌握、线上能跟踪；建立全市农民工服务网，定期发布项目需求、就业岗位、创业扶持政策等。此外，大力推进在农民工集中地建立党组织；基层党组织强化跟踪管理，县乡村建立优秀农民工、农民工村干部、农民工后备力量“三本台账”，健全去向报告、专人联系、定期汇报、跟踪服务、返乡座谈、定向回引等制度。

吸收多方力量高水平发展农村集体经济，更加注重内外资源平衡。农村内部更加强调整体性发展，实现对人、地资源的最大化利用。外来资本携带资金、技术等生产要素进入农村，为农村可持续发展提供要素支撑并发挥协同作用。因此，不仅要强化政府支持，特别是对低收入村、欠发达村，依托项目帮扶、部门结对、领导挂钩、财政托底等多种方式，激发其内生动力，更要广泛吸引社会资本进入农村，推进“精英回流”，增强农村集体经济发展活力。各县区要因地制宜探索发展新型农村集体经济的有效路径并予以大力支持，如“县农业总公司＋镇农业分公司＋村股份合作社”资源资本运作模式、“党支部＋村集体领办合作社”联动发展模式、整合相关资金实行“发展抱团、飞地经营”等模式。还要在利用内部资源的同时，明确外部资本介入的效度和限度。不断加强政府对产权交易的监管和约束，培育外来主体对乡村的认同感和荣誉感，在企业和农户之间构建信任机制，使外来主体更好地融入乡村。